ソーシャルワーカーを支える
人間福祉スーパービジョン

柏木 昭・中村磐男 [編著]

Social Work Supervision

聖学院大学出版会

はじめに

　ソーシャルワークに携わる卒業生を支援するために、聖学院大学総合研究所内に、人間福祉スーパービジョンセンターを設置する計画を提案し、幸い、関係者の理解を得て、2008年度から活動を始めることができた。

　スーパーバイザーとして、本学大学院人間福祉学研究科および人間福祉学部の教員が中心となった。とくに、この分野の先達、柏木昭大学院教授（現総合研究所名誉教授）の指導を得た。徐々にではあるが、その活動の輪は広がっている。

　年間2回開催される「ピア・スーパービジョンの会」では、学内外の専門家による講演や報告が行われる。講演会、スーパービジョンセンター委員会、スーパーバイザー懇談会などの機会に、スーパービジョンとは何かについての話し合いや検討が行われる。その成果のひとつが本書の出版として結実した。

　高齢化とそれに伴う医療需要の増加により、保健・医療・福祉の連携が要請され、地域包括支援センター、病院の地域医療連携室、さらに退院支援、在宅医療、在宅介護などを例にとっても、ソーシャルワーカーへの期待は高まっている。その業務は、利用者に対する相談援助にとどまらず、関係する保健・医療・介護・福祉専門職の中で、コーディネーターとしての活動の要請も拡大している。医療職などと比較すれば比較的新しく、また、必要性が急激に高まっているソーシャルワーカーをはじめとする福祉専門職は、次々に改訂される制度や法令にも対応が迫られ、時として、孤立無援の厳しい立場を乗り越えていかなければならない。スーパービジョンセンターが、福祉に携わる多くの人々のために、方向性を与え、勇気づけることができればと願っている。

はじめに

　さて、この機会に、人間福祉ソーシャルワークにおける人間関係の理解に参考となると思われることから、「臨床の知」（中村雄二郎著『臨床の知とは何か』1992年、岩波新書）について、少しく紹介することをお許し願いたい。「臨床」といっても医学のそれでなく、「近代科学の知」の対局としての「知」である。著者は「まえがき」に、「近代科学が無視し、軽視し、果ては見えなくしてしまった〈現実〉あるいはリアリティとは、いったいなんであろうか。（中略）その一つは〈生命現象〉そのものであり、もう一つは対象との〈関係の相互性〉（あるいは相手との交流）である」（p.5）と述べている。

　経験や実践について、「われわれ一人ひとりの経験が真にその名に値するものになるのは、われわれがなにかの出来事に出会って、〈能動的に〉、〈身体をそなえた主体として〉、〈他者からの働きかけを受けとめながら〉、振舞うことだということになるだろう」（p.63）。

　人々に篤く信頼されてきた近代科学、その科学の知が、「(1) 普遍主義、(2) 論理主義、(3) 客観主義という三つの顕著な特性あるいは原理をもっている」（p.129）のに対して、臨床の知は、「(1) コスモロジー、(2) シンボリズム、(3) パフォーマンスを構成原理としている」（p.133）。そして、(1) の「コスモロジー」については、「場所や空間を、（中略）一つ一つが有機的な秩序をもち、意味をもった領界と見なす立場（中略）、個々の場合や場所（トポス）が重要になる」（p.133）と、(2) シンボリズムについては、「物事をそのもつさまざまな側面から、一義的にではなく、多義的に捉え、表わす立場」（p.134）、(3) パフォーマンスについては、「行為する当人と、それを見る相手や、そこに立ち会う相手との間に相互作用、インタラクションが成立していなければならない」（p.135）と述べ、「臨床の知は、個々の場合や場所を重視して深層の現実にかかわり、世界や他者がわれわれに示す隠された意味を相互行為のうちに読み取り、捉える働きをする」（p.135）とまとめている。

　さらに、経験の大きな働きと意味について、「ひとが〈経験によって学ぶ〉のは、ただなにかを体験するからではなく、むしろそこにおいて否応なしに被

る〈受動〉や〈受苦〉によってであるあることが、よく示されている」(p.136)。

引用が長くなったが、人間福祉ソーシャルワークの根源にも関連を感じるところから、紹介させていただいた。

本書には、「聖学院大学人間福祉スーパービジョンセンターにおける実践(第Ⅷ章)」の項をはじめ、各所に、スーパービジョンに関する多数のケースが、関係者のプライバシーに慎重に配慮しつつ記載されている。クライエント（利用者・当事者）とソーシャルワーカー（福祉援助職）の間での対話、あるいは、ソーシャルワーカーであるスーパーバイジーとスーパーバイザーの、スーパービジョンの過程における対話や討論、あるいは事後の感想には感銘を与えられる。別様の表現をすれば、ソーシャルワーカーが問題解決のために、相手と真摯に向き合い、交わされる言葉に、ヒトとしての考えの及ぶ限界に近い迫力と感動を感じさせられる。まさに、人格と人格、あるいは、魂と魂のぶつかり合いの場における内面が冷静に表出されている。

これらの内容は、これから、ソーシャルワーカーをめざす人々にも、あるいは、ソーシャルワークとは何かを学ぼうとする人々にとっても、ソーシャルワークの本質を理解するための真髄が隠されているように思われてならない。このことは、また、本書の表題である、「スーパービジョン」の重要性をも明らかにしてくれるであろう。

（中村磐男）

【本書で使われる主な略語】

　ＳＶ：スーパービジョン（supervision）
ＳＶＲ：スーパーバイザー（supervisor）
ＳＶＥ：スーパーバイジー（supervisee）
ＧＳＶ：グループスーパービジョン（group supervision）
ＰＳＶ：ピアスーパービジョン（peer supervision）
ＰＳＷ：精神保健福祉士、精神科ソーシャルワーカー
　　　　（Psychiatric Social Worker）
ＭＳＷ：医療ソーシャルワーカー（Medical Social Worker）
ＳＣＷ：ソーシャルケースワーク、ソーシャルワークの個別援助技術
　　　　（social casework）
ＯＪＴ：業務内助言指導（On the Job Training）

目 次

はじめに ……………………………………………………… 1
凡例 ……………………………………………………………… 4

第Ⅰ章　総説——人間福祉スーパービジョンとは何か ……… 11

1　人間福祉スーパービジョン概説 ……………………………… 11
1．1　スーパービジョンの定義
1．2　スーパービジョンの対象
1．3　スーパーバイザーの支持的オリエンテーション
1．4　スーパービジョンの方法
1．5　教育的機能の例示

2　人間福祉スーパービジョンと福祉の哲学 …………………… 18
2．1　関係性の論理としての「トポス（場所）論」
2．2　場所論における「存在の開き」と「人格主体」
2．3　間主観的トポス論の展開可能性

3　人間福祉スーパービジョンの目的 …………………………… 36

4　人間福祉スーパービジョンの対象 …………………………… 40
4．1　ソーシャルワーカーとしての実践の扱い方
4．2　中心的課題
4．3　スーパーバイジーの所属組織への視点

5　人間福祉スーパービジョンの課題 …………………………… 45
5．1　スーパービジョン実施にあたっての課題
5．2　スーパービジョン・システム形成に関する課題
5．3　スーパービジョンの実証的研究への課題

第Ⅱ章　スーパービジョンの意義と目的 …… 53
1　スーパービジョンの意義と目的 …… 53
1．1　スーパービジョンの管理的側面
1．2　教育的機能としてのスーパービジョン
1．3　ソーシャルワークの専門性とスーパービジョン
1．4　クライエントへのサービスの質的保障
2　スーパービジョンの対象 …… 69
2．1　スーパービジョンとコンサルテーション
2．2　ソーシャルワーカーの成長とスーパービジョン
2．3　ソーシャルワークスーパービジョンの方法
2．4　実習生のスーパービジョン
3　スーパービジョンの過程 …… 82
3．1　受理面接（インテーク）段階
3．2　情報収集の段階
3．3　アセスメント
3．4　援助計画
3．5　援助
3．6　かかわりのレヴューとサポート
3．7　終結計画

第Ⅲ章　スーパービジョンの内容 …… 97
1　スーパービジョンで取り上げる内容の概観 …… 97
2　クライエントの理解 …… 99
2．1　ソーシャルワーカーの実践理念
2．2　ソーシャルワーカーの価値と倫理
2．3　ソーシャルワーカーが持つべき視点
3　施設・機関の理解 …… 109

4 地域性への洞察とコミュニティとの関係 ······ 111
- 4．1 地域資源の探索と活用
- 4．2 地域に対する説明責任
- 4．3 地域におけるソーシャルワーク活動とスーパービジョン

第Ⅳ章　スーパービジョンの方法 ······ 123
1 個別スーパービジョン ······ 123
- 1．1 スーパービジョンの設定要件
- 1．2 申し込みから終結までの流れ
- 1．3 レビュー

2 グループスーパービジョン ······ 130
- 2．1 グループスーパービジョンの目的
- 2．2 グループスーパービジョンの意義
- 2．3 グループスーパービジョンの方法
- 2．4 まとめ

3 ピアスーパービジョン ······ 136
- 3．1 ピアスーパービジョンとは？
- 3．2 ピアスーパービジョンの意義
- 3．3 ピアスーパービジョンの条件
- 3．4 ピアスーパービジョンの具体的方法および留意点

4 スーパーバイザー支援 ······ 142
- 4．1 日本におけるスーパービジョン導入の経緯
- 4．2 スーパーバイザーの養成の課題
- 4．3 スーパーバイザーの支援に関する実例
- 4．4 スーパーバイザー支援の課題

第V章　ピアグループの効用および課題 …………………… 151
1　ピアグループの構造 ……………………………………… 151
　1．1　ピアグループとは
　1．2　ピアスーパービジョンの要素と機能
2　ピアグループの効用 ……………………………………… 156
3　ピアグループの課題 ……………………………………… 158

第VI章　チームワークとスーパービジョン ………………… 161
1　スーパーバイザーの役割 ………………………………… 164
2　ソーシャルワーカーとしてのスーパーバイジーとスーパーバイザー … 168
3　スーパーバイザー－スーパーバイジー関係 …………… 171
4　チームとの連携 …………………………………………… 174

第VII章　ソーシャルワークの現状と課題 …………………… 177
1　ソーシャルワーカーの現状と課題 ……………………… 179
2　ソーシャルワーク教育の課題 …………………………… 182
3　ソーシャルワークの実践力獲得の道程とスーパービジョン ……… 183

第VIII章　聖学院大学人間福祉スーパービジョンセンター
　　　　　における実践 ……………………………………… 187
1　個別スーパービジョン …………………………………… 187
　1．1　実践例－1
　1．2　実践例－2
2　グループスーパービジョン ……………………………… 200
　2．1　S県におけるグループスーパービジョン
　2．2　I県におけるグループスーパービジョン

第Ⅸ章　聖学院大学人間福祉スーパービジョンセンター
　　　——現状と課題 ……………………………………………… 241
1　聖学院大学人間福祉スーパービジョンセンターの活動 ……… 241
　　1．1　現状理解のために
　　1．2　センター活動の特性理解
　　1．3　人間福祉スーパービジョンセンターの意義と課題
2　聖学院大学人間福祉スーパービジョンセンターの運営 ……… 252
　　2．1　組織的位置づけ
　　2．2　スーパービジョンセンターの運営
　　2．3　運営上の課題

おわりに ……………………………………………………………… 256

資料　社団法人日本精神保健福祉士協会倫理綱領 ……………… 258
索引　人名索引 ……………………………………………………… 265
　　　事項索引 ……………………………………………………… 266

第 I 章

総　説
——人間福祉スーパービジョンとは何か

1　人間福祉スーパービジョン概説

1.1　スーパービジョン（以下、SV）の定義

　筆者（柏木）は1965（昭和40）年、東京都医療社会事業協会（以下、都協会）においてグループスーパービジョン（以下、GSV）を発足させ、以後、試行錯誤を続けて、今日に及ぶまで40年あまりの間、実践を続けている。その間休んだ年はない。最初の頃はSVの方法についてさまざまな形を試みたが、3年目ぐらいから今日のあり方を続けている。

　ここでは詳述しないが、現役1年以上の経験を持つ医療ソーシャルワーカー（以下、MSW）10名の参加を得て、8月を除き、毎月1回、当年度計11回のGSVの会合を持つ。スーパーバイザー（SV指導援助にあたる専門職者をいう。以下、SVR）とスーパーバイジー（SVを受ける側の専門職者。以下、SVE）はそれぞれ、年度ごとに都協会との間で契約関係を持つ。

　集団のSVにおいても、個別の場合においてもその目的は変わらない。もちろん方法は異なることは言うまでもない。GSVの場合、報告者をはじめ、帰属する個人（メンバー）に生起する変化は、集団そのものの力動性が影響を与えるのであり、グループのSVRのみの力量のいかんによるものではない。

　それはさておき、SVの目的を以下の6点に集約する。

(1) 職員の力量の開発と専門性の発達

　人間福祉専門職者（以下、ソーシャルワーカー）の力量の開発と専門性の発達によるクライエントへのサービスの向上が究極の目的であることは言うまでもない。ソーシャルワーカーの専門性はソーシャルワーカーとクライエントとの関係である「かかわり」を中心とする理念によって支えられている。「かかわり」はクライエントとの協働という形をとる。ここでは「クライエント自己決定の原則」が最も重要な理念とされている。協働という形の「かかわり」なしにソーシャルワークの専門性は成立しない。

(2) 熟練した専門職の役割

　SVは、熟練した専門職員が初級職員に対して行う専門的指導・支援活動である。

　ここで「熟練した職員とは経験おおよそ10年から12、3年以上の福祉専門職者を言う」というのが日本精神保健福祉士協会の取り決めになっている。もちろん、熟練者はそれだけで、SVRとして適格者であると、手放しでいうわけにはいかないし、本人もすぐにSVRとして後輩ソーシャルワーカーを支援する自信を持てないのは、ごく自然なことであろう。やはりSVRとなる訓練を受け、後輩との間で契約を結び、SVを試行するなどの経験を経て、SVRとしての資格を持つことが必要である。日本精神保健福祉士協会では、現場の必要に応えて、毎年「認定スーパーバイザー養成研修」を開講している。

(3) SVとコンサルテーション

　SVRとSVEは同一職種でなければならない。同じような指導援助に関する用語にコンサルテーションがあるが、これは異職種間の相談助言をいう。ソーシャルワーカーが医師の助言を得てSVを受けるという言い方は正しいとはいえない。その際ソーシャルワーカーは医師のコンサルテーションを受けるとい

うことになるのである。精神保健福祉士法における義務規定として、第41条2項に、「PSWは、その業務を行うに当たって精神障害者に主治の医師があるときは、その指導を受けなければならない」とあるが、これは主治医の指示に基づく義務のように拘束的なものではなく、コンサルテーションを受ける必要を言ったものである。[1]

(4) SVEのクライエントとの「かかわり」について

SVとは、SVEによる実践にかかわる自己点検をSVRが支援する力動的過程である。しかしそれは、必ずしも相談支援におけるクライエントをめぐる事態の推移そのものについて、SVEである当該ソーシャルワーカーの相談に応じたり、指導したりすることではない。

ソーシャルワークの実践にはマニュアルがあるわけではない。その時々によって、考え方を変えなければならないときが突然やってくることもある。そういうときに、自分がはたと行き詰まることもあろう。そこをどう打開するのか。それはクライエントとの協働で状況を見極めなければならない。操作マニュアルではなく、有効で融通の効く力動的な「かかわり」を持つことができているかどうかが問われるのである。

SVRはSVEの苦境を救う役割を持つものではない。SVEがソーシャルワーカーとして「かかわり」をきちんと構築しているか、さらにそれを土台にクライエントと、協働できているかを問いつつ、SVEの支援にあたるのである。

(5) SVEの葛藤

それは同時に、SVRが専門職としてクライエントの立場に立つことによって、SVEの葛藤を知ることである。SVEの実践が施設・機関自体の存在理念や

(注1) 厚生省大臣官房障害保健福祉部精神保健福祉課（当時）監修、『精神保健福祉士法詳解』ぎょうせい、1998年、126-128頁。

機能との乖離（かいり）を起こし、葛藤を体験することが間々あるからである。そのとき、SVRはソーシャルワーカーがこうした状況を乗り切れるように、支援していく過程をSVEに提供しなければならないのである。

(6) 非構成的SV

　上述のような、SVRとSVEがいわゆるSV関係を契約して、集中的に支援する形をとるのではない場合もある。日常、随時個別的に、あるいは集団の場で行う助言指導等による支援は当然しばしば行われる。これを非構成的SVということもある。たとえば、OJT（On the Job Training 業務内助言指導）やケースカンファレンス（事例検討会）は、それ自体SVではないが、それに従事し、あるいは参画する構成員に対し、SVの機能を果たすことは十分ありうることである。

　その他、非構成的SVには、ピアスーパービジョン（以下、PSV）がある。援助者が特定のSVRを持たずに、仲間同士で実践課題を話し合うことによって、不安や不満を吐露したり、バーンアウト状況から抜け出したりすることに役立つような機会をつくることができる。

1.2　スーパービジョンの対象

　SVの対象は、SVEであるソーシャルワーカーのクライエントとの「かかわり」そのものが対象である。SVEその人自身に対するカウンセリングや心理療法ではないことは言うまでもない。それはSVEの必要に合わせて、その癖、傾向、性格、価値観等についての自己点検作業の支援であるが、SVRはSVEの人格、生活、人生観、対象者観、価値観等を深く尊重することが前提である。

　また、SVRはSVEがクライエントとの関係の中で、精神分析学において強調される対象関係への"巻き込まれ"を、回避する必要が出てきたときへの対応について、相談に応じることができなければならない。精神分析における

感情転移や逆感情転移（逆転移、対抗転移）の現象が起こりうることについての教育的指導は欠かせない。

1.3　スーパーバイザーの支持的オリエンテーション

▶「語り」の交換

　SVではSVRとSVEの間で対話形式による「語り」の交換を行う。主としてSVEが日常実践から得られる経験や疑問について語り、自主的に問題提起をする形をとるのが好ましい。SVRが必要に応じて、問題提起することによって論議を展開することももちろんあるであろう。

▶SVRからの承認と支持

　SVにおいて重要なのは、SVEの専門職としての成長である。そこではSVRは、SVEの自己自身に対する洞察（理解）を求めるよりも、SVEの実践に対し、終始承認（わかった、わかっているといった、同意の表明）と支持に徹することが大事である。

▶SVEの自己指示的態度

　同時にSVEも自己自身、あえてまな板に乗ろうとする「自己指示的態度」が必要である。しばしばSVにおいて資料になるのは事例検討であろう。しかし基本的には現時点でSVEが最も悩むことを取り上げることが優先される。クライエントとのかかわりを検討するときは、どういうかかわりを、クライエントとの間で持ったかに焦点があてられる。SVRは問題点を指摘するというより、むしろ提案して、SVEの反応を待つといった進め方をするのである。

　SVEはしばしば自分とクライエントとの関係に、不安や緊張を覚える。また時には相手クライエントが自分の言うことをわかってくれないといった不満を抱くこともあろう。また過度の楽観や矛盾等、主観的なものの見方をしてい

ることに気づかないでいることもある。あるいは、SVEの中の根強い価値観や、クライエントに対する優越感、劣等感等からくる対抗転移（逆転移：精神分析用語で、クライエントへの無意識的な反発、批判や過度の好意的感情）への気づきができないでいることもある。

1.4 スーパービジョンの方法

上述の、「1.1　スーパービジョンの定義」で述べたのは、主として個別SVの場合である。以下、個別SVのまとめとして摘記しておき、GSVに言及することとしたい。

1.4.1　個別スーパービジョン

SVEに対し積極的に課題解決に取り組む姿勢を評価し、自己自身への直面（コンフロンテーションconfrontation）を促す。コンフロンテーションはSVEにとって、本来困難な過程なので、とくに励ましや支持的な言葉が求められる場面である。SVRは終始SVEのサポートに回れるかどうかが問われるのである。

SVRとしては傾聴に徹し、SVEが現在直面する状況を理解することにつとめる。そのために、批判・反論や教示・指示を避けることが必至の条件である。SVRは理解できているときは、率直にわかっていることを言葉で表明することが大事である。そして時に発せられる適切なSVEに対する称賛は有効であろう。

1.4.2　グループスーパービジョン
▶「GSV」におけるSV機能

ケースカンファレンス（事例検討会）あるいは職員会議（スタッフミーティング）は有効なSVの機会ともなる。個別SV体制がとられていないときには

このようなケースカンファレンス等がSVの機能を果たすことができるであろう。

そこではSVは報告する職員がクライエントとのかかわりを中心に、自らの援助実践の内容や姿勢について自己点検を図ることができるように支援の手を差し伸べる。このような集中的な会議を常時持つことは会議運営上困難なこともあろう。したがって、月に1回とか、2か月に1回とか期日を決めて、密度の濃いケース検討を実施することができればいいのではなかろうか。

よく行われるのは機関外研修としてのGSVである。現実問題として、わが国の福祉施設や医療機関ではSV制度が普及しているとはいいがたい。現時点では都協会のように、協会で契約する講師を招いて、年間を通してGSVを実施している状況が散見される。聖学院大学人間福祉スーパービジョンセンターでも同様の形で、GSVが行われている。

1.5 教育的機能の例示

最後に教育的機能として、どのようなことが問題になるのか、以下に列挙しておく。

1. 対人援助サービスの知識、技術および価値ならびに倫理。
2. 援助実践の方法論に関する理論・情報を現場の観点から提供し、必要に応じて関係論、援助論、資源論等に関する情報を、共に検討する。
3. ソーシャルワーク実践の価値について。
4. 専門職者の自由と裁量権とは何か。
5. ソーシャルワーカー・クライエントの相互主体性の検討。
6. クライエントとの共同作業遂行の自由の保障。
7. 課題共有とソーシャルワーカーの自己開示の勧め。
8. 感性：コンパッション（compassion、同情）の高まりに気づく。

9. 守秘義務の遵守・プライバシーの保護に厳しく留意する。
10. 行政・他機関・施設等の関係者との折衝は利用者の了承が前提であること。
11. クライエントに対して嘘をつかない。
12. クライエントに責任転嫁しない。

　感性に富むソーシャルワーカーとは想像力と注意力の持ち主であり、コンパッションにおいても人後に落ちない人であることが求められる。コンパッション（compassion）のコンは「共に」という意味であり、パッションは情熱であるが、同時に「受苦」をも意味する。つまりソーシャルワーカーはクライエントと共に苦難を背負いながら、共に歩みを進める協働者ということになる。協働が可能になったときの喜びはソーシャルワークの特権ともいうべき職業的境涯ならではであろう。
　SVの目的は私たちの常識の枠組みを超えて、クライエント自身の思いに沿うかかわりが持てているかどうかの点検である。この課題に対する接近は「SVRのSVEへのかかわりの保障」以外には考えられない。

2　人間福祉スーパービジョンと福祉の哲学

　SVは、ソーシャルワークの一環をなす。ソーシャルワークは人間の生活問題への支援的対応を目途とするゆえに、当然、ソーシャルワーカーとクライエントについての明確な人間学および人が生きる、つまり福祉実践がなされる「場」についての学が前提として求められる。したがって、ソーシャルワークに内省的にかかわるSVも、人間や場にかかわる哲学的基礎が問われねばならない。

2.1 関係性の論理としての「トポス(場所)論」——福祉実践の場における考察

2.1.1 福祉実践領域における科学的把握とその問題点

　福祉実践においてソーシャルワーカーが陥りやすい問題情況は多岐にわたる。列記していくと、クライエントへの感情移入や同一化、施設とワーカーとの間の軋轢、バーンアウト等、枚挙に暇がない。しかしここでは、こうした諸情況の中で最も本質的と考えられる人間の関係性の基軸的領域に焦点を絞り、SVとの関連において考察を加えていくことにする。

　SVに限らず、福祉的支援の実践は、ソーシャルワーカーとクライエントの間での自覚的・無自覚的を問わぬ人間の相互作用に関する技術を内在させている。ソーシャルワーカーは、傾聴の相手、ストレングス(能力強化)の相手、明確化や感情への対応の相手等としてのクライエントを対象化せざるをえない。そのためにソーシャルワーカーは、そこに生じる「物化的対象化」[2](物としての対象化)に直面することが避けがたい。ソーシャルワーカーは、クライエントとの関係性とそのあり方を熟考することが求められるのである。ソーシャルワーカーによる対象化によりクライエントは人としての尊厳が損なわれ、その人の内側にある情況改善的な可能性への道を損なうという疑念が想起されるからである。

　SVは福祉現場に生じるソーシャルワーカーとクライエント間における相互的な関係性(とくに「間主観性」[3]と表現される関係性；われわれはこれを相互

(注2) 物象化ともほぼ同義であるが、物象の用語が人間と人間の関係であるべき関係性が商品等物と物の関係性として扱われ、物の属性に帰して理解された。これに比し、ここにいう「物化的対象化」とは人間の人格性を無視し物と同様に見て対応する行為特性のすべてを意味する。客体としてのみ対応し、その主体性を無視することを意味している。

的な主体関係と理解する）が、単なる相互関係主義に終始してはいないかという検証から始めて、それが医学、心理学等の科学主義ゆえの人間の客体視、さらにはそれを超えたクライエントの豊かな可能性を見ないままでその人の情況を絶対視してしまう、直言すれば、上述した「物化的対象化」（それからの離脱への顕著な試みもあるが）に終始していないかという問いを発するのである。つまり、SVは、その関係性を直視するのである。

　われわれは、福祉現場において、クライエントをあたかも物を見つめる視座で、冷静にしかし科学的にという態度で接することがあるが、あくまで客体として（クライエントの主体性を軽視して）見据えていないだろうか。そこには、ワーカーとクライエントとの間に相互性があるようで、自己の目途にワーカーがクライエントを従わせるという意味において自己主観への取り込みと支配力の行使に終わる行為が垣間見えることがある。このようなクライエントの客体視情況についてはたびたび専門性の弊害として警鐘が鳴らされてきた。ソーシャルワーカーは、専門的行為を遂行しているつもりで、いつのまにか専門技術の固定した絶対視に陥り、クライエントとの関係において問題のある情況に陥る危険性を持つ。専門性という名のもとに、科学的にクライエントに対応すればするほど、ワーカーはこの罠にとらわれやすくなる[4]。このことは、ソーシャルワーク全般において注視していくべきであるが、SVの過程において、とくにSVRが、SVEに接し、共通の場を見つめ助言的支援をなすに際し、以上の危険を持つことを、第一に注意すべきである。

（注3）間主観性（intersubjectivity）フッサールによって理論化され、マックス・シェーラーによってより明確化された現象学において多用される用語。人間存在を本質還元していくと個的存在よりも相互的存在に至り、相互の主体関係に至る。

（注4）クライエントへの科学的かつ客観的対応については、そうした対応のあり方全体が否定されるのではなく、その対応がどこまでなら可能性を持ちうるのかが問題にされる必要がある。このことについては、自我論上の人間把握と人格主体に関するシェーラー議論を用いて後述されている（2.2参照）。現段階では、科学主義・客体化の絶対視への危惧を述べるにとどめている。

この事態からの離脱は、福祉実践において絶えざる内省を必要とする。われわれはその内省のポイントになる諸事項を援助技術の実態に即して問いつつ、そこに見られる主体と客体における揺らぎ、また主観主義と客観主義との揺らぎの中で、志向性や両義性を福祉実践と関連させて理解しようとしてきた[5]。ほとんどすべてのワーカーが、専門教育を受け、あるいは豊富な経験に支えられ、謙虚に冷静にクライエントに真向かって、問題解決の支援者であろうとする。しかし、そうしたワーカーであっても、自己の技法的能力への過信や、限定的であっても無条件に依拠する情況にあることが多く、クライエントを物象化する危険を拭えない。

　さて、上述したような物的対象化からの離脱は、いかにすれば可能となるのか。

　われわれは、それが真の間主観性に立脚することにより可能となると考える。

2.1.2　真の間主観性への立脚

　上述されたのは、主として対人的な支援領域についての考察である。社会福祉における人間の生活問題へのアプローチには、そのパーソナルな関係性（個的および集団的）に帰着する事柄を閉じた形で問う場合もある。しかしそれのみならず、物理的環境を含む地域社会との相互性がもたらす問題情況、制度的環境がもたらす問題情況、そのほか文化・教育環境や経済環境についてなどの諸種の問題群を対象にして、広く問題を取り巻き、それを包み込むトポス「場」が問われねばならない。ソーシャルワークの総合性が求められる現今、この認識が不可欠である。福祉従事者たるワーカーへのSVにおいて、トポス「場」が問われなければならないことは言うまでもない。

　「場」の解明のためには、その存在論的な意味を問うことのみならず、それ

（注5）牛津信忠「共感的共同の現象性と基底について――福祉実践の場についての間主観的考察」『聖学院大学論叢』第22巻第2号、2010年、226頁。

を方向づける志向性と、とくに「場」と置かれた情況とがどのような関係性のもとにあるかが問われねばならない。たとえば一定の物理的環境がある場合、それが、人間の意識においてどのような本質的な意味を持つのかが問われる。また「場」が人間にとっていかに基底的な意味を持つのかが問われる。また、それが制度的に特有な基盤を持つ場合も同様である。人間の個的、集団的関係性が基底にある場合においても、同じである。このようにその基底的な場が、人間の意識に還元され、総合化され、人間学的に問われることが求められるのである。

われわれは、これを、その個的意識の底流に在るものとして、「自他未分化の体験流」(6)(M.シェーラー)、あるいは、その近似的表現ともいえる「生の存在」、ないし「肉の存在」(M.メルロ=ポンティ)として把握している。この体験流ないし存在のもとで、人間存在が個として集団として存在し、さらに存在特性を内的に形づくりながら個人が個人として分化していくなかで、そのプロセスにおける分化の滞りや、また分化による個々の断絶についても詳細に分析することが求められる。

ところで、福祉問題情況とは内的・外的な生活問題が生じることである。その問題解決のための働きかけが福祉的な支援行為である。福祉問題情況は、その底流的未分化状況に発する。この問題を解決するために、分化の進行情況に即して問題の存在ゆえの存在固着や閉塞を、さまざまな関係性のもとで開きへ向かって変容させる方途とそのための働きが問われる。問題解決とはこのような存在の内なる志向性の「開き」によって前方志向を可能にしていくものである。さらにいえば「関係性の開き」という条件的な作動を前提にして実践される。

福祉問題情況の解決のために、真の間主観性に立脚しなければならない。

(注6) シェーラーによると、人間の個別意識の底には、自己と他とを分かつ以前の経験的蓄積が存在している。これが「自他未分化の体験流」と呼称される。これは、「生の」[肉の] という人間の底流の存在性と共通すると理解できよう。

2.1.3　福祉問題の「トポス」論的解明の必要

　このような間主観的な関係性が、いかに実効性を持ちうるかを解明していくためには、人と人との間主観的把握とその展開を究明するとともに、その展開と密接不可分でそれを限定する要因ないし諸条件を探求することが求められる。さらに最終的には、その全体を念頭に置きつつ、全体としての関係構造を緻密にたどらねばならない。その究明においては、人間や社会さらに環境との「横の関係性」と、またその関係性の個々が前方志向性を持って開かれた行為を遂行していく、いわば「縦の関係性」の両者の探究が絶えず意識されねばならない。そこには横の間主観性と縦に構築される間主観性がある。そのような情況解明がなされなければ、またその解明に依拠しなければ、福祉問題の解明から真の解決に至ることはできない。また「個的にかつ全体的に対応する」という総合的対応（支援的対応）に近接していくことはできない。

　こうしたことについての究極かつ絶対的な把握が困難であるのはいうまでもないが、少なくともそのプロセスを詳細にたどることが求められる。

　そのために福祉問題の「トポス論」[7]的解明が必要とされるのである。福祉問題の全体情況の空間的また時系列的な完全掌握は不可能である。しかし、福祉問題そのものを、それが包み込まれている「場」ないし「情況」としてとらえ、問題の構造や機能の把握によって構造の論脈と流れを把握することによって場の情況解明をなすことは可能であり、それが福祉問題への解決的対応において求められる。そのためには、問題そのものを、またそれを担う人そのものを、また人が置かれた情況を、「核」であるがゆえに全体に影響を与えるという意味で全体を包み込んでいる「トポス」としてとらえ、そのものが問われなければならない。すなわち、「トポス」が包摂する内容に全体的関係性を持つ様相

（注7）「トポス」（Topos）論は関連するアリストテレスによる言語論のトピカ（Topica）とともによく知られている。日本においては西田幾多郎の「場」の理論と関連させながら展開された中村雄二郎の「トポス」論の数編の著作が発刊されている。本書「はじめに」にある中村磐男教授による関連記述をも参照されたい。

の本質の把握、および縦と横の主体相互のかかわり（間主観情況）の基軸が把握されねばならない。すなわち、福祉問題全体に作用を及ぼしているトポス情況の中核と作用情況を見きわめる努力の遂行が求められるのである。

それは福祉問題の「トポス情況」（核の所在情況）における拘束条件の考察として集約することができる。「トポス情況」の解明より始めて、複雑に絡まる拘束条件と、それに包み込まれながら切り離せない関係を維持する主体、さらにはその主体的存立のあり様としての間主観的人間における相互性の全体情況が縦と横の間主観性のもとに総合的に理解されるのである。

福祉的支援に即していうと、ソーシャルワーカーは福祉問題をかかえるその個人に支援者としてかかわる、あるいは問題情況に直面しているソーシャルワーカーの集団においても同様であるが、その対応における「トポス情況」としての「場」を解明し、さらにその核ないし軸芯を考察していくことが不可欠である。可能な限りの科学的対応力を駆使して、生活問題離脱から生活良化へ向かう条件を探り、その条件設定をなしつづけながら核心に迫っていく。すなわち、福祉の「場」あるいは現実への対応においては、個人、集団を問わず、目に見える側面への科学的とされる支援を講じながらも、同時に人および人々が潜在的に保持している人の核にある可能性への働きかけの条件を探るというあり方が求められることになる。

このことについて社会福祉の現実情況を議論のベースにしながら検討していこう。

2.2　場所論における「存在の開き」と「人格主体」

2.2.1　主体的個人と周囲世界の相即状況

独立した主体的な個人は、個的存在である意識を持つとともに、その個を含む周囲世界に関する一般的な意識によって包括されている。しかし、個人と一

般意識という二者の関係は「位相的」である、あるいはそれらは両義性（アンビバレンス）ないし相即（対立する内容が融合しひとつになっている）情況の中にある、と考えるのがより包括的あるいは全体的な情況把握になる。なぜなら、それは、次第に明示されていくように、包まれるものであり、また包むものであり、そのどちらか一方にとどまるものではない、という相互的様相を呈するからである。すなわち、相反する情況の同時存在、換言すると矛盾的同一性（アンビバレンス）という情況特性を呈するのである。

このように表現される事柄について、新田義弘のフィヒテ（J.K. Fichte）についての関連考察が理解を助けてくれる。それによると、反映されてある「像の本質とは、像と像に映されるものとの有機的統一であり、この統一は、一方の項が他方の項なしにはない、という否定を介して相互に依存しあう構造を持っている」。これが「通徹（Durch）」ないし「互通」とフィヒテがいう「見られる限りは矛盾し合うが、それが生きられている限りは、互いに浸透し合い、生ける統一を形成する」事態とされる。[8]

ところでシェーラーの議論によると、真の主体は人格であるとされる。われわれは真の主体を見たり触ったりすることはできない。見ることができるのは自己意識としてのただの自我主体（あるいは自我論上の人格）にすぎない。彼は、本当の主体はただ作用（オペレーション）として存在するのみと考えている。自我論上の人格は対象化できるが、真の主体は、物象として対象化（物化的対象化）できない。シェーラーによるとそうした主体的存在の全体は、次のように区分可能である。すなわち、それは、対象化可能な①自我論上の人格、

（注8）新田義弘『現代の問いとしての西田哲学』岩波書店、1998年、29頁。ここにいう通徹を、かつて隈元忠敬は、「互通」と訳し、フィヒテの光と映像についての議論を引用しつつ対立の統一に注目した。「統一によって映像と被映者との融合を、『間』によって両者の分離を示しつつ、しかもこの二つの観点を相即せしめることによって、統一の裏面に間の特性を付与し、逆に間の裏面に統一の特性を与える」と理解し、存在と意識の統一に関する議論へと至っている（隈元忠敬「フィヒテ『全知識学の基礎』の研究」渓水社、1986年、310-312頁）。

次に（物化的に）対象化できない②個的人格、および③社会的統合的人格（これをシェーラーは総体人格と呼ぶ）、さらに④宗教的統合的人格（これをシェーラーは秘奥人格と呼ぶ）の階層的存立によって構成される。

最初の①は客観的すなわち対象化され、目でとらえうる領域である。そして次の3つ②③④は対象化されない、見ることができない領域である。後者は客体化の及ばない主体的な作用そのものであると理解される。

2.2.2 人格的主体とトポス「場」

われわれの世界において自我論上の人格を包み込んでいる場は、多くの領域に分割される。つまり言語的コミュニケーション領域、個的存在の人格関係の場、社会的世界、宇宙的広がりにまで及ぶ物理的環境、さらには宗教的広がりを持つ精神世界等々である。

ところで自我の包摂に始まる包摂の連鎖は一方向性を持って進行するものではない。それは絶えず間主観的に展開していくのである。われわれは、それを縦軸と横軸の間主観、すなわち相互主体的な展開図として描いた（23頁参照）。そうした自我世界とそれを包摂する場の広がりは、福祉領域において見ると、ソーシャルワーカーはクライエントの生活基点から相互に包摂しあっていき、世界へと拡がり、展開するのであるが、この自我世界と場の二者の関係性は、基本的に絶えず人間の自己（我）から出発することを確認しなければならない。すなわちソーシャルワーカーは、福祉実践において自己を基軸に据える。われわれは、内省の深化によって本質把握へ向かおうとすることによって、そこに志向性を見いだすことができる。それによってクライエントとのより高次の人格的関係性に達していく。これが人間存在の置かれた実体的トポス情況そのものである。

さらにトポス情況（場所）は、論理における核としての論点と同様の作用中心ないし基点、すなわちトポスそのものとの緊密な関係性から形成されている。[9]

情況としての場所の中心（核）すなわちトポスそのものとは、人間の関係性

という作用領域に限っていえば、人格主体の存立を可とする作用内実としての「統合性」ないし「統合力」そのものであるといえる。その作用が、層をなしながら内部包摂してゆき、さらにそうした客観的な包括性を、志向的人格の統合性によって包括していくというプロセスをたどりながら、人間存在の高揚がもたらされていく。しかし、無条件の高揚はありえない。そこにある間主観の相互性が、何らかの整合化への核として現象世界に開かれて存立するか、あるいは閉じられて存立していることが絶えず想起されるべきであろう。そうした開かれたトポスあるいは閉じられたトポスの特性が存在の志向性の特性を決定する。

2.2.3　価値態度と存在の開き

　そこに福祉に関する論点が、さらにそれが価値前提的に働くことの重要性が見えてくる。もし問題情況との断絶や終局を選びとることなく、問題を解決する方向、すなわち存在の開きを選び取るのであれば、この議論はその価値前提のもとで、先へ（proないしpre）と展開することを許されることになる。この価値前提という議論の設定そのものは、現象学におけるあらゆる価値から自由になり、それと隔絶しながら本質還元していこうとする論理の前提を覆す結果をもたらすとも見える。しかし、われわれは、本質還元の結果における「存在の開き」の必然性を、本質領域に見いだし、閉じることなく開くための志向性を前提とする論理的態度にたどり着くのである。それはまさに福祉における価値態度として、これまで前提されてきた価値と同じ基盤に立脚しており、ソーシャルワーカーはクライエントがいかなる情況にあり、いかなる問題を担っていようと存在の価値があるという価値態度に基づき対応努力をしていくのである。このことは、存在の開きと志向性を許されている人間の存在性の本質を

（注9）トポスという用語は情況としての場所を総称して用いられるとともに、本質的にはその核としての位置づけを持ち、核は全体に影響を与えているがゆえに、全体を包摂していると見ることができる。

2.3　間主観的トポス論の展開可能性——相互主体的生(せい):包み込み合う存在性

2.3.1　縦と横の相互性

　人間における「相互に開かれた存在性」を前提にする視点に基づくときに、「間主観的トポス論」への道が開かれていく。われわれがここに把握しようとする「場」は、ソーシャルワーカーとクライエントが相互に主体性を保持しながら、あるいは主体性へと近接しながら、他者を包み込み合うあるいは他者を包摂しようとする、という横の領域の間主観的な作用が縦の間主観的段階に添って縦と横の相互性を展開していくという構図を持つ。それは人間の主体的な生の展開そのものである。それぞれの段階さらに次元において、そうした包み込みの「核」として包摂体の全体に関係性を保持するのが「トポス」である。それは統合作用の重要な要素であるとともに、それが影響を及ぼす次元(の場)をたどって包摂性の密度と広がりを増してゆく。

　われわれは、自我主体に軸芯を置いてそこから世界を見ることに終始していることが多い。いやほとんどすべてがそうである。しかし、存在の底流において「自他未分化の体験流」、あるいは「生(なま)」のまた「肉の存在」にかかわりながら、むしろ自我主体から解き放たれたときには、そこにおいて在ると信じた自我存在ではなく自己にインセプト(incept)された——「端緒的な植え込み」による外部から訪れた——体験内容によって統御されていることに気づかざるをえない。もしその自我存在に「自他未分化な体験流」から分化された軸芯が育っているかに見えたとしても、それは過去の流れとの相互性のもとに存立していると見ることができるのみである。さらにそれとの連続性を切ることはできずとも、そこに「生の存在」とそれにかかわる「分化による特殊化された存立」との自我上の間主観が、前方に開かれることによって可能となる将来

への志向性を加味して人間存在をとらえるならば、過去からの流れと無数の間主観との志向性のもとにあって、将来においてそこにあるシェーラーのいう意味における「人格」存在、すなわち階層状に現出する主体そのものとの間主観が縦・横という無数の織り目となって存在していくことになることに気づく。[10]

そこにあるのは前段階の存在が前方の一点からの働きかけを得て開かれていくという形での「相互浸透」の態様が進行するという構図である。この自我の作用は、自我という身体条件の作用の中だけではなく、それと連動しながら、さらに先へと進むことができる。

2.3.2 主体相互における間主観性

このプロセスを「価値としての統合性」の議論の俎上に載せるならば、前方の一点としてある統合性とそれを価値在りとする一定時点の現情況とは、自我存在における主体と志向されて在る統合性としての「働きかける主体」との間における間主観性、すなわちそれぞれそこに看取される主体相互における間主観性として把握できる。その働きかけは個的内面から発して広がってゆくが、しかし、われわれはその歩みが働きかけに応じて順当に果たされ続けるという「存在の開き」を楽観的に受容しているわけではない。これまでの議論において絶えず示してきた両義性というファクターをここで再度想起させねばならない。この両義性は働きかけとしての統合への道の絶えざる揺らぎを、そこにおける試行錯誤、ある場合には存在の閉塞をも伴うことをわれわれに教えてくれる。そうした態様を内包しながら、前提してきた（条件化された）開きが許容されるときに、存在の内なる志向性とその持続が同時的に許容されてゆくことになる。そうした意味で「存在の開き」が、現象学的還元によって至りうる[11]（方途的）本質であるといえる。

(注10) 牛津信忠『社会福祉における相互的人格主義』Ⅰ・Ⅱ、久美出版、2008年、Ⅰ：59-60頁、Ⅱ：50、157頁。

(注11) 従来の価値態度を「括弧に入れ」それに左右されることから離脱し、本質解明に視点を集中させ、そこから論理形成をしていこうとする学的なあり方。

2.3.3　秘奥人格と共同形態

　これが最も高度化した人格次元とされる「秘奥人格」[12]においては、シェーラーに依拠して考えると、愛に開かれた人格として、愛による包摂という下部の存立体を包み込む働きと、包み込まれる存在のその受容力の高度化の程度に応じて包み込む力を増すという形で、間主観性が成立していくことになる[13]。そこに「秘奥的な歩みと共同形態」が表出されていく。間主観を通じての包み込む主体への（シェーラー流にいうと）存在参与は、「自我的固執」ゆえの限界情況に絶えず直面し続けるものの、存在参与の高度化は対人また対社会への主体的参与を高揚させ、同時的にそれぞれの個人における社会領域とは異なる間主観性の高揚をもたらすということができよう。このシェーラーによる動的情況についての考察は、表現しつくされていない曖昧さを残存させてはいるが、間主観性の本質解明への重要な道程であるといえる[14]。

2.3.4　福祉実践上の価値論

　ところで、以上述べてきたのは価値作用を前提にした議論である。述べられているのは価値に基づく倫理学上の議論とも見える。それは、福祉価値に通底し、そこにはクライエントの存在の持続的存立とその存在のWell-beingが、形態はさまざまであるが前提されている。したがって、述べられている議論は、そうした価値前提に基づく、福祉倫理の基礎考察でもある。この議論と現象学の本質還元との関連については前述しており繰り返さないが、場の議論と関連させながら福祉実践上の価値論について少しく次に述べておく。

　福祉実践においては、その実践が展開される場として生活問題情況がある、

（注12）シェーラーのいう最も高度化した人格次元。愛による人格次元。

（注13）シェーラー著作集3『倫理学における形式主義と実質的価値倫理学』下、白水社、2002年、292-299頁。

（注14）牛津前掲「共感的共同の現象性と基底について」、222-223頁。

またその問題を担う人々がいる。これを述語ないし述語的一般情況と、その情況が人の存在と相互的にかかわる特殊情況すなわち主語的情況に関する脈絡の中でとらえることにしよう。こうした考察によって、問題情況という場に即して価値的態度が本質的に存在することがより明瞭になる。

　福祉実践においては生活問題およびそれにかかわる周辺情況と問題を担う人とが場を形成している。その場において、クライエントはその問題によって生じる苦痛あるいはあきらめ等という場にかかわる意識情況の中にある。たとえば、クライエントがあるケースにおいては、場に飲み込まれない主語的自己を保持している意識状況にある。他のケースにおいては、危機の中で崩壊的な意識情況にあるということもありえよう。

　日本における「場の理論」によると述語的な領域（苦しい、あきらめる）を一般情況とし、それを主語が自己意識によって特殊化（私における苦痛ないしあきらめ）すると見なす。すなわち、ソーシャルワーカーは、クライエントにおける生活問題の場と、（私が生きる情況の）特殊に対応しながら、一般性との整合化、あるいは一般性を越えて特殊を生かす道の協働者として生活上の困難に至った問題に対応し、自立支援をしていくことになる。

2.3.5　SVによるソーシャルワーク主体力の養成

　ここでSVに目を転じると、SVRは、こうした方向性をたどるワーカーの全体的パースペクティブを持った支援者という意味を持つ。SVRとSVEとしてのワーカーは、個として見るときには、自我主体としての主体の芽吹きに始まり、次第に統合主体としての人格（主体）に向かう道をたどりながら、主体と主体の相互応答という意味を持つ間主観的な相互関係性の中で、一歩一歩を刻

(注15)　牛津信悳「トポス論の間主観的考察（その1）」『聖学院大学論叢』第23巻第2号、2011年、72-73頁、および（その2）同論叢　第24巻第1号、2011年、139-140頁、143-142頁。

(注16)　「左右田博士に答ふ」『西田幾多郎全集　第四巻』岩波書店、1965年、320頁。

んでいく。

　このことはワーカー-クライエント関係の中においても同様である。特定対象を指さすことはできないが、「生きられている限り」、人格主体すなわち統合主体への志向作用に始まり、現状の苦しみ、絶望や苛立ちという述語的情況への意識的様態と密接不可分な客体情況から離脱するというプロセスを経て、自立へ向かって可能性を持ち始める。こうした主体力を養成することへの支援こそが、問題を担う人のWell-being（問題情況への支援的対応から情況のさらなる克服・良化を含む）をめざす支援実践にほかならない。この支援のあり方は、SVRとSVEの相互関係性においても、より一層堅持されねばならない。

　この福祉実践とされる行為は、生活上の困難性というニーズを持つ人あるいは人々（集団）、さらには地域住民への支援という広がりを持つ。この行為は、そのニーズを持つ人あるいは人々に対して自立的な働きかけをする不可避の条件である相互関係、すなわち間主観的関係の中で築き上げられていくプロセスにほかならない。それは対象化できない人格あるいは集合体としての人格（総体人格）との間主観的関係の持続的な遂行（存在参与）によって可能になっていく。こうした行為は個別支援あるいは問題当事者の小集団形成を用いた支援においても、その個々の述語的情況に付着する生活上の困難をもたらす要因に対し、当事者ないし主語としての自我論的自己からの働きに発することになる。しかし自我的領域からの道筋をたどりながらも、さらなる主体、すなわち対象化できない可能性としての主体、また潜在化している主体へと歩みをたどっていく。そうした歩みは、直接的なその人への支援として心を操作することではない。とくに真の人格は、対象化できない（目に見えない）というシェーラーに触れた箇所の記述（25頁）を思い起こしてほしい。

　対象化し操作対象とすることにより、人間、とくにその心の物象化が始まっていく。ワーカーの支援者たるSVRにとって重要なのは、人格作用が作動するための条件を探るという、その人のあるいはその人々の歩みと共同歩調をたどりながら条件を探り見いだしていく目途への歩みを行為化していくことであ

る。

2.3.6 間主観関係の広がりと深まり

ことさら、SVRは、SVEへの支援の中で、見いだし、力を取り戻し歩み始めるのは問題を担う人、あるいはその集団主体（地域等における主体性を持った集団）にほかならない、ということを心に銘記しておかねばならない。間主観の粋を尽くした、共感に基づく条件設定の細やかさが、福祉支援の実質化における鍵となる。ここには、間主観関係の広がりと深まり、そうしてワーカーと問題当事者（クライエント、集団、地域住民など）の間に包摂関係が顕現していくプロセスがある。それは包まれるものが包み込み、包み込むものが包まれるものとなる主体的な相互包摂関係であり、主体的共同の実質としての位相的関係性といえる相互性である。このような関係性はすでにメルロ゠ポンティによって（いまだ理論化されたとはいえないが）直感され、そうした関係を内在させる存在論上の解明への糸口が開かれている。メルロ゠ポンティは、これを「均衡とか包摂などといった関係が限定できる場である位相空間は、クレーの色斑のように、すべてのものよりももっと古いと同時に『［生まれたばかりの］最初の日に』（ヘーゲル）あるものでもある存在」と表現している。[17]

この位相空間をわれわれは、福祉実践上のトポス情況と表現することができる。[18] 福祉実践の場が「トポス」として語られるとき、それはまさにわれわれのいうトポス情況への開拓の実質としての意味を持つ。[19] こうした実践は確実に歩まれている。地域、集団、個々人における相互行為の全体を、包摂され、包摂しながら切り離すことができない包摂体として理解するとき、その全体包摂内

(注17) Merleau-Ponty, Maurice, *Le visible et l'invisible, suivi de notes de travail*, Éditions Gallimard, 1964. 滝浦静雄・木田元訳『見えるものと見えないもの』みすず書房、1989年、303頁。

(注18) ここでは、多様かつ多次元的空間理解を可能にする方途として位置づけておく。

(注19) 柏木昭・佐々木敏明著、荒田寛解題『ソーシャルワーク協働の思想——"クリネー"から"トポス"へ』ヘルス出版、2010年、87-88頁。

容の「核」はアリストテレス以来[20]のトポス理解と切り離すことができない「場の理論」ないし「トポス論」の流れの中で位置づけることができる。

2.3.7 マクロ的視野とミクロ的視野

　以上のことは、単にワーカーと当事者といった個々人の間や困難をかかえた小集団とワーカーとの間を例にとって述べた事柄にとどまるものではない。これまでも意識的に言葉を添えてきた地域社会内の問題をかかえた集団、社会集団、コミュニティは言うに及ばず、さらに広がりを持って国家間、さらに世界へとその（相互包摂関係）領域は人間の関係性の存在する情況全体にわたって拡大しとらえていくことができる。マクロに視野を広げるばかりではなく、ミクロにおいても、細やかに見ていくと、各種の格差情況とその中に生きる人々についても、また制度的不備に起因する問題情況の中にまさにそれに飲み込まれて生きる人々についても、あるいは職場の人間関係に悩む人々などについても同様なことがいえる。れぞれの場面においても、無数のトポスがあり、内部的には、情況まさに述語領域に対する主語の自我機能が働き、さらにそれに続き、統合的包摂として作用する人格主体が他との包摂的主体関係を形づくる可能性を持ちながら存立する。自我主体としての主語は、人格存在とその主体への存在参与の道をたどる可能性のもとにあるが、それは、上に述べてきた実践プロセスに照合して理解するときに、その人格上の実質に照らし、自我にかかわる真なる論旨（論点）を明瞭にしていくことができる。そこには、包摂しながらまた包摂されながらという包摂しあう間柄の中で全体を包み込む、作用の核（われわれはこれをも論点ということができる）が相互に作用しあっている。

　このようにトポスとは包摂関係の作用の核であり、層を形成しながらわれわれの部分世界にかかわるのである。述語的状態の中にある間主観の条件として

(注20) 田中美知太郎編『アリストテレス』世界古典文学全集16所収、アリストテレス（森進一訳）「場所と時間について」『自然学』第四巻、筑摩書房、1966年、373-374頁。

の事象に目を向け、その包括力と、自我主体次元の主語による包括力、さらに層をなす人格的次元における間主観の条件としての述語的包括力、また人格としての主語による包括力、それぞれに部分としてのトポスが存立する。それは必ずしも統括性を持つ核という形態をとるばかりではなく、散逸的かつ多様性を持つ場合もあろう。しかし、多様性を持つ特性としてその位置づけを一定の態様において保っている核として表現することができる。その全体包括・統合力をもって総称的にもトポスということができる。さらにまた、そうしたそれぞれの部分を包括するトポスが志向性のもとに現実化されていくと考えることができる。

2.3.8　間主観性の関係性の核

　トポスとは、その相互関係性、かかわりを持ち合う存在の要諦にあり、まさにそれぞれの包摂体の中心点を意味しており、その中心にあるという位置ゆえに全体とのかかわりを持ち、それを包み込んでいると見ることができる。また自我主体間さらに人格主体間の相互性における間主観性の関係性の核そのものといえるのである。このようなトポスを現実事象の間主観性情況の中で探求し、解明していくことにより、われわれは現象の本質に段階的にたどり着くことができる。それにより、事象内の改善改革、福祉にかかわる問題解決の糸口に立つことができる。

　この理解によって、われわれは上記したように、多様な福祉実践において前方へと歩み出すことができる。SVRという専門性の要にある位置を保持して業務遂行をなす立場からすると、この認識を堅固に持ち、支援を必要とするSVEとしてのワーカーへの対応をなすことが肝要である。

　こうして、SVRは、対象化できない人、人々の人格を念頭に置いて、その作用のための条件設定へと旅立つ支援をなそうとするワーカーへの専門的対応を許容されることになる。ワーカーのクライエントへの対応は現実の、あるいはトポス情況の解明という門を開くことによって開始される。それは包摂情況

の解明であり、心理的側面は言うに及ばず、経済的、社会的ある場合には政治的観点など、その人が置かれた場であり、またそれはさらに詳細に見ると内的・外的広がりを持って包摂体にちりばめられて有機的に存立している。

　その実践において、ソーシャルワーカー（支援者、とくに専門的支援者）は、問題を担う人への「寄り添いびと」であり、クライエントという人格へ向かう条件の形成を共感の中で行うことによって支援をなす実践者である。人格的統合性のもとにあって内側から強められ、エンパワーないしストレングスへの道をたどる。そうしてリカバリ（困難から復帰し可能性に帰着する）していくのは、その人、その集団、その地域の住民それ自体である。福祉問題解決のための条件へ働きかける支援者としての福祉実践者は（人や住民の主体性を重んじる）協働者としてある。

　実践家たるSVRがSVEに対するときには、こうしたクライエント理解と同時にSVEへの存在参与（人格存在への参与）が求められるのである。こうした福祉実践のあり方は、トポス情況（場）における包摂の核としての人格主体の統合作用である存在条件に向かい働きかけをするときに実質的にたどられる。

　言葉を換えれば、SVにおいても絶えずSVRが「トポス」という人間と社会の「情況の核」へと志向の行為をたどり続ける支援者に徹するときに、人格が重視される人間福祉的行為が可能になっていく。

3 ｜ 人間福祉スーパービジョンの目的

　人間福祉スーパービジョン（以下「SV」と略）の目的は、経験や専門知識の豊かな指導者（SVR）による、専門支援を必要とする者（SVE）の能力開発および支援の向上である。

　SVEは、SVRとのかかわりを通して、適切な援助方法（かかわり方）に気づき、より良い援助者になるために、その実践内容と実践プロセスを共有しつづけるのである。それは、クライエントがかかえる、病気、障害、生活のしづ

らさの緩和や解決、同時に、クライエントの「リカバリー」(生きなおしや自己実現)のプロセスに援助者として共にかかわることである。SVは主としてSVEが担当する事例検討を通し、SVRとSVEの信頼関係に基づいて実施されるものである。

▶SVの目的と意義

　日本にSVの先駆的な足跡を残したD. デッソー(Dorothy Dessau)はSVの目的と意義について次のように述べている。

　　「出発点ではただ、善意と常識と自己流の見方を持った人間にすぎなかった学生を、やがて相手の話に聞き入って、相手を理解し、治療(援助)していくだけの訓練された能力を持った専門家として立てるように鍛えてくれる人(中略)。このSVRの下で、実習する期間は(中略)、事実有能なワーカーに変身するまで続けなければならない。ソーシャルワークの過程の中で、一番大切なものはいわゆるSVである」[21]

　また、デッソーと並び、日本におけるSVの先駆者である柏木昭は、聖学院大学人間福祉スーパービジョンセンター講演会で「スーパービジョンの定義」について次のように述べている。

(注21) D・デッソー(上野久子訳)『スーパービジョン──ケースワーク』ミネルヴァ書房、1970年、序章1-2頁。
　　　ドロシー・デッソー(Dorothy Dessau)は、1900年にニューヨーク市に生まれ、プリンモア女子大学卒業後、ニューヨーク市の社会福祉団体である「ニューヨーク・コミュニティ・サービス」のソーシャルワーカー、スーパーバイザー(SVR)として働いた。後にコロンビア大学社会福祉学部大学院に学び、その後、国連救済復興委員会の派遣で中国に渡り、1947年に国連駐留軍の一員として来日した。その後は、日本各地においてソーシャルワークの基本原則や実践を指導した。1951年に同志社大学に赴任し、以来多くの専門家を育て、1980年に他界された。

「SVEのクライエントとの『かかわり』について、SVE自身の点検をSVRが支援する力動的過程……言いかえれば、SVEのなかに潜在する可能性を信頼して維持する関係であり過程である」[22]

▶かかわりと自己覚知

　ソーシャルワークは基本的には人間尊重の仕事であり、他者への愛情と献身行為である。それらのかかわりは信頼関係を醸成する。しかし一歩間違えれば、目的外の関係に発展し、具合の悪い結果をまねく。これらのことは、SVE自身がかかえる人格の未熟さや、時には「共依存」や「心的外傷（PTSD）」などが絡んでいることも少なくない。

　これらのことは対人援助にはつきものなので、取り組みが目的外のところにそれないように、あらかじめ専門教育や実習を通してバウンダリー（専門境界）などについて学ぶ。また、実務の上では「国家資格法（社会福祉士法、精神保健福祉士法など）」や「倫理綱領」[23]などによる縛りがかけられている。SV時にこういう側面にもふれていくのである。

　同時に、SVRはSVEの「かかわれなさ」「かかわりすぎ」「かかわらなさ」などへの気づきを促しサポートする。また、自分の癖、傾向、性格、価値観などの自己点検に役立つような支援をし、「自己覚知」を促していくのである。その際、SVRは傾聴に徹し、SVEが自ら気づき、自覚する過程を辛抱強く歩むのである。決して一方的な指導はしない。SVの中では、SVRは、傾聴や受容に徹するとともに、カウンセリングやストレングスモデルの技法である、「リフレーミング（肯定的な意味の発見や表現の置き換え）」などによる言葉かけなども工夫する。

（注22）柏木昭「スーパービジョンとは何か」『2009年度聖学院大学人間福祉スーパービジョンセンター年次報告書』聖学院大学総合研究所、2010年、9頁。

（注23）社団法人日本精神保健福祉士協会倫理綱領を本書巻末に資料として掲載。

▶OJT、コンサルテーション、キャリアパスとSVの違い

　日本の社会福祉の現場においては、援助の担い手を支えるための方法として、職場の上司などによる、いわゆる「SV」が実施されている。また、ケース会議の活用、「現任訓練（On the Job Training：OJT）」や「キャリアパス（経験年数に応じた義務的、専門的研修）」などの手法による「現任訓練」が行われている。さらに、最近は、行動心理学に基づく「コーチング」を活用した、部下とのかかわり方を学び部下との人間関係と仕事の質の向上をめざす「コーチング・SV」なども行われている。

　これらの現任訓練的なものとSVの違いは何であろうか。OJTは、主に上司などが所属のめざす業務目的やその成果を上げるために訓練をするもので、いわば縦の関係である。実際に現場で行われているいわゆる「SV」の多くはOJT的で、上司による指導や管理的な内容が主である。しかし、そのような関係では、なかなか本音が引き出せないので、そのような役割を託される上司側からもどうしたらよいか、戸惑いや悩みの声が聞かれる。

　SVは、あくまでも担当事例への「かかわり」に焦点をあて、双方向でより良い援助を見つけ出していく協働作業である。そのために、お互いに相手を尊重し、助言よりは慎重に傾聴に徹することが欠かせない。その意味で、自由な横の関係なのである。

　さらに、SVは、原則として職業上の同一性が前提となり、同一職種により行われる。なぜなら、ソーシャルワーク特有の「生活モデル、自己決定の尊重、人権擁護」などの複合的な視点や価値観に立つことが重要だからである。精神保健福祉士法には、主治医があるときにはその指導を受けるという規定がある。それは、医療情報を主としたコンサルテーションを受けるという意味であり、「医師によるSV」はありえない。

　なお、SVに関する主要な先行研究としては、荒川義子、黒川昭登、植田寿之、福山和女、相澤譲治、倉石哲也などの実践的な論考があるので参照されたい。それらの要点については、Ⅱ章以下で随時ふれることにする。

4 人間福祉スーパービジョンの対象

ソーシャルワークにおけるSVの対象とは、専門職としてのSVEの、クライエントとの「かかわり」を含む、ソーシャルワーク実践である。

それは、SVEの必要に合わせ、その癖、傾向、性格、価値観等について自己点検作業をすることの支援ともいえる。これはSVEの必要性に合わせることが重要であり、SVRとしてのソーシャルワーカーによる治療的な介入を意味していない点に注意を要する。すなわち、SVRはSVEの人格、生活、人生観、援助観、価値観等を深く尊重する立場をとる。

4.1 ソーシャルワーカーとしての実践の扱い方

SVの実践においてはソーシャルワーカーの実践を対象とするにあたり、SVEがかかわった援助事例のレポートを活用することが多い。これは、とかく「事例検討」になってしまいがちであるため、とくに焦点のあて方に留意する必要がある。

一方、SVEは自身をオープンにし、実践とその際の感情をつまびらかにSVRの前にさらけ出すことになる。そこには、自信の無さや不安感もあり、時として体裁良く見せようとする気持ちが働くこともあるかもしれない。しかし、自身の業務や支援過程を反省する作業を通して自分を客観視することの必要性は、メアリー・リッチモンド（Mary Richmond）の時代から指摘されており、ソーシャルワーク実践の現場では共通認識として浸透していることでもある。SVRは、SVEの不安感等にも寄り添いながら、SVEがソーシャルワーカーとしての「目」を見開き、専門職としての成長の「芽」を伸ばしていくプロセスに、「問い直す」作業をしながら共に歩む先輩・協働者として、存在するのである。

4.2　中心的課題

　SVで扱う中心的な課題は、SVEのソーシャルワーカーとしての実践における立脚点の根拠や、多種多様な悩みやジレンマ、専門職としての業務中には容易に口にできない思いなどである。つまり、ソーシャルワーカーとしてクライエントの状況をどのようにアセスメントし、どのような感情を持って向き合い、どのように考えてどのような援助を展開したか、というソーシャルワークの一連のプロセスを、SVE自身が振り返ることと、そこでのSVE自身の不安や悩み、困惑などを自覚して言語化し、省察することを支援するかかわりがSVであるといえる。そこには、ソーシャルワーカーとしてのアイデンティティの揺らぎがある。こうした揺らぎを生じさせる要素として以下のようなものがある。

①利用者とのかかわり
　SVE自身のクライエントへの感情的な葛藤も含め、援助関係の構築のあり方や、とくに難しい課題をかかえる利用者への支援に打開策が見いだせないなどの行き詰まりをかかえていると、クライエントとのかかわりそのものに苦痛や苦手意識を持つことがある。また、社会資源不足などが背景にある場合も、思うように援助が展開できないジレンマを持つことがある。

②ソーシャルワーカーであることの自信
　SVEの生来の性格傾向として自信を持ちにくいタイプである場合や、実際に力量不足を痛感している場合、業務内容が高度な援助技術や知識を要すると思えるときなどに自信が揺らぎ不安感を高めることがある。

③SVE自身がかかえる個人的課題
　SVE自身の成長過程における未解決な発達課題等をかかえていたり、人生経験やライフスタイルとの兼ね合いからクライエントに自己を投影させたりして悩むことがある。

④上司・部下・同僚との人間関係
　職場としての指導教育のあり方や、指示命令系統の問題、他の同僚と比較されることによる不安などによって悩むことがある。
⑤多職種との関係
　SVEが所属する職場の種別にもよるが、多数の異なる専門職種等との連携が必要な場合、援助技術や依拠する学問的背景も異なることから、葛藤をかかえることは少なくない。
⑥職場環境への不満
　SVEが所属する職場での待遇や業務内容などに不満を持つことは、社会福祉領域における離職率の高さからも推察できる。さらに、人間関係上の問題や所属機関の方針への不満、所属機関の特性に基づく支援の限界なども、時としてSVEの不満の種となる。
⑦意欲喪失
　ここまで列挙したような種々の悩みや葛藤は、実際には複合的な要素が連関している。これらが相まってソーシャルワーカーであり続けることや、現職場に居続けることへの意欲を喪失してしまう。

4.3　スーパーバイジーの所属組織への視点

　SVEの専門職としての実践は、その置かれている職場環境等によっても左右され、悩みや困難の持ち方に影響することから、SVにおいては以下の点にも着目する。(第Ⅱ章2を参照のこと)

(1) 経験年数や立場
　SVEが専門職としての歩みを始めたばかりのころと、一定程度の経験を持った後では悩みの質が異なる。ソーシャルワークの特性に照らせば、上級者とてすべての実践に葛藤や困難がないということはありえず、むしろ悩み続ける

専門職がソーシャルワーカーであるともいえる。さらに、管理職の立場になると、組織の運営方針の決定など責任も増すなかで、時として経営に邁進することが専門職としてのあり方への疑問を生じさせ、SVの必要性をより実感することもある。これはソーシャルワーカーとしての良質な悩みといってよい。

　初任者：新人からおおむね３年未満の経験で、職場内の業務については遂行
　　　　　できる程度
　中堅者：職場内外の関係者との連携を取り持つことができ、一定の責任を任
　　　　　される程度
　上級者：後輩や部下への教育や業務のマネジメントなどを任され、地域活動
　　　　　も担う程度
　管理職：施設機関の管理部門の責任の一端を担う者としての責任と権限を持
　　　　　つ程度

(2) ソーシャルワーカーの置かれている環境

　ソーシャルワーカーは、働く機関や施設の種別によって置かれている環境が異なるという特徴を持つ職業である。たとえば、職場にソーシャルワーカーが１人しかいない場合もあれば、多数のソーシャルワーカーが同僚としている場合もあり、さらに上司が同じソーシャルワーカーか、他職種かによっても受けられる教育内容や業務上の相談、サポート体制は異なる。

　上司が異なる職種であれば、ソーシャルワーカーに固有の援助方法や理念が理解されないことや、求めても相談に応じてもらえないこともあり、経験の浅い段階では過酷な環境となる場合も珍しくない。

　一方、多職種が１つのチームを組んで協働する職場であれば、そのチームワークの良し悪しや異職種間での相互理解の度合い、チーム内での位置づけ等によって仕事のやりやすさが異なる。

　　一人職場：職場にはソーシャルワーカーが１人しか配置されていない場合

多数職場：ソーシャルワーカーが同一部門に多数配置されている場合
他職種が上司：上記のいずれにおいても、ソーシャルワーカーを管理監督する上司が他職種または専門職ではない場合
多職種チームの協働：上記のいずれにおいても、多様な職種がチームを組んでいる場合

(3) 職場特性

　従来の社会福祉領域では、一次分野、二次分野と分類されていた分類を参照し、ソーシャルワーカーの置かれている職場環境を見直してみると、前者の社会福祉事業を中心とした機関施設と、後者二次分野の医療や産業、教育など関連する他事業を遂行する組織とでは、ソーシャルワーカーの位置づけや扱い、業務内容等がおのずと異なることがわかる。こうした点もSVにおいては着目しておく必要がある。

　たとえば、医療機関の中心を担うのは医師や看護師などの他職種であり、依拠する学問的背景は医学モデルが中心を占める。行政機関では、公務員としての立場が前提であり、その範囲でのソーシャルワーク業務を担う。機関全体の根拠法も多岐にわたる。

　ソーシャルワーカー主体（例：障害者の入所施設や就労支援事業所等）の職場は、おおむね社会福祉関連法に基づき運営されており、社会福祉を施設の設置目的に据えており、「同じ文化」の中で業務が遂行できると考えられる。

医療機関：精神科病院、総合病院、診療所等
行政機関等：市町村、保健所、保護観察所、社会福祉協議会等
他領域：学校教育の場、産業保健の場、ハローワーク、刑務所等

5 人間福祉スーパービジョンの課題

5.1 スーパービジョン実施にあたっての課題

(1) SVRの教育背景による効用と限界

　SVRの教育背景や経験的背景によってSVのタイプが異なる。しかしながら、それらの区別が困難であり、上司がSVRの場合は選択の余地はなく、SVEにとってはこれが唯一のSVとして提供されることになるのが現状である。

　教育背景とは、ソーシャルワークの教育背景を持つか否かであり、また、ソーシャルワーク教育の中でも学派や流派によって提供されるSVは異なる。たとえば心理主義によったソーシャルワークを志向しているか、もしくは行動主義的なソーシャルワークを志向しているかによってもSVの焦点やその方法は異なる。そしてSVRがそのことに自覚的であるかどうか、SVE自身がその傾向について知ることはより良いSVを展開していくうえでも必要な情報である。またSVR自身がSVEとしてSVを受けた経験があるか否か、受けた経験がある場合どのようなSVを受けているかによっても、SVの方法や内容は異なる。このようにSVRの教育背景や経験等によって提供されるSVが異なるということは、さまざまなSVの中からSVEが自分のニーズに合わせて選ぶことができるということでもある。が、実際はそれ以前に、SVR自身が自らのSV特性について認識していないため、SVEが選択できるように提示されていないことも課題として挙げられる。

(2) SVEの雇用条件によるSV機能の調整

　経済状況や資金不足によって福祉現場には非常勤職員が多く雇用されている現状がある。非常勤ソーシャルワーカーが増えるなかで、これまで常勤ソーシャルワーカーを想定したソーシャルワーカーとしての機能や役割、業務範囲、

責任範囲などを、質および量ともに調整をしなければならない。

　また、勤務体制がシフト制になっているところが多いことなど、職員同士が集い、組織のことやクライエントの情報を共有する時間をとることが困難になっている場合が多い。日本ではSVが業務に位置づけられていないことが多く、相談しやすい上司や同僚とすれ違いが多くなるなどによって、小出しにできていた疑問やかかわりの確認ができず不安なままで実践を積み重ねることになり、たちまち自信を失ったり、不満を募らせたりする場合は少なくない。このように日本の職場ではSVとしての意識なく、日常的なコミュニケーションの中で愚痴をこぼし、直面している困難を語り、または少しの助言や励ましを得ることが日々のかかわりの振り返りになっていることは多い。しかしこのようなSV機能の代替は非常に不安定であり、図らずもそれによってソーシャルワーカーの質、サービスの質に大きな影響を及ぼしていることを認識しなければならないだろう。

5.2　スーパービジョン・システム形成に関する課題

(1) SVの認識不足

　ソーシャルワーカーとしてかかえている悩みや課題はあるものの、それらをなんとかしようとするためにSVを受けるという行動につながっていかないのが最大の課題であると考える。

　なぜ、SVにつながらないのか。以下にその理由として考えられるものを挙げる。

　まずはSVに対する認識不足が挙げられる。SVがこのようなソーシャルワーカーのニーズや思いにこたえるものであることを知らないがゆえに、SVなどには到底思いも至らず、当然活用には至らないわけである。これはソーシャルワーク教育の課題でもある。諸外国ではソーシャルワーカーの養成プロセスの中でSVを義務づけ、SVの時間数をも指定している。独り立ちできるようにな

るまでは、当然、業務時間内に位置づけられており、その費用は所属機関が保障している。日本の専門職養成の環境は憂うべき事態といわなければならないであろう。

　また、SVはなんとなく知っているが、「まな板の鯉」にされて一生懸命やっていることを批判されるのではないかという漠然とした不安から一歩を踏み出せない、という人もいるようである。このようにSVの正しい理解が不足するばかりか、歪んだ認識を持っているソーシャルワーカーも多い。意識化しているソーシャルワーカーが少ないことが最たる課題である。

　また、「SV」というと敷居が高く、気後れしてしまう、悩みはあるがそれほどしっかり考えられているわけではないし、もっと気楽な感じに話せるところがいい、というソーシャルワーカーも多い。とくに新人ソーシャルワーカーは同僚や新人同士の飲み会などで仕事の愚痴をこぼしたり、不満が共有されるだけで満足してしまうこともある。これはソーシャルワーカーがソーシャルワーカーであり続けるためにはSVは必ず必要であるという認識の不足と、SVを行うにあたって「ちゃんと考えていなければならない」（そうでなければ突っ込まれてしまって答えられない自分を批判されるのではないか）、というSVに対する歪んだ認識からくる躊躇といえる。

　また、SVは受けてみたいが適切なSVRがいない（と思っている）ことが挙げられる。いざSVを受けようと思ったものの、SVRを見つけようと思ったときにどう探していいかわからないのである。職場内の上司との関係や、上司の支援観に対する疑問や不安、不満などがある場合には、外部のSVRを依頼することを考える。こういうケースは実は非常に多い。なかには職場内にSVを受けていることを知られては困るので地元（県内など）でSVRを探さず、あえて離れた地域のSVRに依頼をする場合も実は少なくないのである。ソーシャルワークの業界はその人間関係も狭く、県内筒抜けということも想像できるため、安心して職場の悩みを開示して、自らのかかわりや支援観を振り返る機会を持つことが難しいと考えている。これらはいずれも日本にSVシステムが

ないがゆえのソーシャルワーカーの質の格差に関する課題である。これらはSVシステムの未整備に加えて、SVR養成システムが未整備であることから生じている。このようにソーシャルワーク教育およびソーシャルワークシステムはすでに悪循環に陥っていることが容易に想像でき、これらの整備は喫緊の課題である。

多くのソーシャルワーカーが必要としているものの、その悩みや課題が上記のような理由によってSVにつながらず、多くのソーシャルワーカーが悩み続け、バーンアウトしてしまっている現状にある。結果、日本の福祉がなかなか当事者主体へとパラダイム転換が図られず、依然保護的福祉から脱し切れずにいるのではないだろうか。

(2) SVシステムの課題

日本でSVが根付かない理由の1つは業務に位置づけられていないことが挙げられる。業務に位置づけられるということは、勤務時間内に業務の一環として定期的にSVが受けられる（なければならない）ということである。位置づけられていない理由として考えられることは、専門職が仕事をしつづけていくための社会的義務であるという認識の不足である。そしてSVはソーシャルワーカーの質および信用性の担保にとっても必要不可欠なものであるという認識が希薄であることが考えられる。アメリカの場合は、対人援助職者に対して個別SVは必須であり、当然業務内に位置づけられている。たとえば、週に1回担当のグループワークを終えると、数日後にSVを受けるかたちになっており、それが業務を遂行するうえで必須となっている。

(3) SVR養成システムの課題

すべてのソーシャルワーカーにSVの提供を実現するためには、まず「SVRがいる」ことが前提となる。しかし、わが国ではそのSVRを養成するシステムが確立されていない。現状では、自分のプライベートな時間と費用をかけて

探し求めてSVを受けるしか方法がない。となると、独り立ちできるようになるまでSVを定期的に受けてきたというソーシャルワーカーはそれほど多くないということになる。SVを経験したことのないソーシャルワーカーにとっては、どのようにSVを展開すればよいか皆目見当がつかないことであろう。

　いずれにしても、システムの未整備がある以上、どこかで意図的にSVR養成を行っていかない限りは日本にSVRが根付くこともなく、悪循環はいつまでも不変のままとなる。

　近年、(社) 日本精神保健福祉士協会では「認定スーパーバイザー養成研修」を実施している。社会福祉士及び精神保健福祉士のカリキュラムの改正にともなって実習指導者養成研修が全国各地で実施されるようになり、実習におけるSVR養成に取り組むようになってきている。

(4) 保健医療福祉サービスの根本的な課題によるSVの課題

　SVが根付かない理由として、そのためのさまざまなシステムが整っていないことが挙げられる。これらは日本の保健医療福祉サービスの根本的な課題であり、一朝一夕で解決されることではないが、とはいえ問題意識を持った人同士が改善に向けて行動を起こしていかなければ日本の保健医療福祉は変わっていくことはない。

▶チームケアの未整備

　日本の保健医療福祉現場におけるサービス提供においては、一人支援体制が根本的な考え方として根付いている。たとえば生活保護ケースワーカーや保健師はある地区を１人で担当し、MSWは１人で病棟を担当するように基本的に１人でかかわり、責任を負わされる体制となっている。もちろん地域や病棟にはさまざまな他職種がおり、必要に応じてチームを形成している。近年ではケアマネジメントが導入され、チームケアが少しずつ浸透しているように思われるが、基本的には１人で何名支援できるか、という発想からマンパワー配置な

どが設定されている状況は変わらない。

　英国では、ある人口区域を多職種チームの協働で支援するという体制がつくられており、基本的に1つの支援の単位が「チーム」であり、支援に対する考え方と体制に根本的な違いがある。かかわりのありようは、チームメンバーへ報告することによって、常に点検しあうことになる。加えてそれぞれが個別SVを通して自らのかかわりをSVRに詳らかにし、省察する機会を持っている。1人でかかえ込んだり責任を負うことのないよう支援者がゆとりを持ってかかわることを保障している。

　日本のようにチームケアが整備されていないなかでは、一人ひとりがかかえ込まざるをえない状況がつくりだされ、個人の負担がいつのまにか増幅してしまう。

　支援者をめざそうと学び始めた学生が実習に行って、「ボクにはできそうにないなと思った」と帰ってくることがある。よく聞くと、「実習先のソーシャルワーカーの様子を見ていると、1人でいろいろ判断して、他職種へ意見を言ったりして、そんなことはできそうにありません」という。実習生が自信を持てないのは当然ではあるが、少なくとも数週間現場にいた学生の目にはチームで動き、チームで支え合っているようにはうつらなかったのだろう。支援は本人を中心においたチームの協働で行うものでなければならない。ある特殊で有能な職人技によって援助がなされているように感じられれば、後進を育成することすら困難になる。

▶努力しても報われない労働環境

　意欲的なワーカーがたとえ、多額の費用を個人的に出してプライベートな時間を利用し継続的に外部のSVRによるSVを受けて実力がついたとしても、能力差を問わない年功序列型の賃金体系、組織体系であるわが国の施設では、その見返りがほとんどないのでそこまでしようという気にはなれないというシステムの問題がある。福祉施設の施設長はソーシャルワーカーではない場合が多

く、地元の公務員を退職した者が代々職に就いているという事例も少なくはない。もちろん専門職でないことが一概に悪いわけではないが、ソーシャルワーカーとしての基本的なことや理念が共有できない職場は、SVRがいないばかりか、ソーシャルワーカーとしてスキルアップをめざそうと思っても、そのモチベーションすらも減じてしまう可能性も否定できない。

福祉現場に関しては、人材育成という観点からもさまざまな課題が残されている。

5.3　スーパービジョンの実証的研究への課題

日本においてはSVに関する実証的研究は少ない。理由としてはさまざま考えられるが、SVに対する認知不足を発端に、SVが実施されている施設・機関が少なく、定期的に、意識的に実施されているところはまれであることが挙げられる。

必要性の認識不足と定着不足について解明していくためにも、今後実証的研究を積み重ねていくことが必要である。

参考文献

・相澤譲治『スーパービジョンの方法』相川書房、2006年
・荒川義子編著『スーパービジョンの実際——現場におけるその展開のプロセス』川島書店、1991年
・柏木昭『ケースワーク入門』川島書房、1966年
・柏木昭「スーパービジョンとは何か」『2009年度聖学院大学人間福祉スーパービジョンセンター年次報告書』聖学院大学総合研究所、2010年
・黒川昭登『スーパービジョンの理論と実際』岩崎学術出版社、1992年

- 社会福祉法人 奈良県社会福祉協議会編『ワーカーを育てるスーパービジョン──よりよい援助関係を目指すワーカートレーニング』中央法規出版、2000年
- 助川征雄・相川章子・田村綾子『福祉の現場で役立つスーパービジョンの本──さらなる飛躍のための理論と実践例』河出書房新社、2012年
- D・デッソー（上野久子訳）『スーパービジョン──ケースワーク』ミネルヴァ書房、1970年
- 日本精神保健福祉士協会広報出版部出版企画委員会編集（スーパーバイザー柏木昭）『スーパービジョン──誌上事例検討を通して』へるす出版、2007年
- 福山和女編著『ソーシャルワークのスーパービジョン──人の理解の探究』ミネルヴァ書房、2005年

第Ⅱ章

スーパービジョンの意義と目的

1 スーパービジョンの意義と目的

　SVの意義と目的はどこにあるのであろうか。まず、ソーシャルワークおよびSVをめぐるわが国の社会情勢との関係から説き起こすことにする。

　現在、わが国は、施設（病院）収容主義、伝統的な医学モデル（パタナリズム）などの過去の負の遺産を引きずり、さらに2011年3月11日に発生した東日本大震災や原発事故をかかえ、未曾有の困難な状況に置かれている。他方、大災害を歴史転換期と認識し、国家体制の再編、とくに、社会福祉の復権、基幹産業化、さまざまな生きなおしが模索されている。

　具体的に見ていくと、近年の社会政治経済状況の激変は、さまざまな社会問題をもたらしている。たとえば、少子・高齢化による労働人口の減少、格差と貧困（とくに若年層）の拡大、自死者増加問題（2010年度3.3万人）、精神病を含むメンタルヘルス問題の拡大などである。それらのことはまた、ソーシャルワークニーズの増大とソーシャルワーク実践を複雑なものにしている。しかし、社会福祉に関する関心は介護に偏っており、また福祉職の低賃金問題がクローズアップされている。その結果、ソーシャルワーカーが意欲を持ちながら働き続けるための賃金や福利厚生の充実、早期転職や燃え尽き防止などが大きな課題となってきている。要は、ソーシャルワーカーの就労条件（給与の改善とともにSV体制の法制化など）、ソーシャルワークのサービスの質の確保および

53

向上、さらには、ソーシャルワーク現場における専門サポート（SV）をどうするかということなどが大きな課題なのである。

なお、第Ⅰ章3でふれた先行研究に目を向けると、SVの意義と目的はおおむね、「クライエントや地域社会に対して適切な福祉サービスを提供すること」および「サービスの担い手であるソーシャルワーカーの養成訓練」であるとしている。また、先行研究に共通なことは、SV機能をおおむね、(1) 管理的機能 (2) 教育的機能 (3) 支持的機能に分けていることである。しかし、実際のSVは、その目的を達成するために、さまざまな支持的機能を準備し、それらの機能をうまく組み合わせているのである。

1.1　スーパービジョンの管理的側面

管理的側面とは何か。それは、SVEが所属する職場の目的や自らの役割をどのように理解し、その役割を遂行しているかということなどに焦点をあてるものである。同時に、所属する職場の適正な業務運営や、職場がかかえる課題解決に向けたかかわりなどを一緒に考え、ソーシャルワーカーの働きを支持していくことである。さらには、ソーシャルワーカーが担う管理的側面での役割遂行をサポートすることである。そのためには、相談記録のとり方、業務報告書の書き方、事業計画の作り方などについても助言していく。

ソーシャルワーク業務は多岐にわたるが、それらは基本的には法的な根拠に基づいている。ソーシャルワーカーの位置づけについてもまた同様である。社会福祉士法、精神保健福祉士法などに規定されているのである。それらの中でとくに強調されているのは、クライエントの利益を損なわないようにするための、「信用失墜行為の禁止や守秘義務」である。罰則も設けられている。同時に、具体的な業務遂行上のさまざまな要件が、専門職団体による「倫理綱領」により示されている。そこでは、さらに踏み込んで、職場の上司や同僚との連携やコミュニケーションのとり方などにも一定の方向性を与えている。

実際のSV上、よく見られることは次のようなことである。職場がSVEに期待する役割と、SVEの専門職上の価値観や実践との間にギャップが生じることである。実際には、ソーシャルワーク業務は公私の予算（金銭）により運営されている。それらは、もとより法的な規定や基準に基づき、公正な活用が義務づけられている。しかし、ソーシャルワークの予算は全体的に潤沢ではないこともあり、実際には、費用対効果に重点が置かれ、集団主義で、「十羽一からげ」になりがちである。また、常に経費節約や経費削減の工夫が求められ、「成果」や「費用対効果」に重点が置かれがちである。しかし、若年者は学校で習った福祉実践理念や原則などに従い忠実に仕事をしようとする。その結果、クライエントの個別性を尊重しきれない現実とのギャップに悩むことになる。

　ソーシャルワーカーは、専門教育においてクライエントのニーズに配慮した実践の必要性を学ぶだけでなく、「倫理綱領」にあるように、「専門職同士の相互批判」や「職場に対する批判や提案」も期待されているのである。それは、クライエントの権利や利益を保持するためである。安易に現実妥協的になるなということである。より良いサービスをめざし、必要に応じて問題提起や改善をめざせということである。しかし、ソーシャルワーカーの個性や力量には差があり、それをやるには広い視野や正確な情報がなければならない。実際に、若年者は相対的に有効な方法をあまり知らない。一方、中堅者は業務理解や進め方は心得ているが、現実妥協的になりがちである。これらが混在し、SVの大きなテーマとなるのである。

　ソーシャルワークは、基本的に「マージナリティを持つ」職種なのである。職場から業務を課せられ給料を支給される。しかし、あくまでもサービス業務を通して、クライエントの生活保障や利益を保持しつづけなければならないのである。クライエントにより良いサービスを提供する経営や業務管理に関心を持ち続けなければならないのである。経営側は、たとえば、少ない人員配置で一定の水準を維持しようとするであろう。しかし、ソーシャルワーカーは豊か

なサービスのためにかかわりの時間を多く取ろうとし、そのギャップにジレンマを感ずることになる。クライエントのニーズにきちんとこたえようとするのは当然なことである。ただ、このような場面で、専門的視点や価値観に揺らぎがないかどうか点検することや次善策を考えることが重要である。理念と現実のギャップはつきものなので、常にあわてずに、ギャップを自覚しつづけ、改善を工夫しつづけることが重要である。

1.2 教育的機能としてのスーパービジョン

これは、SVEの専門知識・技術の向上に役に立つ情報提供や教育的なかかわりを意味する。具体的には、担当事例に関する課題解決のための助言、法制度や医療・保健・福祉・労働などの社会資源の理解のための助言や情報提供、研修機会の情報提供などをさす。

クライエントのニーズは多様化し、もはや特定の人々のものではない。それに伴い、ソーシャルワーク業務も多様化し、業務マニュアル化、現任訓練（OJT）などの研修会が設けられ、スキルアップの訓練が取り入れられるようになってきている。しかし、これからは、抜本的なこととして、SVRもSVEも次のような新たな実践理論や視点の重要さを自覚し、それらを応用する必要がある。同時に、SVを通してそのような実践理論や視点の共有、そして担当事例に沿った相互点検を進めることが期待される。それは、「クライエントの主体性とリカバリーを最大限に尊重すること」である。

第二次世界大戦後、欧米だけでなく、日本においても、緩やかな改革が進んでいる。その道のりを振り返ると、近年まで、専門家はその専門的な視点や方法によりクライエントの能力を限定的にとらえ、治療や援助方針および方法を決めてきたということができる。しかし、人間は話を十分聞いてもらえなかったり、無理やり押し付けられたりするものに対しては敏感で、自信をなくした

り、投げやりになったり、過度な依存状態になってしまいがちである。しかし、専門家側は、期待することができなかったり中途半端になってしまうクライエントに対し、「意欲不足」とか「病識欠如」といった一方的なラベルを貼り続けてきた。

　しかし、1980年代の「国際障害者年」前後から、グローバル化が社会福祉の世界でも進みだし、採否の如何はあれ、「世界のベストプラクティス」や「先見的な実践理論」が紹介されるようになってきたということができる。それの意義や有用性は、日本における実践を通じても確かめられていった。要は、病気や障がいをかかえながらの「リカバリー」（生きなおしや自己実現）に対し、専門家は何ができるかという発想に立つことの重要性や、それに沿った質の良い援助の必要性が広く認識されてきたのである。それらの実践理論および援助方法は、エンパワメントモデル、ストレングスモデル、ナラティブアプローチ、リカバリーアプローチとなどと呼ばれているものである。（これらの要点については次項で概略を紹介する）

　これらの実践理論や援助方法が基本的によって立つものは次のようなことである。まず、援助は本人の「語り（ナラティブ）」を重視することから始まること。ここまで生き抜いてこられた（サバイバル）のは、本人の潜在的能力（意志や失敗も成功も含む経験（経験知）、社会資源をうまく活用できる能力などがあったからであるということ。ナラティブアプローチの重要性について、白澤政和は次のように述べている。

　　「ナラティブアプローチは、人々の物語性を重視する支援であり、クライエントこそが自らをもっとも知っていることを前提にし、本人がものがたる（ナラティブ）内容にこそ、クライエントの本当の姿があるという考え方を基礎にしている。（中略）そこには、利用者の問題を援助者が専門的な立場から診断することへの批判が根底にあり、利用者が物語るストレングスから、自らの中で問題を外在化させ、自らの力で可能性を見つけ出し

ていくことを狙いにしている[1]」

　しかし、日本においては、まだまだ「問題や欠陥志向の傾向」が強く、クライエント（とくに年長者）の多くが、それらの閉鎖的な環境の中での生活を余儀なくされてきた結果、主体性を失い、自立への希望を失っている例が多いのである。国は、2004年にやっと「精神医療保健福祉の改革ビジョン」を提示し、社会的入院の解消に舵を切りはじめた。長期入院により、澱のように彼らに降り積もったものは、社会生活への回帰を躊躇させるものであった。あらためて、政治や専門家の取り組みの功罪を問うところとなっている。それらのクライエントに対しても、援助者が希望を失わず、その可能性を直視し、部分的、段階的に「リカバリー」を支援していくことが大切である。

1.3　ソーシャルワークの専門性とスーパービジョン

　ソーシャルワークの専門性は、今日的に言い換えると、「人間尊重の視点にたち、さまざまなや援助方法を用いて『生活問題（生活のしづらさ）』の解決に当たること」である。その専門性を担保するために、SVが設けられていということができる。

　人の生涯は、喜びも悲しみもあり、さまざまな困難もかかえて生きなければならない道のりである。しかし、大切なことは、自己実現をめざすということであろう。たとえ病気や障がいがあっても、自分なりの生をまっとうすることである。通院やデイケアなどの社会復帰施設に通うことが究極の人生目標ではないはずである。人事を尽くした後の個別性の高い選択でなければならないということである。

　医療や社会福祉援助は、クライエントの生きなおしや自己実現に寄与する存

（注1）　白澤政和『ストレングスモデルのケアマネジメント』ミネルバ書房、2009年、7頁。

在でなければならない。専門家はそのような立ち位置にいなければならないということである。

とはいえ、多くの場合、障がいの克服や、病気の治療や生きなおしや自己実現は容易ではない。長い社会福祉の歴史を振り返ると、クライエントは、差別的な対応を受け続けてきたということができる。精神障がい者がその最もよい例であろう。第二次世界大戦後の歴史を振り返ると、長期間、なかには数十年間、精神科病院に入院を余儀なくされてきたのである。日本の場合、その根本には、「精神科特例」に端を発する国家方針と、地域の無理解などがある。

時代が変わり、1990年（平成2年）の福祉関係八法改正を契機に、「すべてのソーシャルワークにおいて、クライエントの主体性を尊重し、施設や病院を出て家庭や地域で暮らすこと」が提起された。「地域福祉の時代の到来」といわれている。しかし、長期入院の精神障がい者にとっては、あまり変化がない。国や専門家たちが提唱する方針や実践理念は希望にあふれている。いわく、「社会的入院の解消」「地域移行」！などである。しかし、閉鎖的な環境に長期間置かれ、年老いた本人にとって現実は過酷である。多くの場合、外に放り出されるような心境であろう。それではどうすればよいのか。当面、居住施設入所を手がかりに、医療・保健・福祉サービスを最大限に活用する道筋をつけること以外にない。

ただ、先にもふれたように、専門家主導の治療者や援助者ばかりだったわけではない。伝統的な医学モデルや、いわゆるパタナリズム（父性的保護主義）の援助と一線を画し、クライエント主導の援助を大切にしようとしてきた実践が、少数ではあるが継続されてきたということができる。それらのひとつの例はソーシャルワーク実践であり、その実践論としての「生活モデル」である。

次に、生活モデルと同時に、これからのソーシャルワーク実践に大きな影響をもたらす「エンパワメント、ストレングス、リカバリー論」などの要点にもふれていくことにする。

▶生活モデルの視点

- クライエントとのかかわり（信頼関係）を重視する。

    「かかわりづらさ」「かかわりすぎ」「かかわれなさ」から「適切なかかわり」へ。

- 人と状況の全体性を大切にする。

    クライエントがかかえる困難と取り巻く生活状況・環境の中で全体的にとらえる。

- ここで、いま（here and now）を重視する。

    かつて、あそこで仕分けされ、「ラベリング」されたものにこだわらない。クライエントは生き続ける生活の主体者であり、「ここで、いま」、さらに「これから」に向かうことが重視される。

- 自己決定の尊重

    自己決定と主体的な生き方を尊重する。ただし、能力・条件・環境などの差を認め（支援適合性の尊重）、それに沿って自己決定を援助していくことが重要である。能力に不足がある場合は「参加型の自己決定支援（補助自我になること）」も重要である。

- 時熟

    ソーシャルワーカーとクライエントの間には、出会い、タイミング、間があうということである。実践は時間とコミュニケーションの過程で信頼関係を醸成し、実践や技術も向上する。

- トポス

    互いに尊重しあい（包摂しあい）、クライエントが生きなおしや自己実現できる場の確保が重要である。

▶エンパワメント論の視点

エンパワメントは、すべての人間は、自分の人生において自己決定し自分の力で生きてゆく力を持っているとしたものである。

1970年代にアメリカのソロモン（B. Solomon）が、『黒人のエンパワメント（Black Empowerment）：抑圧されている地域社会によるソーシャルワーク[2]』を著した。この本はM.L.キング牧師らによるバスボイコット運動を起点としており、運動は全米に広がり大成功をおさめたのである。それは、偏見や差別からの解放のはじまりであり、選挙権、教育、福祉・保健サービスを受ける公民権の復権や制度改革へとつながった。以来、エンパワメント論は、社会的差別により抑圧され不利な立場に置かれている「少数者（マイノリティ）」の差別撤廃と権利擁護の運動と支援助の礎となったのである。

　このようにエンパワメントは、さまざまなクライエントの社会的復権を図っていくソーシャルワークの実践に応用されている。

　エンパワメントに対する視点としては、ミクロからマクロに至るものが存在している。また、実践的には、個人援助、家族援助、組織援助、地域援助など、幅広いレベルで応用された。同時に、問題や欠陥にばかりに目が行く従来のソーシャルワーク志向に対し、その人の潜在能力や強み、および地域の社会資源に着目することが重要であるという「ストレングスアプローチ」への考えや、後の「リカバリーアプローチ」を生み出していったのである。

▶ストレングスモデルの視点

○　ストレングスモデルの概要

　これは、エンパワメントモデルをベースに、カンザス大学のC.ラップらがケースマネジメント領域において発展させた実践モデルである。その要点は、「リカバリー（生きなおしや自己実現）」「アスピレーション（熱望、夢、希望）」に重点を置き、自己評価を高め、意識化を図ることである。そこでは、「個人の強み」と「地域の強み」に焦点をあてる。今までの専門家主導の援助

（注2）Barbara Bryant Solomon, *Black empowerment: social work in oppressed communities*, Columbia University Press, 1976.

や公的な精神保健福祉システムなどは、全人的な復権を阻む壁であると指摘されている。

○ ストレングスモデルの6原則

> 原則1 精神障がい者は回復し、彼らの生活を改善し、質を高めることができる。
> 原則2 焦点は病理でなく個人の強みである。
> 原則3 地域は資源のオアシスとしてとらえる。
> 原則4 クライエントは支援プロセスの監督者である。
> 原則5 ケースマネジャーとクライエントの関係が根本であり本質である。
> 原則6 われわれの仕事の場所は地域である。

問題・欠陥指向（伝統的医学モデル）と強み指向（ストレングス）の比較

問題／欠陥指向	強さ／強み指向
問題、欠陥、病状に着目 環境の欠陥に着目 継続的な世話型支援 ⇕ **本人は抑圧と感じる**	人と状況の全体性に着目 ノーマライゼーション（社会参加と平等）の実現 回復（リカバリー） 潜在能力、希望・夢に着目 地域社会（環境）の強さに着目 ⇕ エンパワメント

○　ストレングスモデルの事例

　次に挙げる事例は、「人間は、真に実現したいこと（熱望）や、やりがいや利益のある目標がはっきりすれば、それらに向かって人生をリセットできるということである。また、目標達成のために、心身の健康の保持や病気の予防、生きることに積極的になれる」ということも明らかにしてくれている。

―――【事例A】―――

　妄想型の統合失調症の診断を受けている27歳の男性。退院しても、デイケアプログラムへの参加、薬物療法のクリニック通院、ケースマネジャーとの相談、規則正しい家庭生活などの約束が果たせなかった。しかし、ストレングスモデルのケアマネジャーと出会い、本当は車の免許をとって、お金を貯めて車を買いたかったこと、自動車整備工になりたかったことなどが判明した。その後、地元のガソリンスタンドで毎日2時間のボランティアとして働き、必要な部品を近所の取扱店に受け取りに行くなどの手伝いを行うことを承諾した。数週間後、より規則的に服薬を行うようになり、部分入院プログラムへの参加とそこでの活動の評価の向上が認められた。両親によると、夜遅くまでテレビを見て起きていることはなくなり、アルコールへの依存も減った。3カ月後、ガソリンスタンンドで知り合いになった自動車整備士と共にアパートへ転居。また、ガソリンスタンドの経営者は彼を非常勤として正式に採用することを考えている。

―――【事例B】―――

　C.ラップの「ストレングスモデル」の改訂版（2008年）に載った日本における実践例。

　クライエントは入院しても治療に消極的であったが、ストレングスモデルを取り入れたワーカーが、「はじめに本人の夢や希望があること」を尊重し、クライエントの写真作品の院内展示、院外展示からはじまり、カメ

ラの技術を活かしたいという「熱望」を大切にしつづけた結果、治療にも身が入り、病気を乗り越えてプロのカメラマンになれた。

▶リカバリー理論の視点

　リカバリー理論の系譜は、1940年代に精神医療ユーザーによってニューヨークに設立されたファウンテンハウス（後のクラブハウスモデル）にその端緒を求めることができよう。また1970年代の精神科リハビリテーション分野にも重要な考え方や動きが見られる。たとえば、イギリスのD.ベネット（D. Bennett）に続き、ウイング（J.K. Wing）とモリス（D.B. Morris）は、精神科リハビリテーションを「リハビリティーは、精神障がいの原因を明らかにし、予防し、最小にすると同時に、個人が自らの才能を伸ばしそれらを利用して、社会的役割の成功を通して自信と自尊心を獲得する過程である」と定義した[3]。またアメリカのアンソニー（W. Anthony）は、「長期に精神障害をかかえる人が、専門家の最小限の介入で、その機能の回復するのを助け、みずから選んだ環境で落ち着き、自分の生活に満足できるようにすることである」と定義した[4]。いずれも、地域をベースとし、その予防や解決までを守備範囲としているのである。

　同時期、アメリカのソロモン（B. Solomon）が、『黒人のエンパワメント（Black Empowerment）：抑圧されている地域社会によるソーシャルワーク』を著した。この本は「黒人の公民権運動」や「少数者の社会的復権」運動を起点としており、消費者運動（コンシューマリズム）の高揚とあいまって、「当事者主体の実践論としてのリカバリー論」が醸成されていたのである。このよ

（注3）J.K.ウィング、B.モリス編（高木隆郎監訳）『精神科リハビリテーション ── イギリスの経験』岩崎学術出版社、1989年、11頁。

（注4）W.アンソニー〔ほか〕（高橋亨ほか訳）『精神科リハビリテーション』マイン、1993年、105頁。

うに、先行的な精神科リハビリテーション論と当事者主体のリカバリー領域の実践が絡み合い、「エンパワメント論」「ストレングスモデルのケースマネジメント論」「リカバリー論」が醸成されていったのである。次にそれらの実践論の要点を概括する。

リカバリー論は、1990年代の、当事者による社会的復権に向けた活動の進展の中で、注目されるようになった。とくに、世界精神医療ユーザー連盟元会長であるオヘーガン（M. O'Hegan）などの努力により、「当事者主体の実践モデル」として止揚され、今日の位置どりを確実なものにしていったのである。それは「相互的人格主義」[5]に基づき、当事者が、自己実現に向かう姿勢であり、取り組みであり、これらを含んだ生き方の過程である。中心理念は「人々は学び、成長し、変化し、リカバリーすることができる」ということである。

近年、アメリカのピアスペシャリストであるパトリシア・ディーガン（Patricia Deagan）はリカバリーについて、次のようにまとめている。

> 「リカバリーは一つの過程であり、生き方であり、姿勢であり、日々の課題への取り組み方である。完全な直線的過程ではありえない。時に、われわれの人生旅路は不安定となり、つまずき、立ち止まることもあるが、気を取り直してもう一度出発しうる。必要としているのは、障がいへの挑戦を体験することであり、障がいにおける活動制限の範囲内か、それを超えて健全さと意思という新しく貴重な感覚を再構築することである。願いは、地域の中で暮らし、働き、愛し、そこで自分が意味のある貢献をすることである」[6]

(注5) 牛津信忠『社会福祉における相互的人格主義』Ⅰ・Ⅱ、久美出版、2008年、Ⅰ：4、46、73頁、Ⅱ：33、146頁。

(注6) C.ラップ＆R.J.ゴスチャー（田中英樹監訳、助川征雄他訳）『ストレングスモデル』金剛出版、2008年、5-7頁。

このように、クライエントの生きなおしや自己実現の意志が最大限に尊重され、医療・保健・福祉などの専門援助は、その実現に最大限に寄与するというパラダイムの転換が図られつつあるのである。

　リカバリーは、症状の消失や困難がなくなることではない。そのことにより、完全な自立を意味するものでもない。医療や保健や福祉サービスなどを否定するものでもない。それらを、生きなおしや自己実現に活用することを含め、相互的な人間関係の中で自己決定を認め合い生き続けることを意味するのである。生活実感を持って生きてゆくことで健康が促進され、意欲がわき、関心がわき、物事をエンジョイすることができるようになるのである。そこで生まれた経験は、達成感となり自信につながるのである。

　リカバリーは2つの要素からなる。1つ目は、自己肯定感が改善し、自信や自己効力感が生まれ、自己決定ができるようになることである。そのことにより、他者との関係が生まれ、孤独感から開放される。2つ目は、地域参加が可能となることである。ピアサポートなどにより、症状の辛さや困難さを脇に置けることは、自分らしい生活を再構築し、地域で活かされ生きている実感を持つことにつながるのである。

　リカバリー援助に取り組むソーシャルワーカーは、クライエントの自己決定力、主体的に生きる力を信頼し、クライエントが自主的に選択し利用するための援助であることを理解している必要がある。病気の治療や欠陥を克服し、それらの負担を最小限にすることと同時に、クライエントの社会とのつながりを心配する必要があり、そのことを熱意を持って手助けをしなければならないのである。

──〈精神保健サービスのための新しい「哲学」の必要性　G.シェパード〉──

　イギリスでは、一般的に地域精神保健サービスがうまくいっている。しかし、サービスの枠組みが改革されたが、中身は必ずしも変わっていない。多くの患者は地域で暮らしている。しかし、彼らは本当に普通の市民のように暮らしているだろうか？　彼らは、生活、仕事、収入、個人的な人間関係をうまく追い求められているだろうか？　あえていえば、伝統的な医学的な（症状に焦点を当てるだけの）ケアモデルはいまだに優勢で、入院については、あまり関心が払われていない。大切なことは、リカバリー（その人らしい人生の実現）に（医療、保健・福祉などが）いかに寄与できるかということである。

リカバリーの3つのレンズ

　精神病をかかえて生きている人々への援助に際しては、ナラティブ（語り）を大切にとらえる。その際、次の3つの視点（レンズ）でクライエントを見ることが大切である。

1. Hope：病気が持続していても、自分の希望や夢を追い求め続けること。
2. Control：生活や病気をコントロールする自覚や技を身につけること。何が、誰が自分にとって役に立つかを選択すること。
3. Opportunity：自分の強みと社会資源（友人、ボランタリーなサービス、公的サービス、多くの人材や機会）をうまく使って、病気を越える人生を築くこと。

（ケンブリッジ・リカバリーセミナー資料、2011より）

1.4 クライエントへのサービスの質的保障

柏木昭は講演の中で、クライエントへのサービスの質的保障に関して次のように述べている。

> 「SWは自分の人柄と、そこからにじみ出てくる受容的態度を使って、直接人と向かい合い、相手との間に積極的肯定的（好意的）なかかわりを創り出していかなければならない職業です。SWはクライエントに対して、受容的な態度で接し、たとえば、クライエントに『さあ、退院だからこうして』とか『ああして』といった指示的な構えはとらないことは、いまさら繰り返すまでもありません。もっぱらクライエントの退院にかかる不安を受け入れる姿勢こそが求められます[7]」

ソーシャルワークは基本的には人間尊重の仕事であり、いわば他者への愛情と献身である。それらのかかわりは、うまくいけば信頼関係を醸成しうる。しかし間違えれば、恋愛感情や目的外の関係に発展しかねない。これらのことは、SVE自身がかかえる人格の未熟さや、時には「こころの傷（心的外傷）」などが絡んでいることもある。基本的には、クライエントへのサービスの質的保障と援助が目的外のところに行かないように歯止めをかけるために、あらかじめ学校で相談援助技術やバウンダリー（専門境界）などについて学び、現場では「倫理綱領」による縛りなどを受ける。そのうえ、SVにより、より良い援助（質的保障）を求めていくのである。とくに質的保障という面で、SVRはSVEの「かかわりすぎ」「かかわらなさ」「かかわれなさ」などへの気づきをサポートする。同時に、自分の癖、傾向、性格、価値観などの自己点検に役立つよう

(注7) 柏木昭「スーパービジョンとは何か」『2009年度聖学院大学人間福祉スーパービジョンセンター年次報告書』聖学院大学総合研究所、2010年、10頁。

な支援をしていく。これらの一連の取り組みと結果を「自己覚知」という。

　SVの中では、傾聴や受容に徹するとともに、カウンセリングやストレングスモデルの技法のひとつである、「リフレーミング（肯定的な意味の発見や表現の置き換え）」などによる言葉かけなども工夫する。しかし、SVRはSVEの人格、人生観、対象者観、価値観等を深く尊重することができるかどうかが問われるのである。また心理療法としてではなく、支持的態度で受容し、変化を待てるかどうかが問われるのである。SVRに求められるものは、心理療法などのように距離を置いて自己理解を求めることではなく、SVEの不安や防衛の表出、感情の吐露を助け、一貫して受容し支持しつづけることである。

　人間は言葉によって自らを表し、言葉によって自覚し、また、言葉によって傷つき、言葉によって癒やされる存在だからである。

2 スーパービジョンの対象

2.1　スーパービジョンとコンサルテーション

　前記したように、SVでは、SVEのソーシャルワーカーとしての実践を扱うことから、SVEによる援助事例のレポートが活用される場合が多い。一方、多くのソーシャルワーカーはより良い援助方法の検討や開発のために援助の実例を協議する方法を用いる。ケア会議や事例検討とも呼ばれるこの方法と、事例を用いたSVとは異なるものであることに留意しなければならない。

▶「事例検討」と、事例を用いた「SV」の違い

　事例検討において話し合われることの中心は、対象となるクライエントの生育歴や治療歴、クライエントの能力や利用サービス等を土台とし、今後の援助方針を決定づけるための協議である。そこでの焦点は、これまでの援助経過とともにクライエントのニーズやそれを満たすための援助方法などになる。協議

はソーシャルワーカーとしてのより良い援助方法の模索に目的を置き、そのために職場内外でのどのような調整を図るべきかなどを検討して一定の結果を出すことをめざす。

　一方、SVにおいては、ソーシャルワーカーがクライエントや状況に向き合い、自己洞察を深めるプロセスの丁寧な歩みを重視する。ここでは、SVEがソーシャルワーカーとしてクライエントとどのように「かかわり」を構築し、保持しようとしているのかに焦点をあてる。そして、SVEがソーシャルワーカーとして成長し、援助実践の資質を向上させることにより、結果としてクライエントがより良い支援を享受できることを最終目標としている。

　すなわち、即戦力の養成や即実践への反映をめざすよりは、SVEの成長を待つ姿勢がSVRには必要である。

▶SVにおける「事例」の扱い方

　SVの目的に照らせば、「事例」に登場するクライエント自身やそのかかえる課題等は、SVにおいては話題提供のための素材という位置づけになる。

　もちろん、それが成り立つためにはSVEがクライエントに対して、そのような活用の仕方をすることを誠実に伝え、了承を得ていることが大前提である。しかも、結果としてクライエントに何らの不利益ももたらさない意向であることを確約しなければならない。また、SVRも間接的にはこのクライエントに対して一定の責任を有する自覚を持っていなければならない。

　では、事例をSVにおいてどのように扱うか。これは、SVEによるクライエント理解やかかわりの省察の「語り」から始められる。その際、SVEはクライエントとどのようにかかわり、何を理解したか、その置かれている状況をどう理解したかといったソーシャルワーカーとしてのアセスメントを中心に語ることになる。しかし、その際に焦点化されるのはクライエントとソーシャルワーカーである自己（＝SVE）との関係性やかかわりの経過である。SVRもソーシャルワーカーであるから、クライエントへの援助方法の検討に目が行きが

ちであり、また経験から援助内容や方法への助言をしがちであるが、この時点でSVRの目はSVEではなくクライエントに向けられてしまっていることを自覚しなければならない。

　SVRは、あくまでもSVEを通してクライエントを知るのであり、関心はSVEに向けられなければならない。

▶「ここで、いま」ということ

　事例レポートを用いた協議を展開すると、これまでの経緯や今後の方針等に話題が終始しがちである。ソーシャルワーカーは日常的にはクライエントとその取り巻く状況を中心に据えて援助実践を行っていることから、自身の湧き起こる感情は自覚的に抑制することに慣れている。

　しかし、SVではSVEを中心に据え、SVE自身の「ここで、いま」湧き上がる感情を丁寧に拾い上げ取り扱うことに時間を割く。時にはSVEはクライエントに対して提供できる具体的な資源に関する知識を欲しがるかもしれないが、そのことよりも、「ここで、いま」SVEとSVRが語り合うというかけがえのない時間の共有を味わうことの素晴らしさを、SVRはSVEに体験的に感じてもらうようにかかわるのである。

▶実践の理論化に向けて

　繰り返しになるが、SVではソーシャルワーカーとしてのSVE自身の学びと成長を支えることが目標となる。そこでは、SVRは、SVEが持参した個別の実践事例を一般化し、理論化、すなわちソーシャルワークの価値に照らして再考することで、ソーシャルワーカーとして成長するプロセスを支援する存在である。

▶クライエントとSVEやソーシャルワーク全体を取り巻く背景への視点

　SVにおいて個別事例を扱うに際しても、ソーシャルワーカーの固有の視点

である「人と状況の全体関連性」に照らし、ソーシャルワーカーの援助対象者が置かれている実態や、日本における社会福祉全般に対する明確な現状認識は不可欠である。

　たとえば、精神保健福祉領域においては、日本の精神科医療と保健福祉を取り巻く状況は、他の先進諸国と比べても非常に遅れた特殊な実情を有しており、この歴史的経緯や社会状況のありようから受ける影響は小さくない。クライエント理解のあり方を考える時、そのことを踏まえて精神保健福祉領域におけるソーシャルワークの意義を認識し、SVを実践しなければならない。

2.2　ソーシャルワーカーの成長とスーパービジョン

　SVにおいてSVEのソーシャルワーカーとしての成長段階がどのくらいかということは考慮されなければならない。これは、SVで扱われるテーマに関連する大きな要素のひとつといえるからである。第Ⅰ章4でもソーシャルワーカーの経験に応じた責任範疇を以下のように示している。

　　初任者：新人からおおむね3年未満の経験で、職場内の業務については遂行できる程度
　　中堅者：職場内外の関係者との連携を取り持つことができ、一定の責任を任される程度
　　上級者：後輩や部下への教育や業務のマネジメントなどを任され、地域活動も担う程度
　　管理職：施設機関の管理部門の責任の一端を担う者としての責任と権限を持つ程度

　ここでは本分類を参照しつつ現状を踏まえてSVの対象を検討することとする。

（1）初任者

　新人からおおむね3年としているが、日本の社会福祉現場において実際には3年程度の経験年数であっても部下の教育や実習生の指導を担っている場合は珍しくない。

　筆者（田村）も大学卒業と同時に就職した精神科病院で、勤務3年目には相談室長となり部下を3人持つ立場であった。当時、国家資格はなく、この領域での福祉職種は多くはなかったのでこのようなことは珍しくなかったが、社会福祉士やPSWの資格法制定を経た現在でも、初任者の域を出たといえない経験年数や年代の者が中堅者以上の任務を期待される状況は継続している。

　そうであればなおさらに、自己の実践を日常的に振り返る機会としてSVが用いられることが有意義であり、それを求める声は少なくない。残念ながら現状ではこれらの要請に、SVRの供給が追い付いていないというのが実際であろう。

　そこで、たとえば社団法人日本精神保健福祉士協会では、生涯研修制度において柱となる基幹研修を1～3段階で用意し、同協会に入会とともにこれを受講し、3年度目には基幹研修をすべて修了することを会員に奨励している。これは、初任者が自信喪失となることを防ぎ、一方でいたずらに経験主義に陥り過ぎることを抑止する意味での実践の省察を反復するシステムである。これによって、比較的短い経験年数であっても専門性を担保することをめざそうとするものである。このような取り組みは社会福祉士、MSWの各専門職団体でも行われている。

（2）中堅者

　現場感覚的には「中堅者」のとらえ方には幅があると思われるが、一般に3年以上の経験を有する者はすでに初任者として扱われることは少ない。その年代になれば、職場内のことは根拠法や業務の基準・手順をおおむね把握でき、これらをもとに対外的な連携窓口としての役割にも期待が大きくなると考えら

れる。

　ここでは、職場の理念や方針と、ソーシャルワーカーとしての信念との一致度によって、ソーシャルワーカーの満足度や仕事のやりやすさには大きな差が出てくるといえる。たとえば、所属機関が営利目的で入院患者を増やそうとしている、あるいはそのためのベッドコントロール役をソーシャルワーカーに期待するような場合、入院患者本人の意思の尊重やより良い治療の提供、支援環境の整備などを重視したいソーシャルワーカーにとってはジレンマの大きい環境となる。こうした状況下で、せめぎ合いながらもいかに専門性を発揮できるかが問われているのであり、こうした状況にあるソーシャルワーカーこそSVを必要としているといっても過言ではない。

(3) 上級者・管理職者
　実際には、経験年数よりも職場での役職や与えられる権限によって上級者として見なされることが一般的であると考えられる。その判断根拠の一つはこれまでの職務上の実績であり、または研修をどれだけ受けてきたかということである。

　ソーシャルワーカーは社会的な存在でもあるから、所属機関にとどまらずに地域社会における諸活動（行政が開催する協議会や委員会等、専門職団体の活動など）への参画が期待されることは少なくない。上級者であれば、こうした場面においても専門的力量やリーダーシップの発揮が期待される。そこで、所属機関内にとどまらず視野を広げて地域の社会福祉課題を見据え、実態把握のための調査研究や制度政策の改善・社会資源の創出に向けた政策提言等も行えなければならない。

　上級者にはSVRの役割が期待されることのほうが大きい。しかし、そこに至るまでに自身がSVを受けた経験を有しない者の中には、役割意識の不足や自信が持てないことなどを理由に、その任を果たそうとしない者も存在するのが現状である。こうした状況にひとつの光を与えているのが、社会福祉士法や

精神保健福祉士法の改正により実施されるようになった実習指導者講習会（本章2.4で詳述）である。これは、あくまでも実習生を指導する立場にある現場の有資格ソーシャルワーカーに必須化された講習会であるが、その受講者には、実習生のみならず自身の部下や後輩の教育・指導における示唆を得られたという感想が目立つ。また、こうした立場にある自分たちにもSVが必要であるとの声もあることから、たとえ上級者といえども実践を省察するプロセスに伴走するSVRの存在を求めていることがわかる。

ここまで、ごく簡単にではあるがソーシャルワーカーの成長過程をたどりながら、日本のSVの現状と課題を述べた。日本において、SVの歴史は決して短くはないが、実践例は豊富とはいえない状況である。しかし、現場の多数のソーシャルワーカーがこうしたSVの場面や機会を求めていることは事実である。これは、ソーシャルワーカーとしての自身の成長を望む者の存在が少なくないことを意味し、そこには多数の芽生えの可能性があるといえる。芽の伸びる過程に伴走するSVRが求められている。

2.3　ソーシャルワークスーパービジョンの方法

SVの展開はいくつかのプロセスをたどる。ここでは、(1) 契約、(2) 実施、(3) 評価、(4) 終結の4段階に分け、各段階のポイントを整理する。

(1) 契約

契約書を交わすことは必須ではないが、SVはSVEとSVRの合意によって実施されるべきものであって、たとえば上司が部下を査定、教育するために一方的に指導することとは質を異にするものであることを双方が認識するためにも必要なプロセスである。

目的：このSVのめざすところ、SVEの目的の明確化であるゴール設定をいう。
実施方法：SVにはいくつかの実施方法があり（第Ⅳ章で詳述）、いずれを用いるかを決める。
期間と時間：実施する頻度、回数、1回にかける時間を設定する。SVは仕事の片手間や余った時間にするということではなく、また有期限のものである。
費用：ソーシャルワーカー同士の学び合いの実践において、費用設定の発想は馴染みにくい場合もあるが、料金が発生することにより「契約」の概念はより明確化し、SVR-SVE間にも一定の緊張感が生まれる。これはSVの動機づけを高めることにもつながる。
倫理的配慮：SVの場面で話し合われる内容に対する相互の守秘義務の確認と、クライエントへのSVEによる事前説明と同意の必要性を確認する。
契約の解除：契約期間内であっても解約できることをSVEに保証する。

(2) 実施

SVの実施について、全体的な流れと1回ごとの経過の概要と留意点を解説する。

①全体の流れ
導入：SVRとSVEが出会い、SV契約の締結に向けて話し合う。SVEの希望動機やSVRの特性、相互の相性なども考慮し契約に至る。
初期：SVRとSVEの波長合わせとして、より詳細な目的の確認や必要によって自己紹介を盛り込む。この段階で今後のSVの展開について一定程度の見通しを立てる。初対面のSVR-SVEの場合やGSVの場合は、参加者相互に知り合っていく過程に丁寧に時間をかける。
中期：SVの実施方法や進行のスタイルに両者が慣れ、内容はより深化し、SVEの気づきや感情表出も活発になる。
終盤：SVの終結を意識し、目的に向かって進行してきているかを確認する。
終結：当初定めた契約期間の終了に伴い、両者で評価を行い、SVを終結する。

また、SVEからの希望があれば期間を決めて延長することもある。
② 1回ごとの経過と留意点
　SVの実施形態によっても異なるが、おおむね以下のプロセスをたどる。
1．SVEが、ソーシャルワーカーとしてかかわったクライエントのことや援助経過、その時の感情などを含めて語る。レポートを用いることが多い。
2．SVRは、SVEの語りに傾聴し、不明瞭な部分や深化すべきと考える部分を中心に質問する。
3．SVEは、問われることにより考察を深めつつ、その時に湧き起こる感情も吐露し、SVRも、呼応して率直に語る。
4．SVEは、話したかったことが話せたか、新たな気づきがあるかなどを語りまとめる。

(3) 評価
　SVは両者の契約に基づくものであるから、評価のプロセスにも両者が参加する。評価には自己評価と相互評価があり、毎回のセッションを終えるたびに行う評価と、契約の終了にあたり開始当初に設定した目的に照らした評価がある。
① 自己評価
SVEの自己評価：SVに対する自己の取り組み姿勢や得られた成果、不十分と感じた点などを振り返る。SVによって拘束を感じ、自由度を失うといったことはなかったか。欠点探しの反省をすることではなく自分が努力し満足と感じている点や、成長を味わうことに力点を置き、さらに成長するにはどのような体験や考察が必要か、という目標を考える。
SVRの自己評価：SVRとして態度や言動が適切であったか、SVEに寄り添い共に考える姿勢を持つことができたか、しゃべり過ぎや沈黙し過ぎ、専門書の利用などに頼り過ぎていなかったかを振り返る。反省的になり過ぎず、改善すべき点やさらに習得すべき技能などを検討する。

②相互評価

　SVRからの質問や助言、提案によりSVEはどのような気づきがあったか、SVRはSVEとのやり取りを通じて何を考えたか、また相互に嬉しかったコメントやとくに有用だと感じた発言や態度はどのようなものであったかなどを率直に伝え合う。SVは両者の相互作用によって、二度とない機会を共に体験し、気づき合い成長を喜び合う時間であるから、SVRもSVEの取り組みや語りから学ぶ姿勢を示すことにより、SVEへの大きな労いとなり、自信を持つことにつながる。

　このように、評価とは、ａ．当初設定した目的がどの程度達成されたかという点と、ｂ．SVを活用して自分がどれだけ成長できたかをSVEが自己点検することと、その点検作業にもSVRがかかわるということをさす。これは、ソーシャルワーカーとしての成長が常に実践しながらそれを客観的に振り返り、気づいたことや考察したことをさらに実践につなげる、という循環で成り立っているからである。このことを、SVを通してSVEが習得することもSVの重要な意義であるから、SVにおける評価は丁寧に行いたい。

(4) 終結

　SVは、一定期間を経て終結の段階を迎える。これは、SVRとSVEの関係が限定的なものであることを意味する。SVが際限なく続くことはSVEの依存を助長し、ソーシャルワーカーとしての自立を阻害する懸念や、SVRがSVEに対して支配的になる懸念が生じる。評価を丁寧に行いSVを終結するまでがSVRの役割である。換言すれば、SV契約の終了後にいつまでもSVRがSVEの実践に対して関与し過ぎることは戒めなければならない。

　SVは、１回１～２時間程度で行われ、この毎回のSVもその都度"終結する"ことが大切である。SVRは、とかくSVEの"その後"が気になり、次回までの課題を出したり実践におけるSVの効果を確認したりしたくなりがちで

ある。こうした誘惑をSVRは自覚し制御しなければならない。

これは、SVEのソーシャルワーカーとしての実践のすべてをSVが網羅して指導・指示するわけではまったくないことの自覚をSVRに促すものである。SVEはソーシャルワーカーとして成長するさまざまな場面や環境にあり、SVはその中の限定的でかけがえのないひとときの共有である。この枠組で毎回のSVを終結させなければならない。

また、SVを通じて知り合った両者の人間関係は以降も継続するが、"SVR-SVE関係"は終結することを、両者が自覚するために区切りをつけることが重要である。とくに、職場内で実施されるSVの場合、通常業務内における上司・部下関係との区分けをしっかりするためにも終結を明確にする。

2.4 実習生のスーパービジョン

▶実習SVの背景

日本のソーシャルワーク教育における現場実習のSVは、いまだ現任者に対するSV体制が確立していないこととも関連し、その体制整備の端緒についたばかりといっても過言ではない。しかし、ソーシャルワークにおけるSVの必要性は多々述べられており、SVR養成、業務の一環としてのSVの位置づけ、何よりSVに対する正しい理解と普及は急務である。このような状況下、実習SVをひとつの契機としてソーシャルワーク領域にSVを定着することが可能なのではないかと筆者は考えている。

これは、社会福祉士2007年（平成19年）と精神保健福祉士2010年（平成22年）の法改正が行われ、それに伴って見直された新しい養成カリキュラムにおいて、それぞれの実習指導者（以下「実習SVR」とする）に一定の要件が加えられたことによる。法改正以前から指導者の要件はあったが、国家資格の取得と実務経験年数という最低限の質の保証と経験主義に基づくものでしかなかった。今般の改正省令では、それぞれの国家資格取得からの実務経験年数に加

え、厚生労働大臣により指定されたカリキュラムでの講習会の修了が、実習SVRの必須要件とされた。これらのカリキュラムが各職能団体や養成校協会による調査研究を経て開発されたものであることに鑑みると、現場実習と卒後研修の連動による専門職養成の道筋が見え、そこにはSVが不可欠であるという主張が反映されていると読みとることができる。

実際には、社会福祉士の講習会が2009年度（平成21年度）から、精神保健福祉士の講習会は2012年度（平成24年度）から（ただし経過措置は22年度から）の実施であり、今後の動向を見据え、養成校における教育内容の改編と併せて、その効果を評価していくことが必要である。

▶実習生へのSVの方法

実習SVが現任のソーシャルワーカーのSVと異なるのは、実習生である学生がいまだ養成課程の途上にあること、その課程において現場でのソーシャルワーカー体験の場を得、自己の感情や思考を実習SVRの支援を得て省察し、さらにソーシャルワーカーとしての試行を繰り返す立場にあるということによる。すなわち、実習生は実習SVRのみならず、ソーシャルワーカーの援助や支援を要する利用者、クライエントの協力をも得ながら、自身の学びのために現場を借りる立場である。そのためには、このことを根底で支える教育が事前・事後に成されること、教育機関と実習指定施設・機関との契約に基づく現場実習であることなど、いくつかの要件が必須となっている。

実習生へのSVの方法が現任ソーシャルワーカーに対するSVと決定的に異なるのは、実習生がいまだ実践の現場を持たず、したがってソーシャルワーカーとしての体験の場面が意図的に用意されなければならない点である。

そこで、実習生へのSVにおいては実習SVRが教育機関との連携のもとに、各実習生の学習課題を認識し、それに見合った体験の場を自身の所属機関の特性を活用しながら用意しなければならない。これは、実習指導計画や実習プログラムの作成という形で、実習開始前に行われる手続きである。プログラムは

実習機関別に多様なものが考えられるが、押さえるべきポイントは、施設・機関の種別にかかわらず、ソーシャルワーカーが何を土台にして、どこに着目しどのような仕事をするのかというスタンダードを学べる体制を構築することである。すなわち、現場実習の体験は特定（スペシフィック）なものであっても、そこから学ぶことはソーシャルワーカーに共通（ジェネリック）なものでなければならないのである。

▶実習SVの視点

　SVのために必要なことは、実習SVRが用意した場面や利用者との交流の機会を活用し、実習生がソーシャルワーカーとしての「目」で利用者と接し、その置かれている環境に着目して問題意識を喚起することであり、必要な情報収集の仕方を考察することである。つまり、ソーシャルワーカーとしての支援の原則や視点に結び付けて、特定の体験や考察を理論的に説明することの試行である。もう1つは、ソーシャルワーカーとしての自己を意識しながら感情を自覚しなおす過程で、ソーシャルワーカーとしての自我（アイデンティティ）の「芽生え」を体感することである。

　つまり、実習生が利用者と接する場面に、ソーシャルワーカーとしての意識を持って取り組み、ソーシャルワーカーとしての「目」と「芽」を涵養できるようにすることが、実習SVRには求められる。換言すれば、SVRが実習生の中にこれらの「め」を育もうと、意図的に機能することで、実習生のいかなる体験もSVのための「プログラム」になりうるのである。実際既に多くの精神保健福祉現場では、こうしたプログラムが提供されている。

　それを可能ならしめる1つの重要な条件が、実習SVR自身のソーシャルワーカーとしての実践の質である。優れたソーシャルワーカーは優れたSVRになりうることは経験的に知られている。反対に、ソーシャルワーカーの実践のないものが、実習SVR足りえないこともまた真である。

▶実習SVの先にあるもの

　実習SVRのSV能力の醸成により、今後の実習指導がソーシャルワーカー教育において重視すべきとされる実習を、良質なものにしうると考えられる。

　学生と現任者に対して行われるSVは、それぞれ目的や方法は異なるものの、専門職としてのソーシャルワーカーをめざす学生にとって、実習SVという機会は、その後の現任専門職として研鑽する出発点でもある。学生時代に受けた実習指導はSVの原体験として各々に刻まれる。ここで自身がいかに学び育つことができるかで、その後の自己研鑽に携わる姿勢も影響を受ける。自身の業務や支援過程を反省する作業を通して自分を客観視することの必要性は、メアリー・リッチモンドの時代から指摘されており[8]、ソーシャルワーク実践の現場では浸透していることでもある。身をもってこれを体得できるはじめての機会が現場実習であるから、実習SVは、その後、学生がソーシャルワーカーとなった際に良いSVを求めるSVEとして存在することにつながり、時を経て良いSVRとして活躍する可能性を示唆している。

3 スーパービジョンの過程

　ここでは、ソーシャルワーク実践の中心となるソーシャルケースワーク（Social Case work、以下「SCW」と略）実践の各段階にそって、SVの要点について述べる。

　SCWの過程は「援助という目的を持った対話」であり、相談者の不安を和らげ、福祉サービスに結び付ける援助活動である。それらは次のような段階に分かれる。それらの各々の段階において、さまざまな対応上の要点があり、SVを必要とするのである。

（注8）Mary E. Richmond（杉本義一訳）『人間の発見と形成 ── 人間福祉学の萌芽』出版館ブック・クラブ、2007年、107頁。

> 受理面接（インテーク）—— 情報収集 —— 評価（アセスメント）—— 介入計画 —— 援助 —— 再評価（レビュー＆モニタリング）と終結計画

まず、全過程に共通の要点を概括する。

SCWは、主としてクライエントとの面接、電話相談、および訪問などにより行われる。SVはSVRとSVEの協働作業であり、多面的な要点への着眼、再認識、再確認、共有、実践への応用と評価などが求められる。

そこで、援助の中心となる面接相談であるが、SVにあたっては、ソーシャルワークとしての面接相談を構成するもの、問題を解決するための関係、目的、時間と空間、社会資源、過程などが認識されていなければならない。また、面接相談の過程は援助のための対話であり、さまざまな技法をうまく組み合わせることで成立している。たとえば、次のようなものである。

- 信頼関係形成の技術：傾聴、個別化、受容、非審判的態度
- 話の流れを作る技術・話をうながす技術：開かれた質問と閉じられた質問、沈黙や五感の活用
- 話を確認していく技術：明確化、要約
- 動機づけを高める技術：支持、リフレーミング＝肯定的な言い換え、直面化など

また、身近なコミュニケーション媒体としての電話の役割も視野に入れる必要がある。

電話相談の利点は利用しやすさや匿名性にある。しかし、間接的なので、深刻度、主訴、相手の能力、期待などに関する信憑性等の評価には限界がある。

さらに、訪問援助の役割（初期援助、社会復帰援助、危機介入援助）、訪問援助の利点（直接、現場で確認できる機能、直接的な情報収集と提供）、訪問

援助の留意点（利用者主体、受容、傾聴、危機の中の信頼関係、守秘義務の尊重）なども認識することが大切である。

次に、SVにあたっては、これらの「具体性」を重視するとともに、とくに次の2つ要点に着眼することが重要である。その1つは「援助（かかわり）」に関することである。すなわち、「クライエントの語り（ナラティブ）を最大限に尊重しているか」「クライエントをありのままに受け止め（受容）、傾聴できているか」、「クライエントとの言語、非言語コミュニケーションを大切にしているか」「非審判的な態度は保持されているか」、「クライエントおよびSVEの感情がうまく反映されているか」、「課題と援助の焦点化および実際の援助は適切か」などの点である。

もう1つの側面は、実践原則（理念）に照らし合わせ、適切な援助が行われているかどうかということである。すなわち、「個別化の尊重」「自己決定の尊重」「ストレングス（強み）の尊重」、「生活支援の視点」「人権権利擁護の視点」などである。

いずれにせよ、SVは事例に対する面接や訪問活動とその「かかわり」を注視し、専門知識や援助技術の習熟度および個人的な性格、課題、ストレングスなどの側面などについて一貫して支持的に協働作業をしていくのである。なお、必要に応じ、援助ツールとしての「相談記録」、「活動報告書」、「ジェノグラム（家族関係図）」、「エコマップ（地域生活のための社会資源相関図）」、「ケア会議」などについてもSVの対象にしていく。

3.1　受理面接（インテーク）段階

インテークは、クライエントの「主訴」を見いだし、ソーシャルワーカー自身および所属機関が、クライエントに対して提供できる援助を見極める大切な段階である。同時に、インテークに関するSVは今後展開されるソーシャルワークの過程および、SVRとSVEのSV関係＝信頼形成を方向づけるきわめて大

切なものである。

　来所時、SVEは、事前準備はあるにしても、SVRに対する一定の期待と不安をかかえていることが多い。そこで、話しやすい雰囲気づくりが大切である。そのためには、まず、傾聴に徹することと同時に、具体的な手ごたえを感じてもらうために、SVR自体の自己開示（感情の反映、体験談を適宜入れることなど）が欠かせない。

　具体的なSVの要点としては次のようなことが考えられる。SVEがインテーク段階で次のような要点を押さえられているかどうかという点である。ただし、それは、SVRが上から目線でチェックすることではない。SVR側に前提としてこれらの知識が入っていることが望ましいという意味である。

　ただ、クライエントのペースばかり大切にしていると、判断を誤り、専門的なサービスをうまく提供できない場合も少なくない。それらのジレンマを受け止め、共に専門家としての見極めをするところにこの段階でのSVの意義があると考えられる。

▶**インテークに関するSVの要点**
- SVEは、クライエントが十分話せるように、言葉づかいや時間の上で配慮しているか。クライエントは話を受け止めてもらえたと感じているようであるか。
- クライエントの主体性が尊重されているか。ソーシャルワーカー主導になっていないか。そのためには、「開かれた質問」や「リフレーミング」などの技術的配慮が無理なく行われているか。
- 主訴が明確にとらえられているか。クライエントの語りを十分受け止め、共に吟味するために時間をとり、結論を見いだすまで待つことができているか。主訴を明確化するために結論を急ぎすぎず、正確にとらえられているか。
- ソーシャルワーカーが所属する機関が提供できるサービスや、自分にできるサービスの説明、情報提供が適切にできているか。

- クライエントの「サービス利用に対する意思確認」ができているか。
- 所属機関が援助できない場合、クライエントのニーズに対応できるサービス機関や担当者を特定し、適切な助言や情報適用およびつなげができているか。

3.2 情報収集の段階

　情報収集は、クライエントの問題解決や進路選択のために行われるものである。それはすべての援助過程で行われ、固定的な要素と可変的な要素とが入り混じる。大切なことは、クライエントの現在（ここで、いま）の問題やこれからの進路選択のために有力なものでなければならないということである。

　しかし、実際には、過去の生活歴上の離学、離職、離婚などがマイナスの出来事としてとらえられ、過去の病歴や診断なども固定的、継続的についてまわりがちである。その結果、いまとこれからが大切なのに、それらの負のライフエピソードに照合され、いまの生活能力や判断能力などの評価が過少に評価されがちなのである。とりわけ可変的な生活歴、精神・心理情報などが固定的に扱われ、現場の活動に大きな影響を与えていることに目を向け、改善していかなければならない。人間は変わり続ける可能性のある存在である。その意味で、「エンパワメントモデル」、「ストレングスモデル」、「ナラティブモデル」、「リカバリーモデル」などへの転換を、援助理念ばかりでなく援助技法のうえでも転換する必要がある。

　今後は、「クライエントの夢や希望」、「それらを実現するために有用で正確な情報収集」、「クライエントに新たな目的や意欲を喚起するようなもの」が重視されなければならないのである。これらのことをSVRおよびSVEが再認識し、SV時にはこのような視点から、実際にどのように取り組んでいるかということの点検に時間を割くことが大切である。

▶情報収集の方法
○固定的な情報収集（相談票などの様式化したもの）
　インテーク時点で「相談票」のような形式で、あらかじめ準備した項目にそった（固定的な）情報収集が行われる。それらの多くは、情報には違いないが、「クライエントを識別するための2次元的な履歴情報」であり、直接、クライエントにインパクトを与えるものではない。それらのことをSVEがどう認識しているか、実際どのように扱っているかという点に目を向ける必要がある。
　ソーシャルワークは原則的に「生活モデル」の実践であるが、医療・保健機関などに勤務するソーシャルワーカーの中には、医療情報を過度に重視し、障がいや欠陥にばかり目を向ける傾向が強いといわざるをえない。たとえば、「ケース（ケア）会議」の多くの情報資料は、問題欠陥情報に満ちあふれている。まるで欠陥や問題白書のようでさえある。ソーシャルワーク実践のための会議資料が、著しくクライエントの生活情報や希望や強み（ストレングス）情報に欠けていることはもはや奇妙としかいいようがない。問題や欠陥にどう対応するかでは「真の生活援助」の道は開けない！

○新たな情報収集の考え方
　それは、本人の語り（ナラティブ）を重視するアプローチである。「事実」は、実は当事者本人にしかわからないものがある。また、近しい家族であっても「事実認識」にはずれがあり、場合によっては異なるのである。また、実際の援助の場面では、ソーシャルワーカーとクライエントとの信頼関係のいかんによってその精度も意味合いもずれる可能性があるのである。語りが尊重される最大の理由は、クライエントの権利だからである。同時に、クライエントの語りを尊重することは、自ら課題と解決方法に気づいてゆく過程を準備することであることが多くの実践において証明されているからである。

3.3 アセスメント

　アセスメントはクライエントの問題解決や新たな進路選択のために「生活と生活上の問題や潜在的な可能性」を見極めることである。

　具体的には、ソーシャルワーカーはクライエントと共にアセスメントをすることが求められる。ソーシャルワーカーはクライエントの語りや自己評価に信頼を置き、収集される情報を理解し、クライエントと共に意味づけし、情報間の関連を明らかにしていく必要がある。それらの作業により「クライエントの生活の全体像（人間関係や社会資源との関係など）」を明らかにしていく。

　そのためにはSVRには「ジェノグラム」や「エコマップ」の知識や助言も不可欠である。それらの協動作業のねらいは、生活上の問題の特性を明らかにすることである。具体的には、課題がどのような生活分野のものか、精神や内面的サポート上のことか、制度や社会資源利用上のことか、緊急性、深刻度、活用できる人間関係や社会資源などを明らかにすることである。

　さらに今後のこととしては、利用者や地域が持っている潜在的な強みや長所を引き出す「ストレングスアセスメント」に対する理解を深め、SV場面においても応用していく必要がある。（89～90頁の資料を参照のこと）

　ストレングスモデルの概要については「第Ⅱ章1　スーパービジョンの意義と目的」を参照のこと。以下に示すのは実際「ストレングスアセスメント」の例である。クライエントの希望に沿い、徹底的に、過去、現在、未来にわたる本人の体験、取り組み、および社会資源の活用などについての語り（自己申告）を仔細に聞き取る。同時にその中から、希望を実現するための素材を徹底的に探し出しているのである。

3 スーパービジョンの過程

（参考資料）　　　ストレングスアセスメントの実際

利用者の名前　　　　　　　　　　　　　　　ケースマネジャーの名前
エリザベス　　　　　　　　　　　　　　　　　　　　　　　　リネット

現在のストレングス：今の私のストレングスは何か？	個人の希望・願望：何を希望するのか？	資源：個人的、社会的：過去に私が利用したストレングスは何か？
日常生活状況		
-現在両親と住んでいる（ご飯を一緒に食べたり、何かを一緒にできる人がいることは嬉しい） -自分の部屋がある：必要な時にひとりになれる場所 -スーパーマーケットが近い -"たいていのことは、自分自身でできる"	"私はヒッチコックタワーに自分のアパートが欲しい"	-2004年に5か月間、Stillwellに自分のアパートを持った -自分で洗濯、自炊、掃除などを行った
経済／保険		
-573ドルSSI -メディケイドがある（医療扶助） -母が代理受取人 -もし自分のアパートに住むことになったら、食料配給券の受給資格がある	"何にお金を使うか、自分で決められるようになりたい"	-自分のアパートに住んでいるときは、自分で公共料金等の支払いを行った
職業／教育		
-自分で仕事を探してきた -家事の知識やスキルがある -基本的な保育の知識がある -基本的な応急処置の知識がある	-私は託児所の仕事か、子供と触れ合うことができる何らかの仕事をもちたい	-母親といくつかの異なったモーテルで、客室清掃の仕事をしたことがある -ミシシッピー州の高校を卒業した -十代の頃、保育の授業を受けたことがある -家族やその他の人のために、ベビーシッターをしたことがある

社会的支援		
-サラ（母）は私の一番のサポーター（私の話に耳を傾けてくれ、元気づけることができる） -兄（ロイ）は、私が必要なものがあると、その場所へ連れて行ってくれる -友人（オクラホマ州にいるハンナ）―私たちは未だにと時たま電話で話をする	"私はここカンザス州にもっと友人を作りたい"	"私は常に、母親と兄と仲が良い" 昔の彼氏（ケビン）は、良いサポーターだった（"彼は私が自信を持つことを助けてくれた"）
健康		
-ラミクタールは、うつ症状に役立つ -"私はそれほど自殺をしたいと思わなくなった" "自分の気持ちについて他の人に話すことは、私の落ち込む気持ちの助けとなる" "何か活動的なことをすると、健康であると感じることを助ける"	"私はずっと健康でいたい"	"外出や物事を行うことは、自分のことを良く考えられるようになる"（例：映画、スポーツのエピソード、買い物など）
レジャー／余暇		
-音楽を楽しむ（カントリー）、ラジオを聴く、歌を歌う、踊る（ツーステップ、ライン・ダンス） -電話で話す -自分の子供たちに本を読む	"私はもっと友人を作りたい。そして、彼らと時間を過ごしたい"	-ガールスカウトに所属していた -高校時代、陸上と野球をやっていた -キャンプやカヌーに行っていた
スピリチュアリティ（精神性）／文化		

優先順位は何ですか？
1. 私は自分のアパートが欲しい　　　3. 私はもっと友人を作りたい
2. 私は仕事がしたい　　　　　　　　4.

利用者のコメント	ケースマネジャーのコメント
利用者のサイン　　　　　　日付	ケースマネジャーのサイン　　　　　日付

（C.ラップ「ストレングスモデルによる援助」『日本精神障害者リハビリテーション学会講演会・早稲田大学・資料』2008年より）

3.4 援助計画

ソーシャルワーカーとクライエントは、アセスメントを基にして、対処（援助）の目標を定め、短期、中期など、プロセスを区切った達成目標の設定を含む対応計画を立てる。本人抜きの計画立案はありえない。たとえ、クライエントの意欲がわかなかったり、病気や薬物の影響で自己決定がしにくい状況でも、望むような協働作業ができない場合でも、「ソーシャルワーカー参加型あるいは提案型の援助」を保持すべきである。

また、計画書はソーシャルワーカーとクライエント双方がコピーを保持するなどして、協働意識を保持することが大切である。同時に、クライエントにとって実行困難なことや不要なことが出てきた場合は話し合いをし、修正していくなどの柔軟性が求められる。守秘義務の厳守は言うまでもない。援助計画段階のSV時は、これらの視点からSVEの対応を見ていく必要がある。

3.5 援助

援助は計画に基づいて実行すればよいのであるが、なかなか、うまくいかない場合が多い。それは、計画自体の不備が原因かもしれない。また、社会資源が見つからないとか、なかなか関係がつかないとか、ソーシャルワーカーとクライエントの間に「かかわりにくい」「かかわりすぎ」「かかわれない」などの何らかの事情があるからかもしれない。

ソーシャルワークは生活援助が主軸であるから、クライエントの内面にばかり目を向けるわけにもいかないが、「かかわり」という点では深い洞察や援助姿勢が求められる。とくに、深刻な事情をかかえたクライエントに対してはそれらが欠かせない。SV時も深い部分で、これらを意識しておく必要がある。

臨床を重視する哲学者の鷲田清一は「苦しみを語る」ことについて次のように述べている。長文になるが「援助」の本質を突いていると思われるのでここ

に引用する。

「そもそも、人は本当に苦しいときは押し黙る。記憶を反芻することで、傷にさらに塩をまぶすようなことはしたくないからだ。(中略)誰かの前でようやく口を開いても、体験していない人に言ってもわかるはずがないと口ごもてしまうし、こんな言葉でちゃんと伝わるだろうかと、一語一語、感触を確かめながらしか話せないから、語りは往々にして途切れがちになる……。

語りなおすというのは、自分の苦しみへの関係を変えようとすることだ。だから当事者自らが語りきらなければならない。(中略)けれども、沈黙をはさんで訥々としかなされないために、聴くものはひたすら待つということに耐えられず、つい言葉を迎えにゆく。「あなたの言いたいのはこういうことじゃないですか？」と。言葉を呑み込みかけている時に、すらすらとした言葉を向けられれば、誰しもそれに飛びついてしまう。他人が編むその物語が一条の光のように感じられそれに乗る。自分で途切れ途切れに言葉を紡ぎだす時をまたぎ越して、こうして自ら語りきるはずのそのプロセスが横取りされてしまう。(中略)そもそも、私たちは本当にしんどいときは、他人に言葉を預けないものだ。だからいきなり「さあ聴かせてください」という人には口を開かない。(中略)言葉を持たずにただ横にいるだけの人の前でこそ人は口を開く。そういうかかわりをまずはもちうることが大事である。その意味では、聴くことよりも、傍らにい続けることのほうが大事だといえる。[9]」

(注9) 鷲田清一「オピニオン──あれから3ヶ月」『朝日新聞』(2011年6月11日) 朝刊

3.6　かかわりのレヴューとサポート

　援助プロセス全体を通じて、ソーシャルワーカーとクライエントの合意により援助計画に掲げた到達目標の達成度を評価する必要がある。とくに達成度が低い場合は、「かかわり」の度合い（ソーシャルワーカーの援助方法は適切であったか、クライエントは自分の役割をどの程度果たせたか、協働や信頼関係の形成はうまくいっているかなど）を振り返ることが重要である。それに基づいて今後の方向性（サポートと協働）も検討していくことになる。

3.7　終結計画

　終結はクライエントとソーシャルワーカーの約束に基づき、一定の問題解決や進路選択が明らかになった時点で、合意に基づいて実行する。それに先立ち、ソーシャルワーカーは、援助計画作成の時点で「終結」を予告する必要がある。もとより、「必要に応じた電話相談」や「他の援助活動の紹介とそれらを通しての間接的なかかわり」などの、終結後の支持的なつながりを否定するものではない。

　とはいえ、終結はSVEにとっては苦しい段階であるということができる。しかし、SVの全体を振り返り、SVRは支持的に、時には段階的に終結とその後を見守らなければならない。ちなみに、ストレングスモデルの提唱者であるC. ラップはソーシャルワークの援助プロセスと終結段階を次のようにまとめている。

　「援助のプロセスにおいて、ソーシャルワーカーはクライエントのたびの同伴者（パートナー）である。
　　旅行代理店の社員ではない。深いところで苦楽を共にするのである。（クライエントに進路が見つかり確かなパートナーが現われたら、ソーシ

ャルワーカーはフェイドアウト（消える）して行くのである。)」[10]

参考文献
- 牛津信忠『社会福祉における相互的人格主義』Ⅰ・Ⅱ、久美出版、2008年
- 柏木昭編・助川征雄他著『新精神医学ソーシャルワーク』岩崎学術出版社、2002年
- 柏木昭「スーパービジョンとは何か」『2009年度聖学院大学人間福祉スーパービジョンセンター年次報告書』聖学院大学総合研究所、2010年
- L. M. ゲテレスほか編著（小松源助監訳）『ソーシャルワーク実践におけるエンパワーメント』相川書房、2000年
- 香田真希子ほか「リカバリー志向の実践とプログラム」『精神障害とリハビリテーション』Vol. 14. No. 1、日本精神障害者リハビリテーション学会、2010年
- 白澤政和『ストレングスモデルのケアマネジメント』ミネルヴァ書房、2009年
- 社会福祉士養成講座編集委員会編『現代社会と福祉』中央法規出版、2011年
- 助川征雄『ストレングスモデルによる支援』（コミュニティーワーカー養成研修資料）東京都社会福祉協議会、2008年
- 助川征雄「地域ベースの精神障がい者支援」『社会福祉講演資料集』2011年
- 精神保健福祉士養成講座編集委員会編『精神保健福祉援助技術各論』精神保健福祉士養成講座6、中央法規出版、2006年
- 精神保健福祉士養成セミナー編集委員会編『増補・精神保健福祉士養成』へるす出版、2010年

（注10）C.ラップ＆R.J.ゴスチャー（田中英樹監訳、助川征雄他訳）『ストレングスモデル』金剛出版、2008年、92頁。

- 日本精神保健福祉士協会広報出版部出版企画委員会編（柏木昭スーパーバイザー）『スーパービジョン』へるす出版、2007年
- 日本精神保健福祉士養成校協会編『精神保健福祉援助技術総論』中央法規出版、2009年
- F. P. バイスティク（尾崎新他訳）『ケースワークの原則』誠信書房、2006年
- 山崎美貴子『社会福祉援助活動における方法と主体』相川書房、2003
- C. ラップ「ストレングスモデルによる援助」『日本精神障害者リハビリテーション学会講演会・早稲田大学・資料』2008年
- C. ラップ& R. J. ゴスチャー（田中英樹監訳、助川征雄他訳）『ストレングスモデル』金剛出版、2008年
- 鷲田清一『「聴く」ことの力──臨床哲学試論』ＴＢＳブリタニカ、1999年
- 鷲田清一『「待つ」ということ』角川書店（角川選書）、2006
- M. レーガン（前田ケイ監訳）『リカバリーへの道』金剛出版、2005年
- Shepherd, Geoff, *Making Recovery a Reality*, Sainsbury Centre, 2010

第 III 章

スーパービジョンの内容

1 スーパービジョンで取り上げる内容の概観

　SVの焦点は、SVEとクライエントとのかかわりである。そのかかわりに焦点をあてていくと、おのずとそのかかわりに影響を及ぼしているそれぞれを取り巻く状況との関係性について取り上げることとなる。同時に、SVE、クライエントそれぞれの特性、持っている力、または傾向や課題などについても理解を深めることとなる。
　SVで取り上げる内容について大きく5点の課題に整理することができる。

(1) SVEとクライエントとの相互関係
　SVの焦点はSVEとクライエントや家族との相互関係である。この場合に、SVEがクライエントとどのような視点でかかわり、どのように理解しているのかについて確認するものである。そのうえで、クライエント（個人、家族含む）の心理的、精神的、社会的側面など包括的にとらえ、かつ社会資源や制度など取り巻く状況を考慮に入れながら、アセスメントおよびプランニングとその方法について確認を行う。クライエントとのかかわりを通してどのような視点でとらえ、理解し、関係を構築しようとしているのか、もしくは維持または発展させようとしているのかについて確認作業を行う。またはこれらを行ううえでのソーシャルワーカーの価値、知識、技術、方法論等の確認とともに、そ

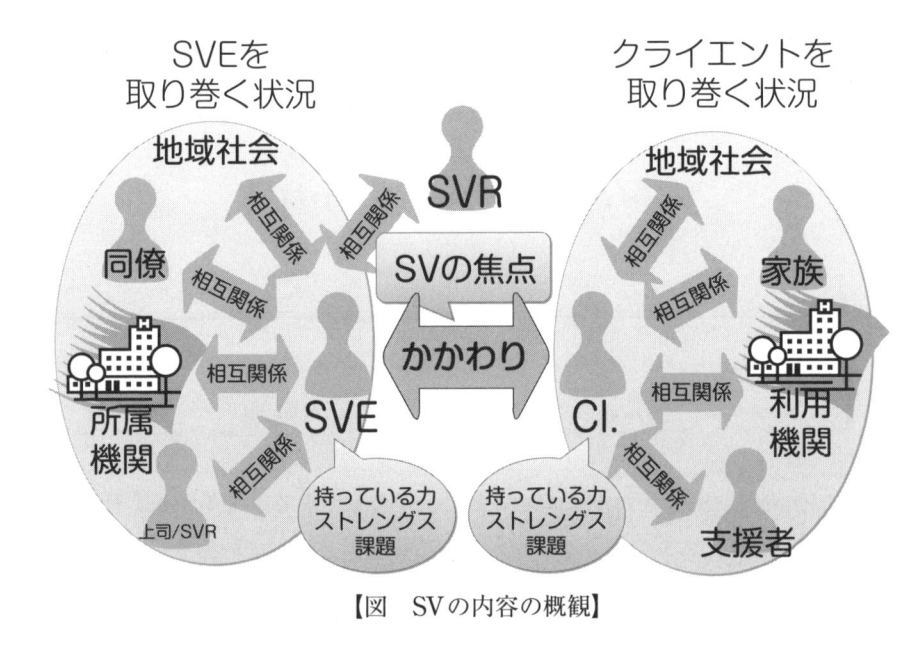

【図　SVの内容の概観】

れらに基づいたかかわりを点検し、クライエントへの影響について具体的に検討する。

(2) SVEと同僚および組織（所属機関）との相互関係

　SVEとクライエントとの相互関係を取り上げるうえで、SVEの職場環境および関係がそこに影響を及ぼしている。そこでSVEと職場関係を取り上げて確認作業を行っていくこととなる。SVの中では同僚との関係性の問題や、所属機関から見た業務の枠組み、立場、人事管理などSVEが抱えている職場におけるさまざまな組織的課題が浮き彫りにされる。

(3) SVEおよびクライエントと地域社会との相互関係

　SVEとクライエントとの相互関係を取り上げるうえで、クライエントと地

域社会との相互関係、加えてSVEと地域社会との相互関係について確認作業を行う必要がある。地域社会の一員として、クライエントが地域社会に対してどう感じているのか、または地域社会がクライエントをどう受け止めているのか、同時にSVEが自らを取り巻く状況である地域社会をどのような視点でとらえ、理解し、また関係をつくっているのかについて確認作業を行う。

(4) SVEの課題

SVEとクライエントとの相互関係を取り上げていくうえで、SVE自身の自己覚知がどれほどなされていて、どのように自己評価をしているのかについて確認する必要がある。具体的にはSVEの専門家としてのアイデンティティ、自信、能力などについて確認作業を行う。また教育的機能として、特定の理論、技術、方法論等の習得についてもここに含まれる。

(5) SVRとSVEとの相互関係

SVRとSVEとの相互関係に焦点をあてて共に確認作業を行う。SVEがSVRへの依存の度合いなどについて互いに点検しながら、より自立したソーシャルワーカーをめざす。その関係性の変化について確認しあいながら、過度な依存関係に陥ることを防ぎ、専門家としての独り立ちをめざす。

2 クライエントの理解

SVEがクライエントを理解する視点や考え方は、SVEとクライエントとが関係を構築するうえで、またその後の支援の展開に影響を与えるものである。SVEとクライエントとの相互関係を取り上げるうえで、ソーシャルワークの実践理念や価値、視点を確認しておくことが重要である。

2.1 ソーシャルワーカーの実践理念

▶「かかわり」重視の原理

「かかわり」とは、「クライエントのあるところからの出発（Starting where the client is）[1]」（H. ゴールドスタイン）という「出会い」から、寄り添い、共に歩むと表現される支援関係の営みすべてであり、未知の世界と「私」との限りない接近・交流の中から紡ぎ出されるプロセスである。まずはクライエントとソーシャルワーカーが、「ここで、いま（here and now）」互いに主体として出会い、かかわり、生活者としての関係性を紡ぎながら支援関係のあり方を探りつづける。一方で、ソーシャルワーカーをはじめ対人援助職にかかわる専門職者は、クライエントに出会う前にさまざまな情報を得ることができる立場にある。ことにソーシャルワーカーであるPSWは「Y問題[2]」という苦い経験を通し、本人不在の支援展開への強い危機意識を持っている職種である。SVではクライエントを中心に置いた支援の展開がなされているかについて常に点検を行う必要がある。

しかし、現実に目を向けると、サービス調整のみに奔走したり、病棟のベッド調整に追われるソーシャルワーカーは少なくない。「かかわり」から始まるソーシャルワーカーの原点に常に立ち返ることの必要性を確認するとともに、そのための職場環境の整備、他職種からの理解、ソーシャルワーカーの社会的認知獲得など社会システムへの働きかけについてもSVにおいて取り上げていく必要がある。

▶「主体性」尊重の原理

いかなる時代背景、社会情勢、あるいはどのような個人の状況下においても、

（注1）Goldstein, H., "Starting Where the Client Is". *Social Casework*, 1984: 64(5), 267-275.
（注2）1969年に起きた保健所ワーカーによるY氏の強制入院をめぐる問題。

この尊厳を基本としてすべての人間の平等（人種、立場、貧富、職業、思想、宗教、疾病や障がい等）が保障され、生きて行くうえでの諸権利が無条件に確保されなければならない。たとえば、精神障がい者はその病や障がいの理由によらず、永年にわたる入院を強いられてきており、「退院したい」はもとより、「自由に外に出たい」、「好きなものを買いたい」、「友達に会いたい」といった当たり前のことが叶わない状況では、そう思わないほうが楽になることを学習し、夢や希望を持たなくなり、主体的に生きることを忘れるのである。これが障がいそのものによるものではなく長期入院によって生成された二次的な障がいであり、いわゆる施設症（インスティテューショナリズム）である。かつてあんなに切望していた地域での暮らしも、20年、30年、40年とたつうちに退院することが怖くなってしまう。一度失った「主体性」を取り戻していくところから始まる「かかわり」こそがソーシャルワーカーに求められる専門性に基づく役割である。かかわりを通して「クライエントの自己決定」を尊重していくソーシャルワーカーの営みの中で、クライエントはかつて描いていた夢を思い出し、希望を見いだし、「主体性」を取り戻し、新たな生き方を模索しはじめるようになる。SVでは、このような原理に基づいたクライエント理解について確認を行う。

▶「自己決定」尊重の原理

　ソーシャルワークにおけるクライエントの自己決定の原理は、単なる権利や能力についてのみ言及しているわけではない。ソーシャルワーカーとクライエントとのかかわりの中で協働しながら、クライエントが人生の主人公として自らの生活の可能性を拓いていくプロセスそのものを意味している。柏木昭はこれを静態的権利論ではなく、力動的関係論であると述べている[3]。すなわちクラ

（注3）柏木昭、佐々木敏明著、荒田寛解題『ソーシャルワーク協働の思想——"クリネー"から"トポス"へ』へるす出版、2010年。

イエントに自己決定能力や自己決定権が備わっているか否かを論じているのではないのである。また静態的権利論は「自己決定能力のない人」という社会的弱者をつくりあげ、支援者は良かれと思って彼らの保護という名のもとで代弁・代行し、その結果本人の自由を抑制し、判断・選択する機会を奪ってきたともいえる。いわゆるパタナリズム（父性的保護主義）である。ソーシャルワークのすべてのプロセスにおいてかかわりの力動性（dynamics ダイナミクス）、自己決定を尊重していくことが、ソーシャルワーカーが永年の実践から学び得た原理である。SVEとクライエントとのかかわりの中で、「自己決定」の尊重が基礎に置かれていることを点検することがSVでは重要なテーマとなる。

▶「協働」の原理

　ソーシャルワーカーは「かかわり」を通して「クライエントと共にあること」をクライエントとの関係の基礎に置いてきた。それは援助・支援の主体は、クライエントかソーシャルワーカーという二者択一ではなく、また一方向的関係ではなく、クライエントもソーシャルワーカーも共に主体であり、互いに切り結ぶ交流から共に歩みを進めていくという「協働」の関係である。ソーシャルワーカーとクライエントはパートナーシップの関係性の中で、かかわりを通してクライエントの自己決定を尊重しつつ、彼らの自己実現へ向けて「共に歩む」主体として支援という営みを実践していくのである。SVでは、クライエントの自己実現へ向けて、クライエントが主体者であると同時に、SVEもまた主体者として、その課題に対して「協働」の取り組みを行っているかについて確認作業を行う。

▶リカバリー志向の原理

　「リカバリー」とは1980年以降に北米を中心に精神保健システムのパラダイム転換の鍵概念として提唱されてきた。アンソニー（W.A. Anthony）は「リカバリーとは、深く個人的なものであり、個人の姿勢、価値観、感情、目的、

技量、役割などの変化の個人的な過程である。疾患によりもたらされた制限を備えていても、満足感のある、希望に満ちた、人の役に立つ人生を生きることである。リカバリーは精神疾患の大きな影響を乗り越えて成長し、人生に新しい意味や目的を見いだすことでもある」[4]と説明をしている。また、ディーガン（P.E. Deagan）は自身のリカバリーの経験と研究より「リカバリーは過程であり、生き方であり、構えであり、日々の挑戦の仕方である。完全な直線的過程ではない。時に道は不安定となり、つまづき、止めてしまうが、気を取り直してもう一度始める。必要としているのは、障がいへの挑戦を体験することであり、障がいの制限の中、あるいはそれを超えて、健全さと意志という新しく貴重な感覚を再構築することである。求めるのは、地域の中で暮らし、働き、愛し、そこで自分が重要な貢献をすることである」[5]と述べている。

つまり、リカバリーとは、病気や障がいそのものからの回復を意味するものではない。疾患や障がい等の生活のしづらさのある人々にとっては彼ら自身の中に取り込まれているスティグマからのリカバリーかもしれないし、また治療場面における医療が原因となっている影響や、自己決定の機会の不足、失業のネガティブな影響、夢が砕けたことからのリカバリーかもしれない。

SVでは、SVEがクライエントに対して、誰もがリカバリーの道程を歩むことのできる存在であるという理解を持つことの確認を行う。

2.2　ソーシャルワーカーの価値と倫理

ソーシャルワーク実践は、一定の望ましい方向に向かうことを前提としてお

（注4）Anthony, W. A., "Recovery from Mental Illness: The Guiding Vision of the Mental Health Service System in the 1990s.", *Psychosocial Rehabilitation Journal*, 1993: 16(4), 11-23.

（注5）Deagan, P. E., "Recovery: The lived experience of rehabilitation.", *Psychosocial Rehabilitation Journal*, 1998: 11(4), 11-19.

り、その望ましい方向を導いているのが福祉的な価値である。ブトゥリム（Z.T. Butrym）は人間の本質に内在する普遍的価値から引き出されるソーシャルワークの基本的な価値前提として「人間尊重」、「人間の社会性」、「人間の変化の可能性」の3つを挙げている。SVでは、SVEがこれらの基本的価値前提に基づいてクライエントを理解していることを確認する。

▶人間尊重

　クライエントはクライエントである前に1人の人間であり、地域で暮らす生活者であり、常にその人権が尊重されなければならない。たとえば、精神障がい者が長期にわたる隔離収容政策のうちに置かれ、社会的入院を余儀なくされ、それにより精神障がい者に対する社会の偏見と差別は助長されていった。PSWはこの歴史と、そして今なお厳然として存在するこの現実にクライエントとともに向き合わなければならない。クライエントの人権を尊重するということは、生活の主体者として相互的にかかわるなかで、私たちは私たちの生活の主体者であり、かつ私たちの生活課題の主体者であるように、彼らも彼ら自身の生活の主体者となり、彼らの生活課題に彼ら自身が取り組んでいけるように条件を整備していくことである。SVでは、クライエントの人権を尊重する視点について確認するとともに、そのための条件整備も含めて検討課題として取り上げることを確認する。

▶人間の社会性

　人は他者との関係の中で存在し、生きている。人間の本来持っている社会性は、クライエントをその取り巻く全体性の中で理解するうえで重要な価値である。つまりクライエントのかかえる問題や課題は、社会生活上の困難としてとらえられ、それは地域社会・環境・状況との相互関係の中で生じた問題であり、すなわちそれは地域社会の課題としてとらえなければならない。

▶人間の変化の可能性

　「人は計り知れない可能性を持っている。その可能性は無限大である」とする、「人」に対する根本的な前提的価値とその理解はソーシャルワーカーにとって重要である。私たちは自らの経験の中でのみ物事を考え、とらえがちである。経験から逸脱する事象について想像することは難しく、それはいつのまにか「人」に対する能力、可能性、変化の限界を私たちの中に無意識のうちにつくってしまっているものである。ソーシャルワーカーとして多くの人々に出会い、かかわるなかで、クライエントが想像を超える変化を遂げることに遭遇することは少なくない。誰もに内在している原石（ストレングス）をかかわりの中で共に探り当て、クライエント自身がその存在に気づくと、彼らは自らその原石に磨きをかけ、想像を超える輝きを放ちはじめる。仲間同士のかかわり、インフォーマルなかかわりの中で見つけ出されること、磨きがかけられること、輝きを放ち始めることもまれではない。「人が輝く」とは比喩として用いられる言葉であろうが、まさにそれを実感することはソーシャルワーカーという仕事では少なくない。かかわりの中で困難な課題に遭遇し、視野狭窄に陥り、行き詰まりを感じたときは、クライエント自身やクライエントを取り巻く状況の「変化の可能性」を信じられていないときかもしれない。

2.3　ソーシャルワーカーが持つべき視点

▶生活者の視点

　ソーシャルワーカーが支援を行う基本は、共に歩む「クライエント」を「生活している人」としてとらえることである。これとは対照的なのが「病者」、「障がい者」といわれる人を、「私たちとは違う問題のある人」という基本的前提に立って、対象化する考え方である。ソーシャルワーカーは無意識のうちに、「私たちが当たり前に感じていることと異なる考えを持って生きる者」として障がい者を見ていないだろうか、ということへの挑戦でもある。同じ時代に、

同じこの世に、そして同じこの地域で暮らす生活者であるととらえる視点は、ソーシャルワーカーがクライエントと出会い、かかわり、協働の営みを可能にする原点である。それはまさしく、私たちが私たちの生活の主体者であると同様に、クライエントも彼らの生活の主体者であるという前提に立つものである。SVにおいて、SVEがクライエントを、自分と同じ生活の主体者とする前提に立ったうえで理解しようとしているかどうかを確認する。

▶人と状況の全体性の視点

ソーシャルワーカーは、クライエントの苦悩、生活のしづらさを、病気あるいは障がいに還元するのではなく、クライエントを生活の主体者としてとらえ、クライエントとその人を取り巻く環境との間で生じる交互作用に注目し、クライエントの生き方、生活の仕方をできる限り全体的、包括的に把握する視点と想像力が求められる。これがソーシャルワークにおけるアセスメントである。

人は、人とのかかわりの中で生きており、人と人がかかわるところで、相互に影響を与え合い、及ぼし合って存在している。そして人と人とが集まるところに社会が構成され、その社会は一人ひとりの存在によって影響を受け、またその一人ひとりが社会全体の影響を受けて存在している。家族の関係の中で葛藤を感じると、地域との付き合いや世間体の中で葛藤を感じ、そのことが家族構成員一人ひとりの生活にも影響を及ぼすのである。当然、制度や政策が変わることにより私たちの生活が影響を受けることもある。このような考え方をエコシステム論というが、そうした体系（システム）の中で私たちは生活をしており、その局面のひとつとして、症状や生活のしづらさと呼ばれる現象として私たちにその姿を垣間見せるのである。このこと自体が状況の中で影響を受けた人に属した現象であり、その人を理解するときに、クライエントとその人を取り巻く状況との全体性をとらえる必要性はここにあるのである。

SVではSVEがクライエントを理解するうえで状況との関連性、全体性の中でとらえ、アセスメントを行っているかどうかについて確認を行い、また地域

社会を含む取り巻く状況全体についてのアセスメントへと発展させる視点を持っていることを確認していく。

▶人権を尊重する視点

　人権の尊重はソーシャルワーカーに共通の重要な視点である。たとえば、精神障がい者に対する支援を顧みれば、医療という名のもとでさまざまな人権侵害が行われてきた歴史からもその重要性は自明のことといえる。さらには過去のこととしてではなく今なお、医療的には入院を必要としないにもかかわらず、地域で暮らせる条件が整わないということを理由に社会的入院と称して長期にわたる入院を強いられている精神障がい者が10万人もいるという現実がある。ソーシャルワーカーはこのような状況に対してクライエントの人権にことさらに敏感でありたい。それは彼らが自らの権利を護り、行使できる状況にない場合に、彼らの権利を護る他者として、専門職として存在する価値を持つからである。

　一人の生活者として知る権利やプライバシーを護る権利が尊重されなければならない。人権を尊重しようとするソーシャルワーカーは、矛盾する状況下でジレンマをかかえることは数限りない。ソーシャルワーカーが施設・機関に雇用されているという一定の制約があり、また法的な行為を実行しなければならないなかで、クライエントとの良い関係を維持すること自体が、矛盾そのものであるという実感を、おそらく良心的でクライエントの側に立とうとするソーシャルワーカーは感じているはずである。その矛盾やジレンマに向き合いつづける覚悟が専門職であるソーシャルワーカーとしての強みであると考える。SVでは、クライエントの権利を尊重する視点において理解することの確認作業とともに、このようなSVEが抱くジレンマについて取り上げていく。

▶ストレングス視点

　個々人には発達し成長する能力、才能があり、それぞれに固有の強み、魅力

が備わっている。しかしながら、精神障がい者は置かれた状況、もしくは関係性の中でそれらを生かす機会も与えられず、または抑圧されてきたともいえる。そのことがクライエントの主体性を奪い、生きる意欲を失わせ、パワーレス状態に陥らせたともいえよう。彼らの本来持つ固有の強み、魅力にスポットを当てることで、彼らの本来持つ力を生かす機会をつくり、そのことで彼ら自身がこの世に生きる存在意義・価値を再生し、自尊感情を取り戻し、自己効力感を高めていく。病気や障がいに焦点をあて、できないこと、不得手なこと、生活のしづらさに着目したなかで築かれる関係性は、人の本来持つ力を奪うばかりでなく、主体的に生きていこうとする意欲をも奪っていく。その人の持つ魅力や強みに着目することは、誰もが持っている原石を見つける作業に例えることができ、その存在に気づくことができればおのずと磨きをかけ、人として輝いていくのである。原石を見つける作業を共に行う協働者がソーシャルワーカーである。

▶仲間同士の支え合いを尊重する視点

　仲間同士の支え合いがなぜ必要となったかについて論じる前提として、これまでに述べてきた支援者が主導する支援システムの限界性を認めることから始めなければならない。支援システムに置かれるなかでクライエントが生きる意欲を失い、パワーレス状態に陥り、また時に権利侵害を伴った諸経験が積み重なるということは、ソーシャルワーカーに内在する権威性がそれらを図らずも招いた結果であることを自覚しなければならないだろう。それは支援者としての立場性の限界である。人は当たり前に持つ社会的役割や責任を免除され、サービスの受け手としての立場に追い込まれることで、自らの存在意義を見いだすことが困難になる。そのような状態にあっては専門職が支援を提供したところで、その悪循環を断ち切る術を持ちえないのである。

　しかし、共通の立場、共通の経験をした仲間同士が出会い、つむぐ関係の営みの中では、人として当たり前に課せられる役割や責任を果たす機会がそこに

はある。時には他者の相談にのったり、肩をかしたり、知識や情報を提供する機会を持つ。仲間同士の支え合いには「経験」という媒介を活かしたかかわりがあり、それがあたかも接着剤のように働き、強い共感と凝集性が生まれる。これまで「マイナス」でしかなかった病気の経験や、そこからくるサービスの受け手としての経験等が、仲間同士のかかわりの中ではじめて「プラス」としての価値を生み出すのである。このような仲間同士の支え合いをピアサポートという。

　ソーシャルワーカーの歴史の反省と立場の限界性を認識するとともに、ピアサポートが奏でる和音と可能性の力を信じ、尊重することが必要である。そのためにピアサポートの機会をつくることや、またそれが育まれる場をつくっていくことを心がけることはソーシャルワーカーの重要な視点の一つである。SVではこのような視点を持ってクライエントとその人を取り巻く関係性をSVEが十分理解しているかについて確認することが求められる。

3 施設・機関の理解

　機関はクライエントを含む地域住民にとって、地域の社会資源の一つである。医療機関であろうと、入所施設であろうと、地域の社会資源の一つとしてとらえる必要がある。また、クライエントにとっても、地域社会にとっても、当機関が地域の社会資源の一つとして存在し機能するように機関に対して働きかけていく必要がある場合もある。たとえば、ある医療法人が運営する施設に対して、その法人の医療機関に通院する人のみを対象とする場合、それは法人内の社会資源にすぎず、地域に開かれた社会資源として存在することにはならない。医療機関等がクライエントをかかえ込んでいないか、クライエントが地域の中の一員としての尊厳を保った暮らしを保障されているかについて、常に施設・機関のあり方を点検していく必要があるであろう。

　SVEは自身が所属する機関について、その目的、機能、クライエントに対

する支援への責務をどのようにとらえ、整理しているかについて、SVRとともに確認する必要がある。SVRが所属機関内の上司等である場合は、SVR自身もどのようにとらえているかについてSVを通して問われることとなる。

　SVを行う際に、そのSVEが所属する機関がソーシャルワークの目的および機能と方向性がおおむね一致している機関か否かによって、かかえるジレンマや葛藤の質は異なってくる。たとえば、所属機関がソーシャルワーカーが多数を占める職場か、他職種等が多数を占める職場かによって異なってくる。

(1) ソーシャルワーク理念が機関の設置目的である機関で働いている場合
　　（障害者自立支援法下事業等、地域における生活支援機関等）
　複数のソーシャルワーカーがいることが多く、ソーシャルワークの共通言語が共有できる環境である。またクライエントの理解について、機関内での理解がおおむね共有できる環境であり、かかわりについても相互に振り返ることが可能な職場ということができ、ジレンマや葛藤は他職種に囲まれている職場でのそれとは質が異なるであろう。その場合SVでは、ソーシャルワークの理念に沿って確認作業を行うことができる。しかし、事業所や施設によっては、他職種もいないが、ソーシャルワーカーもいない、つまり専門職種がいないという事業所も存在している。ソーシャルワーカーはこのような福祉現場の現実と向き合いながら、いわゆるボランティアや福祉等について専門的な学習をしていない人々と、それらの生活経験や感覚等を生かしながら共に働くときに、「協働」の理念がいかに活かされているのかの確認を行っていくこととなる。

(2) ソーシャルワーク以外の理念が機関の設置目的である機関で働いている場合（医療機関、行政機関等）
　医療機関では、その機関の目的が「治療」であり、ソーシャルワークの目的とする「病気や障がいがあってもその人らしい暮らしの実現」という理念をかかげることが困難な状況の中で、クライエントとかかわることとなる。そこで

は、医師をはじめ看護師や作業療法士、理学療法士、薬剤師等他職種が多数を占め、彼らはおおむね医学モデルを主とする職種である。その中で生活者中心概念を標榜するソーシャルワーカーがその専門性を発揮しながらクライエントとかかわるうえでは、さまざまな葛藤やジレンマを引き起こすこととなる。SVではそのこと自体について取り上げながら、ソーシャルワークの理念や価値、視点の確認とともに、機関の中での折り合いをつけながらクライエントとのかかわりを保障していくことについて「語り」を交換することとなる。

このように、地域の一員であるクライエントとして、また生活の主体者であるクライエントとしての理解を深めていくうえでは、機関との関係についての洞察はSVEにとってきわめて重要である。同時にSVにおいてSVEが地域をどうとらえているかについて問うことになるのである。

4 地域性への洞察とコミュニティとの関係

4.1 地域資源の探索と活用

　地域社会はソーシャルワーク実践の宝庫である。ソーシャルワーカーはほんの狭い範囲のことしか知らない。病院であれ、施設であれ、そこに働くソーシャルワーカーは閉じこもりながら、そこで患者や入所者と面接し、時には必要があって、家族と出会う。しかし当事者やその家族の住んでいる地域についてはほとんど知らない。それでも連絡をつけて、関係者に面接室に来てもらって、十分用は達することができる。とくに当事者である精神障がい者の語る内容については、家族や、地域の関係者、たとえば福祉事務所等を含め、市町村の職員から実情を聞き、おおよそ精神障がい者の地域生活がどういうものであったか、わかった気になる。これからどういうところで生活していこうとしているのか、ある種の地域生活のイメージは湧いてくるのであろう。もちろん、ケースロードの重さ（担当ケースの多さ）に潰されそうになって、残業に臨んで書

き残したケース記録を書き足すという毎日であれば、そうそう地域などに出かけてなどいられない状況はよくわかるのである。

しかし必死になって訴えようとする当事者のこれからの住む場所や、仕事への希望や、また自分の住むところから職場復帰しようとする事業所への途上での、かつて目の当たりに浮かんできた情景とそれに励まされたり、失望を味わったりした当事者の気持ちまで、すっかり理解できるものではなかろう。つまりソーシャルワーカーは当事者が送る地域生活については、相談室の中では到底つかみきれないということである。

筆者（柏木）は、ソーシャルワーカーには注意力と想像力が必要だということをこれまで、しばしば強調してきたところである。こうした注意力や想像力というものは、相談室の狭小な空間ではなかなか浮かんでこないのは無理もないことである。逆にそういう閉ざされた場であるからこそ、注意力や想像力が必要ということでもある。地域のPSWであろうと、病院・施設のPSWであろうと、こういうスタンスを持たなければならないというのは、これがソーシャルワーカーの専門性だからである。

さて、精神障がい者にとって地域とは何であろうか。言わずもがな独自の生活を送る場所である。が、彼らには居場所がない。人の間でそうと気づかれないで住むために、なるべくひっそりしていなければならないと思う人もいる。勢い「自閉」につながる。これは本来のその人の精神病という病気が原因というよりは、むしろ自分独自の根を下すことを許容しない地域社会の圧力によって触発される症状なのではなかろうか。人はそれを思い込みだという。ストレスに弱いと言えば、言えるかもしれないが、それでは個人責任論となってしまい、その大方が賛同する対処の仕方は、従来から実施してきた手法である精神科病院への収容、拘束ということにしかならない。周り、地域社会には責任がないのであろうか。

4 地域性への洞察とコミュニティとの関係

　ここで筆者は、あらためて明らかにしておくべき自分自身のスタンスについて自己開示しなければならない。1つは精神障がい者にとって、ソーシャルワーカーとは何か、という問題にどうこたえてきたのかということについてである。まず筆者自身はこの仕事に入った当初、精神障がい者の「治療」という視点に立って自分の仕事を考えてきた。そして当事者としての精神障がい者の理解を進める手法として、ソーシャルワーク診断論に依拠し、生活史を調べたり、あるいは家族に会ったりして、当事者が存在する背景について、考えを進めてきた。しかしそうして調査していくなかで、チームワークというものに多分に依存していた自分自身があることに気がつかなかった。それは医療チームという名のソーシャルワーカーを護る安全地帯であった。つまり、良いチームワークがとれていればそれだけ良い仕事ができると思っていたのである。しかし仕事のいわゆる実践原理として、筆者がこの道に入った当初から標榜したのは「クライエント自己決定」である。このように筆者の中には明らかな矛盾があった。チーム医療は「クライエント自己決定」を護りはしない。チームを組んでいる医療の側を守るのである。今となって思えば、医療チームは明らかに自己実現を望もうとする患者の前に立ちはだかる壁でもあったのである。

　およそ医療チームの指導など当事者にとっては何の役にも立たない代物でしかない。「薬飲んでますか」、「薬飲まなければだめですよ」、誰からも同じ命令が自分に降りかかってくる。医療従事者は当事者に薬を渡したとたん、安心する。当事者のほうは飲んだってどうっていうことはない薬、かえって副作用ばかり強くて飲みにくい代物を飲めと強制されるだけで、「もう外来には行くまい」と思う気持ちが湧くのは、わからないでもない。しかし医療側はこれを許さない。コンプライアンス（服従）の悪い患者として、要注意人物となる。筆者は薬より、きちんと真向かいに向き合って、当事者の気持ちに聴く「話し薬」こそ必要なのではないかと思う。そんな時間はないという。それでは飲ませる薬は管理的な意味しかない。

　また、チーム論はアメリカ流の力動精神医学に基礎を置く。またソーシャル

ワーク治療論であるソーシャル・ケースワーク（SCW）も力動精神医学にその基盤を置いた。これを筆者はわが道を行くうえでの強固な根拠とした。力動精神医学はフロイトの精神分析学に基盤を置き、個人の幼児期心理社会的発達論から始まる生活史重視の立場をとる。戦前のわが国の精神医学は記述精神医学というドイツ流の系譜を長い間継承してきた。戦後アメリカの力動精神医学は当時の国立精神衛生研究所（以下、精研）がわが国における学問的メッカになった。しかしそれは日本の既存の記述精神医学の受け入れるところではなく、精研は宙に浮いた逆境に置かれる存在になった。

しかし逆境は思わぬ幸いをもたらすものである。早くいえば1952年に設立された精研は、アメリカ力動精神医学の推進母体として、多くの業績を産み出すことになったのである。その１つが、医療チームの概念であり、１つは子どもの情緒障がいの治療研究であり、もう１つは成人精神療法の展開の可能性を切り開くことができたことである。

子どもの情緒障がいの治療研究では、原則として医師と臨床心理士は子どもの治療を担当し、筆者等ソーシャルワーカーは親の治療指導にあたるという役割分担を明確化したのである。これを進めたのは同研究所高木四郎児童精神衛生部長であった。これを協同療法（collaborative therapy コラボラティヴ療法）と名づけ、1950年代後半、児童精神衛生研究に大いに貢献したのである。これが日本の児童精神医学の発達の契機になったのであった。それまでは児童精神医学という学問は未発達状態であり、大人の精神医学を小ぶりにして考えるといった程度のものでしかなかった。

ついでであるが、筆者が今日「協働」というのは、当時のこの協同療法とはまったく異なる構造を持つものである。協同療法における共同関係は［治療者］－［ソーシャルワーカー］間の協同であるが、今日筆者が唱える「協働」は、ソーシャルワーカーとして支援の側と同じ地平に立つ当事者（クライエント）の問題解決への共同作業という形を特定して言うのである。

こういう協働という形の支援は、病院や施設の相談室に閉じこもっている限

りうまくことは運ばない。地域にあって当事者と歩みを共にしなければならないのである。しかし当時、地域資源の探索と活用とは、結局相談室に閉じこもったまま、これは社会資源としてクライエントの治療・援助に役立つとして、連絡する諸機関、諸施設のことをさすという考え方であった。またそういう行為を起こすことをもって、資源を活用することだったのである。今日、こうした考え方はもはや古いものとなってしまっている。

地域について、少なくともそれが当事者にとってどういうところとして、映っているのか、またどういう意味を持っているのか、そしてさらに支援者である自分にとってその地域とは何なのかを鮮明に意識しておかなくてはならないのが今日の地域の考え方である。資源の探索という支援行為は常にそれが当事者に結び付けて企画され、当事者とともに企図していかなくてはならないということである。

4.2　地域に対する説明責任

地域社会はいろいろな意味で生きにくい世界である。とくに地域に在宅して、治療を受けようとする精神障がい者にとっては、毎日が針の筵(むしろ)のような気持ちに追いやられる日々であるといっても無理からぬことである。精研では1964年（昭和39年）から精神科デイケアの研究を始めた。研究といっても実践研究で、研究室に閉じこもって文献を探索したり、調査研究に従事したりするのとはまったく異なっている。隣接する国立国府台(こうのだい)病院精神科から退院者を紹介してもらって、厚生省（現、厚生労働省）研究費補助金で、わが国最初のデイケアを開設したのである。厳密にいうともう少し前から、大阪府堺市の浅香山病院で、この制度が採用されていた。わが国における嚆矢は同病院の長坂五朗である。

それはともかく、国府台病院への入院以外に医療の場に出入りするところができたというわけである。もっとも当時、精神科病棟に見舞いに来た元患者の友人たちの居場所として、病棟付近で歓談したり、一般食堂で一時の休息を求

める動きなどができる機運はあったのである。精研の精神衛生部長であった加藤正明は木造の研究室を改造し、集会室をつくりデイケアを開始した。講堂はデイケアの卓球やバドミントンの練習の場になった。1963年（昭和38年）、筆者はWHO（世界保健機関）研究員としてイングランドおよびスコットランドのコミュニティケアの研究に派遣された。帰ってきて1964年からデイケアの要員として参加した。開設後約10年を経たころ、通所者（メンバーと呼んでいた）のデイケア滞留が目立つようになった。デイケア後の行き先がない。地域に戻るといっても帰る先は自宅しかない。筆者らは卒業が忍びがたく、そのまま長期入院とそっくりの形で、メンバーが居続けるのをよしとしたのである。どこに帰るのか、という話が全体会議といわれる集会に提案され、主としていろいろの日々の過ごし方を提案したが、これといった名案は生まれてこなかった。全体会議とは、イングランドやスコットランドで行われている治療共同体の会議を模倣してつくったものである。もっとも隣の国府台病院の精神科病棟には病棟ミーティングというのがすでにあったので、そういう会議を開催することに不安はなかった。

　現在のような地域活動支援センターや就労支援事業所などまったく気配も見えない時代のころのことであったから、ある家宅の場を借用し、集会所をつくり、滞留者の中から希望者を募って、移ってもらうことにした。表札にはS集会所という名称を掲げた。しかし、昼間から"いい青年たち"が、ごろごろして寝そべったり、声高に話したり、ジャラジャラとマージャンの音をさせていたり、哄笑したりしているのは隣家の主婦の忌避するところとなった。筆者は菓子折りを持って挨拶に行ったが、受け取ってくれなかった。「町内会長さんは受け取ってくれました」と言うと、しぶしぶ引き取ってくれたが、何の効果もあらわれなかった。ある日、精研の非常勤研究員とメンバーが2、3人で庭を清掃し、山のようになった枯れ草の焚き火をしたところ、一挙に燃えて炎が高く上がった。しかし火はすぐ燃え尽きた。そこに警官があらわれ、「あんた方、何をやっているのか」と尋問されたという。それは隣の主婦が危険を感

じて通報したものであった。

　集会所は2年ぐらい続いた。しかしある晩、不審火で全焼してしまった。警察も消防署も一切捜査をしなかった。火の元の心当たりはまったくなかった。われわれは警察に何度も足を運んで捜査を要請したが、一向に腰を上げてくれなかった。

　S集会所の開設にあたっては町内会長や、民生委員や、その他町のリーダー格の人の家に挨拶に行ったが、帰ってくる言葉は可もなく不可もなくといったところで、なんとなく敬遠されてしまった感なきにしもあらずであった。もっと上の組織、市役所の福祉・保健の担当に挨拶に行くべきであったのかもしれない。われわれに抜かりがあった。国立の研究所だから心配はありませんといったかのごときわれわれの態度についても反省すべきであった。説明責任を果たすことは地域活動と切り離すことのできない大変重要な行為であることがわかったのはこのときの成果であった。

4.3　地域におけるソーシャルワーク活動とスーパービジョン

　上述のような事態を引き起こしたわれわれの責任は軽くはない。警察は不問に付したからといって、それで済まされるものではない。借りていた家屋は全焼してしまった。幸か不幸か、その家はデイケアのメンバーで、ある資産家の係累の高齢の女性の持ち家であり、好意的に事態を理解し、その居宅の半分を貸してくれたものである。彼女はソーシャルワーカーの手伝いにより、火事の後市内のアパートに住むことを了承し移ってくれた。さて、そこに集まっていたデイケア卒業者たちは、居場所を失った。われわれは公民館を借りたり、喫茶店で集まりを持ったりして細々と今も続いている。筆者はすっかり後を松永宏子（PSW、元　中部学院大学教授）に継いでもらい、今は出席していない。メンバーも年を取り、病気になったりして人数は減ってはいるが、着実にそれが続いていることを心からの喜びとしている。

こういう活動のSVはいかにあるべきであろうか。具体的には、事業として開始する際の挨拶回りとか、仕方とかあるであろうが、あまり気を使わなかった。その辺に抜かりがあったかもしれないと思う。もう少し丁寧に事態を見るべきであろう。周辺にそういう施設ができるのを喜ばない住民が多いなかで、そう簡単に事が運ぶはずがない。S集会所の隣人はそれを身をもって教えてくれた。そこでどういう手を打つのか。やはり1つは、挨拶。2つには相手である隣人との間に挨拶以上の付き合いを作り上げることに勝るものはない。これはいわゆる「かかわり」とは違うものである。そうした付き合いのなかで、具体的な何か手伝えることを見つけていくことであろう。それをこともあろうに昼間から男たちの談笑の場を見せつけられては、これは心中穏やかならぬものがあるのが、ごく自然である。谷中輝雄は地域活動の展開を慎重に、しかしごく当たり前の地域活動の実現に苦労を重ねて積み上げていった状況を書きおいてくれている。[6]

　こういう場合のSVは簡単ではない。SVたる位置にいる職員も地域の現場に出かけていき、実情にふれることを率先して体験していかなければならない。そのグループの特性のみにとらわれるのではなく、地域社会のありようをつぶさに照査することから始めなければならない。そこでは上述した挨拶と付き合いの儀礼を欠かすことなく、自らが地域に溶け込むことを志向しながら進めていかなければならないのである。外部者として筆者のように研究所員然として、地域の空気に顧慮を払わぬような抜かりがあってはならないと思う。

　実際、S集会所には先遣部隊として、非常勤の職員や研究生しか派遣しなかった。そういう遠隔操作のような出発であった。しかも、あるデイケア卒業者の父親であるK氏は熱心に、この集会所の整備に力を貸してくれた。家族会の会長でもあるK氏はメンバーの尊敬を集めていた。そして集会所の改造や、

（注6）谷中輝雄「ソーシャルサポートネットワークの確立を目指して」『インターフェースの地域ケア──語り合い、響き合い、共に生き、創り合う』やどかり出版、1995年、33頁。

清掃に手を貸してくれ、メンバーも喜んで手伝うといった光景が見られた。筆者は忙しさにかまけて一切をK氏にお任せしてしまった。もう故人になってしまったが、筆者としては、寂しく、かつ何か本当に申し訳ない思いで一杯である。SVRとして、その先遣部隊のことを十分知っていたか、十分な配慮を払ったかと問われると忸怩たる思いになる。もっと必要な助言はできなかったかと問われれば、できるはずがないといわざるをえない。率先して清掃に出かけることもなく、壁紙貼りや草刈りをしに行かない姿勢で、SVも何もなかったであろう。何か開き直ったような言い方になってしまい、関係者には言葉もない。

　地域におけるソーシャルワーク活動とは何をどうしたらいいのかということに戻るが、上述したようにとにかく挨拶から始まり、挨拶に終わるとしか言いようがない。その地域の住人になる必要はないが、その地域の特徴や人々の関心のありかを察知する鋭敏な注意力が必要である。

　筆者の住む東京都杉並区の精神障がい者の事業所がわが家のすぐ近所にあって、筆者はそのNPO法人の理事長を拝命している。月に一度運営委員会があって、会計報告、通所者の状況を含め現状報告、活動・行事予定、その他が話し合われる。事業は食堂と喫茶の経営である。常勤のソーシャルワーカーが4名、他に地域からのボランティアが数人助勢してくれている。立地条件はよく、都道に面していて、細い路地との角にある瀟洒な店構えである。看板に可愛らしいさくらんぼの模様がついており、目立っている。昼時とか午後3時前後は結構町の人たちが立ち寄ってくれ、メンバーと職員が用意した食事や喫茶を楽しんでくれている。

　運営委員は民生委員、地域の主婦、工務店主、元YMCAの主事、筆者と5人である。所長は保健師で非常勤である。この保健師と筆者がもともとの知己で、「こういう作業所があればいいが……」といった話しをしていたのが実現した。開設して12、3年になる。筆者はソーシャルワーカーとして、日常業務

にはかかわっていないが、運営委員会委員長として、主として管理的な側面でお手伝いにあたっている。たとえば、東京都にNPO法人化の申請に主任ソーシャルワーカーと一緒に出かけていったり、区役所に開設挨拶に行ったり、大家さんとの交渉にあたったりしている。とくにソーシャルワークの技法を使っているわけではなく、ごく当たり前の日常挨拶に始まり、感謝の辞をもって終わるといった成り行きである。ただソーシャルワーカーとして、地域施設になることを切に願ってその実現に気持ちを注いでいるのである。

　毎年一泊旅行を実施するが、そういう時は必ず同行する。筆者のことを知らないメンバーと知り合う機会であり、筆者にとっても普段の運営委員会によく出てくる名前のメンバーが「ああこの人だったのだ」と確認できるよい機会である。もちろん、筆者は旅行を楽しむ。指導者としての役割は負わせられていない。メンバーとはほどほどの付き合いを経験するときである。

　昨年10月には、静岡県伊豆半島の根元辺りにある土肥温泉に一泊旅行を実施した。2日目は駿河湾フェリーに乗船、清水港から日本平まで旅程を伸ばし、Jリーグクラブハウスの「清水エスパルス ドリームランド」を訪れた。メンバーと共にいること自体が筆者の張り合いであった。この程度メンバーと付き合えば、職員やボランティアのSVはできるのではなかろうか。現在通常の形のSVはとくに行っていない。事新しく行う必要を感じない。通常の月1回の運営委員会でその機能を少しずつ果たすことができていると思うのである。

参考文献

・加藤正明、石原幸夫編『精神障害者のデイ・ケア』医学書院、1977年
・高木四郎『児童精神医学総論——児童相談の理論と実際』慶応通信、1964年
・高木四郎『児童精神医学各論——児童相談の諸問題』慶応通信、1970年

・松永宏子ほか著、柏木昭編『新精神医学ソーシャルワーク』岩崎学術出版社、2002年
・谷中輝雄『精神障害者生活支援の理念と方法』やどかり出版、1996年

第 IV 章

スーパービジョンの方法

1 | 個別スーパービジョン

　SVの方法は多様であるが、中心的なのは面接方式による個別SVである。もともと、SVはSCWの援助技術の考え方や方法を基本においているということができる。それは、SVRとSVEが対面でコミュニケーションが図れるという大きなメリットがあるからである。SCWは、歴史的な変遷はあるが、クライエントの個別性や自己決定を尊重し、ありのままに相手を受け止め（受容）、クライエントの能力を引き出し、社会資源を用いて問題解決を図るものである。SVは実践理念的にも方法論的にも基本的には同じ考えであるということができる。

1.1　スーパービジョンの設定要件
　　　（対象者、担い手、期間、場所、費用、SV会議等）

▶ SVの対象者

　原則として、社会に出てソーシャルワークを担っている人たちが対象者となる。

▶SVの担い手

　原則として「同一職種」であることが不可欠の条件である。なぜなら、ソーシャルワーク特有の「生活モデル、自己決定の尊重、人権擁護」などを総合化した実践視点や価値観に立つことが重要だからである。

　個別SVは、おおむね、担当事例等への「かかわり」に焦点をあて、双方向でより良い援助を見つけ出していく協働作業である。その際、SVRはSVEを尊重し、慎重に傾聴に徹し、信頼関係を形成しながら支持的にかかわっていくことが重要である。そのためには、原則として職業上の同一性が前提となるのである。

　ただ、ソーシャルワーク領域におけるSVRについては、現状では、日本精神保健福祉士協会を除き特定の資格制度がない。協会認定制度も面として各地をカバーするものには至っていない。そこで、実際には、国家資格取得者で一定程度の現場経験を有するものなどがそれにあたっているのである。

　なお、精神保健福祉士法には、主治医があるときにはその「指導」を受けるという規定（法第41条2項）がある。それは、医療情報を主としたコンサルテーションを受けるという意味であり、精神科医がソーシャルワークの担い手のSVRになるということは、この意味でもありえないのである。

▶SVの期間

　SVは、原則として、SVRがSVEのニーズにこたえていくものである。そのため、期限を設ける必要はない。しかし、SVの中心を占める相談業務の流れを考えた場合、おおむね1年単位で一区切りをつけるほうが効率的であろう。そこで、あらかじめ目的確認などに一定の調整時間とり、開始と終結の時期を明確にし、原則として1月に1回、10～12回を1クールとするのが望ましい。また、SVの時間は1回につき、1時間～1時間30分程度が適当である。

▶SVの場所

　SVの場所は、一貫して使える特定の部屋が望ましい。(前提としては、密室化、ハラスメントなどへの配慮が必要である)。

▶SVの費用

　SVの費用については、規定はない。しかし、原則としては、個別SVとGSVに差別化を図るとか、教育機関付属の職場外の場所の場合は、卒業生に優遇措置をとるなどしている例が見られる。さらに、SVEの経験年数により、費用を区分している場合もある。

　精神医学、心理学、作業療法などの領域では、職場外でSVを受ける場合には、費用を払うことが一般的である。

　いずれにせよ、SVは一定の神経を使う総合的な作業であり、SVEやSVRの動機づけを高め、SVRの役割意識を高めるためにも費用設定は必要なことである。ただし、そこには透明性や公平性が担保されなければならない。たとえば、SVRがSVEの大学時代の教師であるとか、プライベートな人づてにSVRにたどり着く場合も少なくない。それらのことは、信頼関係を深めSVRを豊かなものにする可能性を秘めているが、同時に、もたれ合いや縦の関係になり、初期の目的から逸脱するリスクも考えられる。その意味では、透明性や公平性を保つために、定例的な「SV会議」などの場の設定が必要である。

▶SV会議

　SV会議の目的と意義は、SVの効果と限界をSVRとSVEが最大限に共有できるようにすることにある。その目的を達成するために、個別SVの場合はとくに、SVが密室化したり、2人の関係性に埋没したり、そこで起きた問題が潜在化しないようにすることにあるといえよう。

　実務的には、SV会議を2か月に1度ぐらいの割合で開催することが望ましい。そこには、SVRだけではなく、事務をはじめとする関係スタッフが同席

し、個別SVをはじめとした、各SVのプロセス管理を行うのである。

そこでは、SVRの実施結果報告、SV上の課題の提起と解決に向けた討議、および先輩SVRからのアドバイス、新たなSV申し込みの確認と担当割り当て、金銭管理、対外的なPRに向けた取り組み、年次報告書の作成、SVRの学びのための場の設定などが話し合われるのである。

1.2　申し込みから終結までの流れ

▶案内の方法

SVEが、SVRの専門領域や職歴などの属性やSVの内容および費用などの要件を事前に知ることは重要である。そのためには、具体的な内容のわかるパンフレットを作成するのが望ましい。パンフレットにはSVの簡単な紹介、SVRの顔ぶれと略歴、SVRが担当できる領域や方法、さらに、SVの回数、会場、費用などを明示するのが望ましい。

▶申込の方法

SVを希望する者はリーフレットの内容を理解したうえで「SV申込書」を提出する。「SV申込書」には、参加したいSVプログラム（個別、グループ、ピアなど）、氏名、住所および連絡方法、所属機関、職名、所属機関の住所および連絡方法、主な資格、職歴、SV申し込み動機・理由、現在、仕事のうえで困っていること、SVに期待していることなどを記入する。また、SVRとSVE両者の確認事項として「守秘義務および、ソーシャルワーカーとしての職業倫理綱領を遵守する」旨の表記も必要である。

▶申込書の受理からSV開始まで

SVの申し込みを受けた事務局は、SV会議を開催する。会議ではSV希望者の希望内容や領域などを検討し、SVRの選任を行う。理想的には、担当予定

のSVRが申込者にあらかじめ連絡をとり、確認を行うことが望ましい。それは、初顔合わせの場であり、そこでは、SVEが希望を伝え、SVRは希望に添えるかどうかの確認を行う。双方の合意が得られれば契約成立である。結果はSV会議に再度かける。

▶SV実施のための準備

　SVを始めるにあたり、SVRは理想的には、次のような事前確認（承認）を行うことが望ましい。①専門職としての自己評価、②SV検討事例のレジュメの作成（業務多忙のため作成しにくい場合もあるため、実際には口頭報告も可とすることもある）③SVRによるSV記録の作成（SVの様子や課題などを記録。これが、後のSV報酬の支払い根拠にもなる）、④SVの振り返り（次回までにメール等で提出する）⑤SV費の支払い方法等の確認。

▶SVの開始から終結まで

　上記の確認を経て第1回のSVを開始する。当初は、対面場面でSVEが緊張している場合が多いので、話しやすい雰囲気や言葉かけを心がける。とくに、「SVRがSVEのサポーターであること」を明確に伝え、傾聴に徹する必要がある。

　SVのプロセスは、双方の話し合いである。職場外でのSVの場合は、頻繁に行うことは難しい場合が多いので、負担の少ない頻度で設定する。時には、時間延長も考慮する。SVは担当事例（あるいは案件）への「かかわり」に焦点をあてることが中心軸であり、SVはあくまでも信頼関係に基づく支持的なプロセスである。課題解決型の現任訓練やカウンセリングではない。しかし、具体的な課題解決のための助言、アイデア提供および情報提供は心がける。

　最終回が終了した段階で、「振り返り」の日程を調整する。次のステップへの全体の振り返りと統合（改善点やストレングスの発見および自己覚知など）を目的とする。

終了後も継続してSVを受けたい場合は、その理由を明確にし、再度、申し込み手続きを促し、SV会議で「振り返り」の要点を報告し、初回申込時と同様の検討を行い了承を受ける。

1.3 レビュー

最終回に、「SVの成果」「業務における『かかわり』の変化」「自己覚知」「信頼関係」などについての、自己申告課題を出す。「振り返り」時に、これらに基づき、レビュー（振り返り）を行う。次に、実際に筆者（助川）が担当したSVEの例をもとに振り返りの実際を見てみることにする。

まず、「SVの成果」に目を向ける。全セッションを通して、双方共に多くの変化が見られたことに気づくことになる。ある施設の30歳代の中間管理者の場合、3回目ぐらいから、具体的に自ら悩みや課題について語り出した。そして、自分のこだわりや価値観が同僚とのコミュニケーション問題や職業生活上のつまずきにつながっていたことに気づいていった。SVEの語るところによれば、「SVの成果は、仕事熱心なところなど、自分のよさに気づきそれを受け取りなおせたこと、また性格上の未熟さや課題などに気づいたことである。同時に、改善策も見えてきた。自分を悩ませていた個別的な障壁がはがれ落ち自由になれたことは大きい」と。

この例でもいえることであるが、SVEは自ら解決能力をSV以前から豊かに持っていたのである。SVEは時間をかけてそれらを認識しなおしたのである。一方、SVRは、このSVEから、SVにおける「ストレングスの発見と支持の大切さ」をあらためて学んだのである。

▶業務における「かかわり」の変化

　職場における役割意識は人一倍強いほうであった。誰よりも早く出勤し、すべての入所者の生活状況をチェックすることが自ら課した業務のひとつであった。また、「利用者主体の尊重」というソーシャルワークの視点に価値を置き、それを職場の実践原則にしようとしたことは評価できるのであるが、やり方に問題があったようである。とくになかなかそういう考え方を受け入れていない「目障りな」ソーシャルワーカーがいたのである。ソーシャルワーカー同士だったのでなおさら気になっていたのである。しかし、SVを通じて、それが抵抗や逆問題提起であることに気づいていった。要は「一方的にかかわりすぎていた」のである。5、6回目から「協働」といった言葉を多用するようになった。そして、要求通りに動いてくれない同僚に対する要求水準を下げるようになり、早朝出勤もやめ、他の職員に一定の業務を任せ報告を受けるようになった。さらにGSVを試みるなど、中間管理者としての「かかわり」に関しては、個別対応を減らし、合同会議を開くことなど新たな試みを実行に移していった。

▶自己覚知

　SV後半3回は2時間を超えることがあり、内省的な話題が多くなっていた。たとえば、「自分は負けず嫌いである。それは、幼い時からの実兄との葛藤に原型がある」と言い出した。「実兄は両親の希望の星だった。私はいつもその比較の中でひがみながら育ったような気がする。一流の大学を出た妻と結婚したのもそういう劣等感を補うためだったような気がする。でも最近、妻からがんばり屋のあなたを見ていると自分を見ているようだ。もっと、自分たちの時間を大切にして生きていこう。ゆったりやってゆこうと言われた。自分は能力のない人間なのに、がんばってここまできた。だから、能力がありそうな人ががんばらないのを見ていると、いても立ってもいられなかった」と。

　実際その後は、家庭でも、仕事の上でも、以前よりは気長に対処できるようになったという。

▶信頼関係

このSV事例では、一定程度、信頼関係が形成されたと認められる。1回も休みがなかった。また回を重ねるごとに、内省的になり、少しずつ打ち解け、課題の両面が見られるようになった。SV全体を通して、自ら多くのことを語れるSVEだったので、SVRとしては傾聴に徹し、ナラティブやストレングスの受け止めなどに集中できたことは大きな収穫である。このことは何よりこのSVEにとって大きな意義があった。SVEが求めていたものは、業務遂行上の課題の形をなしていたが、本質的には自己再評価、再確認だったからである。

2 グループスーパービジョン

医療・保健・福祉機関あるいは施設において、個別にせよ集団にせよ、方法としてのSV体制がとられている施設・機関は少なからずあるであろう。しかし残念ながらその実態についてはあまり知られていない。日本精神保健福祉士協会では、生涯研修の一環として、SVR研修が実施されていて、ソーシャルワーカーとクライエントとの「かかわり」は実践の場面でいかなる性質のものであるべきか、そこに必要なSVRとしての実践理念とは何か、等を普段の指導経験を振り返り、吟味することを中心に研修を実施している。ここで、指導経験とは必ずしもSVを意味しない。その中にはOJTといった、現場で随時行われる指導をも含むからである。そこではSVR-SVE関係の存在の有無は問われない。

東京都医療社会事業協会では、筆者（柏木）が1965（昭和40）年に創設した集団体制で実施する病院・診療所あるいは福祉施設外SVが現在まで継続して実施されており、少なからぬ参加者が得られている実態を見ると、わが国の医療・保健・福祉現場では、同一専門職種のSVR-SVE関係は、実質的な機能としては、いまだ普遍化している状況とはいえないのではなかろうか。ちなみに同協会ではSV研修を実施していて、その報告書を毎年度毎に刊行している。[1]

2 グループスーパービジョン

　本節では機関外研修としてのGSVについて詳述することとする。筆者は聖学院大学総合研究所の事業の一環として、関東都県のソーシャルワーカーに向け、GSVを実施している。同時にこれも研究所の事業としてI県においても、GSVが行われている。

　第I章にもふれたが、GSVは、10名内外のグループの構成員（以下、メンバー）からなる集団の中での討論による研修の一形態である。毎年度当初、メンバーを募集し、10名程度の人員が集まったところで、メンバーを決定する。

　メンバーは当番制で、各回ごとに1人のメンバーが事例を提供し、討議の資料とする。討議資料は事例でなくてもかまわないが、「かかわり」の検討なので、やはり実際に担当したクライエントとのかかわりを報告することが通例となっている。

　GSVには実践の原理ともいうべき仮説がある。グループではこれに基づいて討議が進められる。この仮説については後述することとする。報告者は担当する事例を発表する。すでに終了した事例でも、現在進行中のケースでもそのいずれかについては問わない。筆者がSVRである。これも既述のように、グループダイナミクスの作用により、募集によって集まったメンバーの帰属感と、そこでの参加意識、ならびに許容性の共有により、自由な発言ができるようになる。参加者は現場実践を少なくとも1、2年を経てから参加するのが好ましい。

2.1　グループスーパービジョンの目的

　GSVの目的は、グループダイナミクス（集団の力動性）を通してクライエントとのかかわりの検討により、ソーシャルワーカーとしての自己覚知を積むことである。報告者は担当する事例を発表する。SVRは同一職種としてのソ

(注1) 東京都福祉保健局医療政策部編「医療ソーシャルワークの解決技法」『医療社会事業従事者講習会報告書』No26、平成21年度、東京都福祉保健局、2009年。

ーシャルワーカーでなければならない。SVRを含め、グループの構成員は倫理規定を遵守し、当事者について守秘義務を守ることが課せられることは当然である。またGSVに提供する事例の提出は、必ず当事者の了承を得ることを条件としている。

　ここで自己覚知とは、自己自身についての認識、理解をいう。もう少し敷衍するならば、単なる自己理解ではなく、福祉実践におけるクライエントとの「かかわり」の中で、無意識的にあるいは潜在意識として、「自分に特有な傾向としてある」と自覚している認識をさす。専門職者としての自らの考え方や行動を統御する専門性の一部である。言い換えれば、専門職者としての職業的自己認識である。

　一例を紹介する。Ⅰ県在住のソーシャルワーカー10名に向けた研修事業であるが、参加資格は経験満1年以上のソーシャルワーカーで、人数は10名である。月1回、年間10回開催する。第1回はオリエンテーションである。GSVの目的は、クライエントとのかかわりにおける自分自身の実践をクローズド（閉鎖制）グループに参加することによって、自己点検を試みることである。方法は毎回1人ずつ事例を提出することとし、報告時間は1時間弱をあてる。その後約1時間あまりを自由討議とする。

　報告者はソーシャルワーカーとして、クライエントと、どのような「かかわり」を持ったか、を中心に事例を説明する。当日の報告者は、資料を用意する。おおよそA4用紙3、4枚程度である。資料には、「事例提出の理由」を冒頭に記述し、次に「事例の概要」として、本人当事者の①基本情報、②紹介経路、③疾病・診断名、既往歴等、④現在の身体的・精神的状況、⑤生活歴、⑥家族構成・経済的状況等が記述され、その後、「ソーシャルワーカーがかかわるようになるまでの経緯」が述べられる。続いて、「報告者のかかわり」が月日を追って、記述される。内容としては、当事者をめぐる事態の概要、当事者とソーシャルワーカーの「語り」の交換、またそのときの感想等を記録することとと

している。最後に担当者としての「総括」を記述し、報告書を閉じる。

　GSVの中の討議では、事態がどう推移したか、問題が解決したかどうかや、クライエントの人生への向かい方がどう変化したか等は二の次とし、主にクライエントとソーシャルワーカーがどういうかかわりを持ったか、に焦点があてられる。報告者としては援助過程が行き詰まったから、この先どうしたらいいのか、助言を求めるというような期待感を持って臨むと、当て外れになるであろう。

　報告者だけではなく、参加メンバーは「グループの中で」、さまざまな気づきや気持の変化を経験する。さらに、グループの中で、「ここで、いま（here and now）」の思いや考え方が、GSVの鍵概念（key concept）となっている。つまりグループの中での「ここで、いま」の自らの思いを、発言することが課せられるのである。全員発言が原則である。SVRはもちろん、参加者は報告者や他のメンバーの人格を尊重し、その発言に傾聴する。

　このGSVの実践における「事例提出」および「感想」の例は第Ⅷ章2.2にあるので参照されたい。

2.2　グループスーパービジョンの意義

　筆者が東京都医療社会事業協会において、1965年（昭和40年）にGSV事業を創設してから今日に至るまでの長年の経験から得られたGSVには、3つの仮説が生まれている。これは研究仮説ではなく、毎年度実施されるGSVの原理に等しい仮説であり、すべての既往の検討会に適用され、それなりのSV効果を挙げてきていることは、数百人の同協会メンバー中の参加者から証言として得られるであろう。つまり毎回のGSVはその証しそのものなのである。

> ### GSVの3つの仮説
>
> **仮説1**
> 　グループでの力動的関係は、援助実践でのソーシャルワーカーとクライエントとのかかわりのあり方につながる。グループにあって、他者の発言をきちんと聴くことができ、時々刻々のグループの変転や、発言するメンバーのそれぞれの気持を受け止めることができるならば、実践現場においても、クライエントの発言を真っ当に聴き、受け止めることができる。
>
> **仮説2**
> 　グループの「ここで、いま」の状況とその場の雰囲気を受け止めることができる場合、個別、集団（デイケア等）を問わず、実践場面での同質、同様の支援・援助行為にあたることができる。
>
> **仮説3**
> 　グループ内で報告者を含め、参加者SVEの想像力と注意力が動員されれば、実践的経験につながる。

2.3　グループスーパービジョンの方法

(1) GSVのプログラム

　GSVは、10名内外のグループの構成員（以下、メンバー）からなる集団の中での討論による研修の一形態である。福祉現場とか医療現場といった業種はとくに問わないが、構成員は全員がソーシャルワーカーとしてのアイデンティティを持っていることが条件である。

(2) グループの進め方

　合計年間10回の討議を通して、必ず１回は報告者として、自らがかかわった事例を提供することとなっている。毎回１人ずつ事例提供を行い、報告時間は１時間弱とし、その後約１時間、自由討議による意見交換を行う。第１回の討議はオリエンテーションにあてる。

2.4　まとめ

　GSVは、事例報告者にとっても単なるケース検討としてではなく、いかなる「かかわり」をクライエントとの間に持ちえているか、自らが自己自身についていかなる行動様式をもってクライエントと向かい合っているか等、自己洞察の程度の向上を図るうえで、自らもまたグループの他の参加者にとっても与える影響の大きい討議ができる。

　またその場での発言は、単なる感想や批判ではなく、グループその場での発言と他者の意見を傾聴したうえで、理解したかどうか、また自らの発言が他者に正しく受け止められているかどうかについて、個人の発言をグループの理解に反映させながら、討論を進める。いわば提供事例そのものの内容を点検したり、今後の進め方を討議したりするのが、主たる目的ではなく、さながら提供事例はそのグループの力動性の「呼び水」の役目を果たすものといっていいであろう。

　SVRは極力発言を抑制する。SVRの発言は間々グループの進行の邪魔になる。SVRは構成員の自由な発想を保障するものであって、一方的な教示を行う役割から解放された行動をとることができなくてはならない。

　以上の意味で、GSVは機関外研修の一環として有効な方法であると結論づけることができる。

3 ピアスーパービジョン

3.1 ピアスーパービジョンとは？

　ピアスーパービジョン（以下、PSV）は、同僚など同様の課題を持つソーシャルワーカー同士が人為的に集団を形成し、相互に専門性を高めあう過程であり、その形態は参加者同士が相互にSVを展開していくものである。PSVは、通常グループで行われ、グループを形成するすべての構成員がSVRであり、同時にSVEでもある。参加者同士が相互に教育的機能、支持的機能を活用しながら専門職としてより成長しあうことをめざす方法である。

　日本においては、PSVとして3種類のグループがあるといえる。つまり、1つはすでに独立したソーシャルワーカー同士によるグループであり、もう1つは新人もしくは訓練中のソーシャルワーカー同士によるグループであり、3つ目は、これら独立したソーシャルワーカーと新人もしくは訓練中のソーシャルワーカーの混合グループである。

　アメリカではおおむね前者のみをさし、ピア・グループ・スーパービジョン（peer group supervision）などと呼ばれている。ソーシャルワーカー養成課程において、一般にSVを受けながら2〜5年間の実践を行うと独立して仕事ができるようになるといわれており、これらの独り立ちしているソーシャルワーカーや、すでにSVRとしてSVを行うことのできる熟練したソーシャルワーカーが、自己研鑽として互いのかかわりについて検証し、さらなる専門性を高めあう方法として用いられている。参加者は「同僚の目」（ピアレビュー peer review）を通して互いのかかわりを検証しあいながら、専門職業上の独立性と責任性を強化することを目的としており、自主学習として用いられる場合もある（アメリカではSVは基本的に業務として位置づけられており、勤務時間内に実施することを保証している。SVRが所属機関外の場合は、所属機関が

SVRへの謝金等を保証して実施されている)。この方法はとりわけ、熟練していない新人SVRに対して、SVRとしてのスッキルアップとより良いSVを提供するための自己研鑽として有効であるとされている。

　日本においてはSVが定着しておらず、業務内に位置づけられていないために、SVを受けていないソーシャルワーカーが多く、SVRと出会うこともないまま経験を重ねざるをえないことも少なくない。新人ソーシャルワーカー同士が集まり、互いのかかわりについて、共感しながら、共に悩み、研鑽を重ねることも1つの方法として確立せざるをえない状況があったといえる。日本においては福祉現場では3年未満の離職率が8割近いといわれ、本来ならば適切なSVRによるSVとともにPSVが実施されることが望ましいのだろう。

3.2　ピアスーパービジョンの意義

　ソーシャルワーカーはできるだけ早い時機に独り立ちできるようになることが望まれる。そのためにSVを受けるのであるが、そのことがSVRへの依存を強化し、逆に独り立ちを困難にしてしまうという課題が一方で生じていた。SVの目的は、ソーシャルワーカーが「自律性」(autonomy)を獲得し、自らの創意で業務が遂行できるようにすることである。ソーシャルワークにおいてソーシャルワーカーの創造性を開発し、自律性の獲得をめざすのであれば、ソーシャルワーカーに対してより多くの自己指向self-directionを許容しなければならない。[2]

　PSVは、前述したとおり初心のSVRの依存性を克服するとともに、一方でSVによる訓練等が必要としているニーズを充足するという一種の二律背反を克服する方法である。それは経験の多少に差はあれ、ピアグループであるがゆ

(注2) Mandell, B., The "Equality" Revolution and Supervision, in *Social Work Supervision*, Edited by Carlon E. Munson, The Free Press, 1997, p. 323.

えに「自己指向的」である。

　また、PSVにおいても参加者はSVの3つの側面、つまり管理的、教育的、支持的なプロセスを体験することになるが、これらの体験はSVEであるソーシャルワーカーや学生が体験しているSVを併行して体験することになり、SVEの立場から見える世界、感覚、認知、感情などをより理解することができるのである。そのことはSVRとして次なるSVに反映され、より良いSVを展開する学びとなる。つまりSVRとSVEを同時的併行的に体験することにより、SVの質の向上へとつながるのである。

　このようにPSVの意義として、1点目はSVEのSVRへの過度な依存に対する防御、2点目としてSVRとSVEの支配服従関係からの解放、3点目としてそれらの関係への安住に対する意識化、4点目としては、SVRがSVE体験をすることによりSVEへの理解を深化させることでより質の良いSVを提供することが可能となること、などが挙げられる。PSVは自律性と責任性を兼ね備えた独立したソーシャルワーカー育成への足がかりとして必要なプロセスであり方法であるといえる。

3.3　ピアスーパービジョンの条件

　PSVと個別SV、GSVとの最も大きな違いは、特定のSVRが存在しないことである。SVRの代わりに集団自体がSVの体験をもたらすのである。

　PSVではグループメンバーの能力を認め、かつ、それを相互に利用するということに利点がある。つまり、ピア（同僚間）とはいえ、訓練中のソーシャルワーカーは熟練者の経験を利用でき、熟練したソーシャルワーカーはまだ十分な経験を持たない人の感じ方や考え方から、経験を重ねるなかでマンネリ化し、いつのまにか諦めてしまっている課題について新鮮な疑問として投げかけられたり、見過ごしがちな日常についてあらためて新鮮な目でとらえなおす機会を得る。このようにPSVでは、経験的知識を媒介にしてグループの中で起

こるダイナミクスが複雑に働き、活用していくプロセスである。

　これらのダイナミクスが十二分に働き、活かされることが重要となる。すなわちPSVのための条件は、参加者はそれぞれ経験や熟練の度合いに違いはあろうと、あくまでも対等平等であるということである。[3]参加者相互が対等平等であるということは、同時にPSVの運営やその過程に関してそれぞれ責任を負うということになる。このようなピアグループとしての集団を維持するためには、参加者相互の尊重と尊敬が前提となる。もしもそのような共通認識が保たれないなかでPSVを展開した場合には、たちまち各自が競争心を激化させたり、参加者相互で権威を傷つけられまいと、防衛的になり、衝突も起こりうるだろう。

　PSVにおいては、参加者がそれぞれ多忙ななか、時間と費用を割いて集っている者同士であるということ、謙虚に自己の限界を知り、そしてより良いサービスを提供したいと思う人々であるということを認識することが大切である。

　このようなことを知ることによって、グループの目的を共有し、その目的に向けて協働して達成しようという雰囲気が育まれる。PSVにおいては、SVRがいないということを除けば、ほぼGSVの原理原則や方法が適用されるが、PSVの焦点はSVのプロセスにはたらく複雑なグループダイナミクスの理解にある。

3.4　ピアスーパービジョンの具体的方法および留意点

　PSVにおいては、毎回あらかじめ司会者（ファシリテーター）を決めておくことが望ましい。司会者は対等性・平等性の原則から輪番制をとることが多い。また、会場の手配をする担当、会計等の担当など役割がある場合は、担当

（注3）Hamlin II, E.R. & Timberlake, E.M., "Peer Group Supervision For Supervisors", *Social Casework*, Feb. 1982, p. 87.

が偏らないように、なるべく多くの参加者がそれぞれを分担するように互いに配慮しあう必要がある。あくまでもグループ維持の責任は司会者ではなく、PSVの参加者一人ひとりにある、ということをはじめに申し合わせ、常に共有しておく必要がある。一部のメンバーが権威やパワーを持つようになるとピアグループとしての対等性・平等性が保たれなくなり、PSVの焦点であるグループダイナミクスが有効的に働かなくなる。

　PSVの素材として、事例へのかかわりの検証がある。自らのかかわりを事例として提示し、ピアグループの中で互いに振り返る機会を持つ。事例の提供者については担当をあらかじめ決めておき、輪番制をとる。

　個別およびグループへのかかわりの検証のほかに、福祉実習担当としてのSVRが事例提示担当の場合には、SVEが担当するクライエントへのかかわりのほか、SVEへのかかわりやその成長についても焦点をあてる。また、実習先と大学間の連携の問題や、学生と実習先とのマッチングの問題などもPSVの素材となりうる。

　PSVの展開の仕方という主要な目標は、PSVの場で作用するダイナミクスの理解であり、参加者相互間でクライエントや学生（SVE）に対する感受性を磨き、経験を共有することにある。

　また、PSVにおいては、常にピアグループの活動が参加者のモチベーションへの欲求を十分に満たしているか否かについて評価する機会を設けていることが大切であるといわれている。

▶PSVのルールおよび留意点

　ピアグループの中で、最低限のルールや留意点を定め、グループメンバー一人ひとりが心がけることが、PSVを効果的に運営していくために大切なことである。

　以下、心がけるべきルールと、グループ運営上の留意点について、塩村らの整理を引用し、紹介する。

3 ピアスーパービジョン

○心がけるルール

①同じような価値観を持ち、しかもアプローチがさまざまな仲間が集まるのがよい
②決まりを明確にする：人数（8人以下）、時間、場所、時間配分、プロセス等を決めておく
③グループへの貢献・役割を明らかにする
④互いに何を期待しているかその違いを明らかにする
⑤SVEとして何をグループから求められているのかを明らかにする
⑥SVプロセスが各メンバーにとってどうであったかについてフィードバックする時間を各会設ける
⑦定期的（3か月ごとなど）に約束ごとなどを見なおす機会を持つ

（塩村公子『ソーシャルワーク・スーパービジョンの諸相』より[4]）

○グループ運営上の留意点

①メンバーは自分自身が感じたことを直接的な表現でフィードバックする
②特定のメンバーを非難、中傷しない
③自分の意見に対する他のメンバーの意見を傾聴する
④互いの考えや価値観を尊重し、認め合うようにする
⑤特定のメンバーばかりが発言しないように互いに配慮する

（塩村、同上書；植田寿之「スーパービジョンの方法」より[5]）

(注4) 塩村公子『ソーシャルワーク・スーパービジョンの諸相——重層的な理解』中央法規出版、2000年。

(注5) 奈良県社会福祉協議会編『ワーカーを育てるスーパービジョン —— よい援助関係をめざすワーカートレーニング』中央法規出版、2000年、28-40頁。

4 スーパーバイザー支援

4.1 日本におけるスーパービジョン導入の経緯

　本章では、まず日本におけるSVが導入された経過を簡単に振り返っておく。残念ながら日本の多くの社会福祉の現場においては、必要性は指摘されているものの、いまだSVのシステムが定着しているとはいえず、専門職団体ごとに現場のニーズを踏まえたSVRの養成が行われている途上であるといえる。このことは後述する。

　第二次世界大戦後、連合軍総司令部公衆衛生福祉部および日本政府顧問として、アリス・ケンヨン・キャロル女史（Alice Kenyon Carroll）が国際連合社会事業部より1949年12月に来日し、宮城中央児童相談所において実地指導を行っている。早坂ことや板橋登美が監督福祉司に任命され、ここでSVを始めている。当時はSVの管理的な面を重視していたが、それが人事管理や勤務評定と混同されないための工夫や、統計と記録の書き方の改正によりSVをしやすくするなどが検討された。

　しかし、SVが制度として確立されていなかったことや、官僚的な事務職が専門性を重要視しない傾向があり停滞していった。ソーシャルワーカーの心理面に入り込み自己覚知を促進することには、ソーシャルワーカーに抵抗があったとしてSVの支持的機能の発揮は、わが国では困難であると板橋は考察している。[6]

　1951年より同志社大学大学院でケースワークを教えていたデッソー（D. Dessau）は、日本において早期からSVに取り組んだ一人である。日本の学生の教育やケースワーカーを対象に行ったSVについて、1970年に『ケースワー

（注6）板橋登美「地方での実践に徹して」『社会福祉研究』No.75、1999年、68-69頁。

クスーパービジョン』を執筆した。デッソーは、SVの実施において精神分析的な知識を理解させようとしたが、この時代にはその意図を理解する者が少なく、自分自身を省察することに抵抗が強かったようである。しかし、この時代にSVの教育的機能や支持的機能を持ち込んだ功績は大きいといえよう。

以上のように、わが国においては、1950年代からSVが1つの方法論として導入されてきたが、社会福祉の分野に対しても精神医学や心理学の影響が強かった。そのため、導入当時のSVは、困難事例のクライエントの心理的な分析や評価、援助や処遇方針が中心であったと考えられる。ソーシャルワーカーの専門性を深化させるというより、SVEの援助能力の向上やSVを受けたいという個別ニーズを充足させる側面が大きかったと思われる[8]。

一方で、1951年に福祉事務所制度が創設され、生活保護指導職員制度として「査察指導」という形態でSVが制度化された。これは、いわば日本で唯一の制度化されたSVであるといえる。しかし、査察指導員は社会福祉の専門職ではないため、実質的には被保護者の処遇や業務上の不十分な点を監督指導する役割であった。この状況は現在もほとんど変化しておらず、とくに生活保護ケースワーカーの現場経験さえ持たない公務員が、役職上、査察指導員（SVRとも呼称される）と名乗っているにすぎないため、実際に生活保護現場にソーシャルワークのSVが定着しているとはいえない。

4.2 スーパーバイザーの養成の課題

このように、日本で唯一の制度化されたSVは、実際にはソーシャルワーク専門職によるものではなく、前述したようにソーシャルワーカーのSVR養成

(注7) D.デッソー（上野久子訳）『ケースワークスーパービジョン』ミネルヴァ書房、1970年、124頁。

(注8) 福山和女編著『スーパービジョンとコンサルテーション』FK研究グループ、2000年、3-4頁。

は主に各専門職団体の任意の取り組みによって行われている。ソーシャルワーカー養成課程においても必修科目の援助技術論の中でSVについて学ぶ機会はあるが、この段階では多くの学生はソーシャルワーカーとして働いた経験がなく、SVの意義を、実感を持って理解することは難しいと考えられる。しかし、ひとたび現場に就けば自らの専門職としての実践には絶えず検証が必要であると感じ、SVRを求める声は少なくない。

　たとえば、柏木昭は、精神保健福祉士法成立後に「精神保健福祉施設・機関に対する精神保健福祉士養成訓練に係る厚生省の指導が望まれる。また同時に日本精神保健福祉士協会（日本PSW協会）に対しても実効性のある体系的研修制度を早急に整えることが期待される。具体的に言えば実習指導者の資質が必ずしも高いとはいえないことにかんがみ、指導者研修等が国や精神保健福祉士協会あるいはその共催により実施されることが緊急に望まれる」と、指摘している。これは、当時議論され、カリキュラム改正に至る議論の中でも注目された「現場実習」のあり方への提言でもあったが、それと連動して専門職団体が担うべき現任者への卒後教育の責任を、国と連携して始動すべきであるとの指摘でもある。すなわち、国が国民に対する社会福祉のあり方をどう考えるか、その姿勢を問うているのである。専門性を有するソーシャルワーカーによる確かな援助を保障しようとするならば、国家資格取得後とはいえ、さらなる研鑽を重ねる仕組みは法的に位置づけられてよいのかもしれない。このことは、2012年度からスタートすることになっている社会福祉士認定制度の検討と関連させて後述したい。

　一方、SVRになるソーシャルワーカーが育たなければ、実際にソーシャルワークの領域にSVを定着することはできない。そこで、本節ではまずSVR養成の課題について、実習SVRと現場SVRの2種類に分けて整理する。

（注9）柏木昭　「精神保健福祉士のスーパービジョンおよび研修の体系化に関する研究——精神保健医療機関および社会復帰施設等における実習指導に関する調査」平成11年度厚生科学研究費補助金（障害保健福祉総合研究事業）。

(1) 実習SVRの養成

　社会福祉士と精神保健福祉士の資格取得のために必修となる実習を指導する者は、それぞれ資格登録後の実務経験が3年以上あることに加え、厚生労働大臣が定める講習会を修了しなければならない。このことは、第Ⅱ章2.4でも述べたが、ここで少し詳しく検討しておく。

　この講習会のプログラムは、両資格では若干の違いがあるものの、実習指導概論、実習SV論、実習指導方法論（プログラミング論、マネジメント論）等の講義科目および演習で構成されている。

　この措置は、社会福祉士で2009年度（平成21年度）から、精神保健福祉士で2012年度（平成24年度）からと、それぞれの養成カリキュラムの改正を経て最近始まったばかりであるが、たとえば以下のようないくつかの課題が各養成校協会の協議会等で指摘されている。

　1つは、社会福祉の現場に働くソーシャルワーカーが実践に自信を持てず、人の指導を引き受けられる自信もないため、講習会を受講しようとしないということ。もう1つは、受講のために職場を休むことや、受講の費用を捻出することが困難なことである。

　受講しようとする者が少ないという問題は、とくに社会福祉士において顕著に指摘されている。背後には、業務の専門性に対する雇用主の無理解も存在すると考えられるが、現場のソーシャルワーカーが後輩を育て、後輩の学びを支援することに対する専門職としての責任性の自覚が乏しいこともあるのではないかと推察される。

　2010年度（平成22年度）から経過措置として開始された精神保健福祉士の講習会は、現在のところ受講希望者が多数であるが、受講者の所属機関の偏り（医療機関の所属者がその他の施設・機関に比べて倍以上を占める）が見られ、今後年数を経て課題が出てくる可能性は否定できない。

始まって間もない取り組みでもあることからデータは少ないが、筆者（田村）は精神保健福祉士の本講習会の企画・運営を統括する立場から、この講習会を受けることで実習生のみならず後輩や部下のソーシャルワーカーに対するSVもしっかり行っていく自覚が向上し、SVに関して学ぶ良い機会になっているという声を、受講者の多数から聞くことができている(10)。

　ここで着目したいのは、こうしたSVに関する学習の機会を初めて得たという声が少なくないことである。学んでいないことを実践することは経験主義に偏らざるをえず、または消極的になると思われ、そのままソーシャルワークの現場においてSVを実践できる者の少なさに連関する課題といえるであろう。

(2) 現任者のSVRの養成

　現場で働くソーシャルワーカーに対してSVの機会を増やせるように、SVRを養成する取り組みは各専門職団体が行っている。これは、専門職としての資質を担保することが団体としての責任でもあり、そのために現任者に研修・研鑽の機会を提供することと併せて、指導的立場を担う者の養成も責務であるという認識に基づく。

　たとえば、日本精神保健福祉士協会では、2004年度から「認定スーパーバイザー養成研修」を実施している。現在は、3日間の講義と演習を経て、合格した者が約1年間のSV実践に臨み、中間と最終の2回のレポート審査を経て、最後に1日間の講義と演習で構成される全プログラムを修了することで、同協会の認定SVRとして登録することができる仕組みである。認定SVRには、各所属地域でのSVの実施や都道府県精神保健福祉士協会等での研修講師等の責務が課され、5年ごとに更新研修を受講し実践報告をしなければ登録を継続することができない。

(注10) 精神保健福祉士の実習指導者講習会は2010年度（平成22年度）に全国11か所で実施され、1000名以上の修了者を出した。

このような長期間のプログラムで丁寧にSVRを養成することは、会員の会費で運営する専門職団体の力量では困難も伴うが、現在は財団法人社会福祉振興・試験センターのリーダー養成研修の助成金を得て運営している。この機会を活用し、多数のSVRを創出したいというのが同協会の方針であるが、大きな課題となっているのは受講者が少ないことと、認定したSVRのその後の実践に格差があることである。

後者はSVRの所在地の地域特性や職場環境にも関係する課題であり、一概には議論できないが、受講者自体の少なさ（例：2009年度：10名、2010年度：10名、2011年度：8名）は、全国に1万人以上存在すると推計される現任の精神保健福祉士のSVニーズに見合うものとはいいがたい。今後は実習指導者講習会の修了者の中に、SVニーズを自覚し認定SVRをめざす者が増えることを期待している。

4.3　スーパーバイザーの支援に関する実例

聖学院大学人間福祉スーパービジョンセンターでは、SVR支援制度を設けている。これは、後輩や実習生の指導的立場からSVを行っているソーシャルワーカーの、SV実践における省察とSVRとしてのさらなる成長を支援するために設けられているものである。希望者のニーズに即して個別でもグループでも実施できる。方法はソーシャルワークにおけるSVと同様であるが、そこで扱われる話題がSVの実践に特化し、その目標はSVRとしての営みに、より自信を持って取り組めるようなサポートをすることである。

以下、スーパービジョンセンター顧問である柏木昭の記述をここに紹介する。

「福祉系大学で、スーパービジョンセンターを持っているのはおそらく本学だけであると思われるが、事務的なバックアップがきちんとしており、SVの場所の便宜なども含めて、まったく至れり尽くせりの支援がなされ

ており、講師謝礼も予算計上されている。

　2009年から個別SVが始まっている。人数はきわめて少ないが、個別SVで、延べ6名、うち5名は終了している。不思議なことに本センターのホームページを見て静岡県から参加したソーシャルワーカーが3名あった。いずれもベテランのソーシャルワーカーで、病院や施設に勤務している人たちである。場所は本学と聖学院本部事務局（駒込）会議室である。3名とも終結している。

　GSVは、2010年から埼玉県近辺（東京、千葉、神奈川を含む）の福祉のあらゆる領域のソーシャルワーカー10人の参加のもと、GSVを行っている。2011年度は2回目であるが、構成メンバーは10名中1人だけが個別に回った。私がその個別SVを引き受けたが、昨年すでに終了している。GSVは埼玉県男女共同参画推進センターで行っている。このグループには本学人間福祉学科卒業生が参加しており、なかでも大島知子は常時リーダー役として、また世話役として物心両面での支援を惜しまず、参加してくれている。

　また同じく、総合研究所人間福祉スーパービジョンセンター所管の事業として、2010年からＩ県在住の一般ソーシャルワーカーに対するGSVを開始した。人数は10名、開催場所は金沢市在、ワークプラザますいずみ（就労継続B型事業所）である。

　このグループにも本学卒の岡安努と、大学院修士課程を修了した岩尾貴が参加し、グループ形成に力を貸してくれている。この両者は、現にすでにＩ県で、リーダーとしてまたSVRとしての役割を担っている人物である。SVRとしての位置づけにある人たちがGSVに参加してくることには大きな意義がある。つまりグループの中での自己点検の機会を活かして、本来SVRとは何か、その役割とは何かの学習を享受しながら成長していくのである。（詳細は第Ⅷ章）

　現在行っているGSVの原型は柏木が1965年に開始した東京都医療社会

事業協会のGSVの形式を継続的に踏襲しているものである。形式としては65年から一貫して、変わることのないグループ（参加者10名）による事例検討の形をとっている。しかし内実は本書Ⅱ章2の田村の記述にあるように、ソーシャルワーカーの援助経過や、クライエントのニーズを満たすための援助方法などを誘導することを目的とした協議ではなく、主として、毎月交代で報告者を決め、自らが担当する事例を発表し、ソーシャルワーカーとして、いかにクライエントとのかかわりを持っていたかの自己点検ができているかを、SVの対象としている。SVRも1メンバーとしての意見の開陳を行うが、それは指導者としての発言とは種類を異にしている。"されど"SVRであり、どうしても指導的発言と受け取られる傾向は否めない。ざっくばらんな発言を試みているが、自分としても居並ぶ参加者の一員としての発言とはやはり違うようなニュアンスがあることは気がついている。

　本来SVRとはSVEでもあるのである。」

　最後の一文に意味深い示唆を覚えるが、これは柏木の言葉にもあるように、SVRもまたSVの実践を通じて自らを省察し、成長する機会を得ているということの暗示であろう。そうであるとすればSVR支援とは、SVRであるソーシャルワーカーが、SVRという権威性に固執するあまり自己の立ち位置を見誤ることなく、SVEにソーシャルワーカーとして寄り添い伴走することができるように側面から支える営みといえるのではないだろうか。

4.4　スーパーバイザー支援の課題

　ソーシャルワークの領域ではSVを受けたいという声はあってもSVRにアクセスできないことや、本来SVRであるべき経験年数や立場にあるソーシャルワーカーが自信のなさからその任を負わないなど、現状ではSVを根付かせる

ためにはSVRを支援する仕組みが不足していることが指摘できよう。また、いまだソーシャルワーカーの間で、ニーズはあってもSVを受けた経験の乏しいSVRが多数を占めることも事実である。このことに鑑みると、SVの業務上の位置づけや、SV実践がソーシャルワーカーとしての評価につながる仕組みなどもSVRを支援するうえでの今後の課題といえるであろう。

　これらの課題を踏まえ、まずは先に述べた聖学院大学人間福祉スーパービジョンセンターのような取り組みが各地で増えていくことが期待される。また、専門職団体や大学などの教育機関によらない形で、SVR相互の情報交換や相互研鑽の機会が主体的に形成されることも、SVRの自律性の観点からは期待したいところである。

参考文献
- 相澤譲治『スーパービジョンの方法』相川書房、2006年
- 黒川昭登『スーパービジョンの理論と実際』岩崎学術出版社、1992年

第 V 章

ピアグループの効用および課題

1 ピアグループの構造

1.1 ピアグループとは

　ピア peer とは、『新英和中辞典』(研究社) をみると、「(名詞) 1. 同等の者、同僚、同輩、仲間、2. 貴族、(動詞) じっと見る、凝視する、熟視する」とある。他の辞書でもおおむね同様であるが、加えて「対等な者」「同等者」「集団の中の別の人と、等しい立場である人」とある。つまり、ピアとは、対等、同等であることを前提とした仲間を意味する。

　それらのピアが構成するピアグループ peer group とは何か。『新英和中辞典』(研究社) では、「同輩グループ、仲間集団 (年齢・地位などが等しく、同一価値観を持つ社会学上の集団)」とされる。

　これらを本書のテーマであるソーシャルワークおよびSVの領域に置き換えると、ピアグループとは「対等、同等であることを前提としたソーシャルワーカー (もしくは社会福祉現場職員) 同士を構成員とする人為的な集団」と定義することができる。

▶〈平等性・対等性〉ということ——「消費–提供論理」から

　ピアグループの中核的価値である『対等性』について、「消費 (consume)

151

－提供（provide）論理」から論じたい。私たちは日常的に買い物をしたり、医療を受けるなどの消費者としての立場と、企業や所属機関に対しては労働力を提供したり、また人の手伝いをするなど、提供者としての立場を意識するまでもなく繰り返しながら生活をしている。つまり、常に提供者であったり、常に消費者であるのではなく、ある場面では、または関係性の中では提供者もしくは生産者になり、ある場面や関係性の中では消費者になることを無意識に繰り返している。さまざまな関係性の中で生きているがゆえに、成立しているバランスでもあり、消費と提供をさまざまな場面で無意識のうちに使い分けている。SVの場面においては、SVRは、一義的にSVEへSVというサービスを提供する側にある。これはSVRはSVというサービスの提供者providerであり、SVEは消費者consumerということができる。しかしながら、このバランスを欠くとさまざまな葛藤が生じ、過度な依存やパワーレス状態に陥る等のさまざまな反応が起こる。これを解消すべく本能的に求めるのが〈対等〉な〈仲間〉の存在である。

　たとえば、精神科病院へ数か月もしくは年単位で入院をする人は少なくない。その間、これまでの生活歴における関係性が断たれ、家族と病院関係者のみの関係性となる患者、場合によっては家族との関係も断ち切れている者もいる。病棟ではある固定的な役割（患者役割）、つまりサービスの受け手としての役割や、誰かの世話になる役割のみに限局されていく。役割は関係性の中で決定されていくものであるとすれば、狭められた関係性の中では、限られた役割しか生成されず、精神障がい者の場合はサービスの受け手としての役割に徹するしかなくなるという構図が浮かび上がる。精神障がい者が地域の中で暮らしていると、おのずとさまざまな関係性の中で生成される消費者役割、生産・提供者役割のバランスが、このような狭められた関係性の中では保てなくなることがある。この場合、一方的に消費者としての役割が過大となり、提供者としての役割が極端に小さいか、もしくは無い場合は、自らの存在価値や存在意義を実感できる具体的な役割を持つ関係性も、機会すらも与えられることがない。

それによりパワーレス状態に陥り、希望を失い、自己効力感は減退する。このようなパワーレス状態に陥っている人に、もしもさらなる支援を提供したとしたら、それは消費者役割をさらに強化することになり、ますますパワーレス状態に陥らせることになる。そこで対等な関係性への欲求が生まれる。これらは高齢者や児童、他の障がいにおいても同様である。

消費−提供関係のバランスを欠く逆の例としては、対人援助者および専門職者においては、提供者役割が過大で、消費者役割が極端に小さくなる場合がある。その場合のその後の展開として次の2通りに分かれる。1つは、提供者役割として行っていることに、報われるような良い成果・結果が得られる、もしくは対人関係においては信頼関係が構築される場合である。この場合は、自己効力感が向上し、エンパワメントにつながり、より提供者役割への動機づけが強まる。逆にそれらが「思うような」結果が得られない、もしくは頑張っているのに成果が見られないと感じるとストレスが増大し、燃え尽き（バーンアウト）という現象を生み出す場合もある。このように消費−提供関係バランスの崩壊は、サービス提供者である専門職者らが陥りやすい事象でもある。同じ思いを共有している仲間同士の支え合いを求めることはごく自然なことといえる。

たとえが長くなったが、つまり消費−提供バランスが個人の生活のトータルとして保てなくなったときに、その不均衡を修正しようとする力がおのずと働き、「対等性」を求め、「仲間」と集う欲求と力を生むと考えられる。SVにおいては、SVEはクライエントとの関係においては提供者役割が増大するが、SVRとの関係の中で消費者役割をとることで均衡を保とうとする。SVEのかかわるクライエントは数十名いるので、その均衡をSVRに求めようとすれば、SVR-SVE関係はたちまち依存関係へと発展していく。SVR-SVE関係の中での消費−提供バランスが過度に偏ることにより、SVEの自律性や責任性をかえって奪いかねない要素を多分に含んでいるのである。

そこで、相互に同様のソーシャルワーク課題を持ち合わせる者同士が、『対等』な仲間として、緩やかに「もちつもたれつ」の関係性をつくりながら、と

きには提供者役割（SVR）になり、ときには消費者役割（SVE）になることによって、自らが選択することのできる自由度を持った位置取りが可能であることが重要となる。消費-提供バランスが不均衡になると、人は、『平等性・対等性』を求めて、互いに包み、包まれる場（トポス）を求めるのである。SVにおいては、まさにPSVがその場といえる。

▶ 〈当事者性〉ということ——経験的知識の視点から

　ピアグループは、前述の〈平等・対等性〉に加えて、〈当事者性〉によってグループの信頼感と凝集性が高まる特徴を持つとされる。

　〈当事者性〉とは何かという論議をさまざまな領域の研究者や実践家、もしくは障がい等まさに生活のしづらさを経験する「当事者」らが展開している。ここでは「経験」をキーワードとして論じることとする。

　〈当事者〉という言葉が用いられるようになったのは、それまで保健・医療・福祉領域においてクライエントは支援の計画や検討をするうえで常に「蚊帳の外」に置かれていたところから、クライエントを中心にして、すべてのプロセスにおいて本人が不在にならない支援を協働のうちに行うとする考え方が広ってきたところからである。その中で、クライエントはまさにこの課題の「当事者」であることを位置づけ、そして専門職が意識化を図るべき言葉として使われるようになった。

　しかしながら、あらためてこの「当事者」とは誰か、ということを問い直すと、その境界線はあいまいである。クライエントの生活課題に対する支援は専門家との協働によるものであるから、クライエントにかかわる支援者も家族も環境もその課題に対する「当事者」であろう。保健・医療・福祉に関する課題として取り上げるのであればなおさら、いわゆるクライエントのみではなく、専門職者やかかわるすべての人々が「当事者」ということになる。

　たとえば、子育て中の母親や、がんなどの同病からの回復者同士は、時間と場所を設定し、しばらくするといつのまにか互いにつながり合い、ピア・サポ

ート・グループとしての結束力および凝集性を高めていく。これらの接着剤の役割を果たしているものが、個々の「経験的知識experience knowledge」である。SVにおけるピアグループにおいても同様である。参加者はそれぞれのクライエントとのかかわりの経験を持ち、そこでのかかわりに悩み、課題を感じ、何とかしたいと解決を求めてきているという「経験」が共有されているのである。このように、ある「経験」をしている者(「当事者」)が、同様の「経験」をしている他者と「経験的知識」を媒介にすると、おのずと共感しあうことのできる性質を持っていることを〈当事者性〉ととらえることができる。

ソーシャルワーカーにとって「経験的知識」を共有できる場は非常に限られている。ソーシャルワーカーをはじめとする専門職者には守秘義務が課せられており、仕事上かかわったクライエントのことについて、クライエントの了承を得ている支援チーム、もしくは必要のある連携機関以外では他言することが法的に許されない[1]。SVにおいてもクライエントの了承を前提としているが、自らのかかわりを振り返るために話すことを許されている唯一の場がSVの場である。その意味でもSVは対人援助の専門職者にとっては重要な機能を果たす。なかでもピアグループでは「経験的知識」が他の参加者の参考になったり、勇気を与えるなどのダイナミクスが生まれる。失敗体験と思っていたマイナスの「経験」が、語りを通して他者に届いたときに、他者にとって役に立つプラスの「経験」に転じる場合も少なくない。それによって語りを提供した参加者も、語りを受け取った参加者も共にエンパワメントされるのである。

(注1) 社会福祉士及び介護福祉士法第四十六条（秘密保持義務）
　　　社会福祉士又は介護福祉士は、正当な理由がなく、その業務に関して知り得た人の秘密を漏らしてはならない。社会福祉士又は介護福祉士でなくなつた後においても、同様とする。精神保健福祉士法第四十条（秘密保持義務）精神保健福祉士は、正当な理由がなく、その業務に関して知り得た人の秘密を漏らしてはならない。精神保健福祉士でなくなった後においても、同様とする。

1.2 ピアスーパービジョンの要素と機能

　ピアスーパービジョン（以下、PSV）は、前述してきた〈平等・対等性〉、〈当事者性〉をその固有性を引き出す要素として、参加者同士がグループダイナミクスを活用しながら、いわゆるSVの支持的機能を発揮して参加者のエンパワメントに貢献する。そのことは、すなわちより質の良いかかわりへとつながるものである。これらの要素を持ったPSVが支持的機能を強化することができる構造について述べる。

　ピアグループでは、「経験的知識」を接着剤にして、お互いの経験や思いを共有することができる。それはPSVにおいて、〈当事者性〉によって互いに受容し、共感する営みが次々と生起してくるからであるということができる。〈当事者性〉によって十分に話を聞いてもらい、受容と共感を得られると感じると、人は、安心感と共に本来持つ力が発揮されるようになる（エンパワメント）。エンパワメントされたSVE同士が、互いの経験からより良い支援のあり方について、提案や意見を述べ合う。SVRに頼ることもできず、同様の課題を持ち合わせる〈平等・対等性〉を前提とした参加者同士であるピアグループの中では、自身が考え、判断する意識をおのずと持つようになる。SVの中でSVRへの依存が間々認められる個別SVとは異なり、徐々に独り立ちしていくための自律性と責任性が増強されていくことも少なくないであろう。

2　ピアグループの効用

（1）共感による支持的機能の強化

　参加者の中に、SVRが存在しないため、過度な緊張感を抱かずに親しみやすい雰囲気で意見交換ができる。そのため、ありのままの自分を開示しやすく、多様な面から理解しあいながら、参加者同士高めあうことができる。とくに、同じような時期に採用された同僚は、わからないことや不安に感じていること

などが共通することも多く、課題やニーズも共有できる存在となりえる。

　PSVは厳密な意味でのSVではないが、SVの機能に強調される支持的機能が、期せずして発揮される場であり、SVが受けられずにいるソーシャルワーカーにとっては、孤立感、無力感からバーンアウトに至るのを防ぐうえで、きわめて有効な機能といえよう。

(2) SVRとの依存関係への回避

　SVEがSVRとの信頼関係を深めていく一方で、SVRはSVEとクライエントとのかかわりに責任を持つ立場から依存関係に持ち込まれる場合は少なくない。たとえば、常に面接後にSVRの指示やアドバイスを受けなければ判断ができなくなったり、またSVRの模倣を繰り返すあまりに独自に創造的なソーシャルワークが展開できなくなってしまうなどである。これは当然、SV関係における検討課題であり、SVRの指導の質が問われなければならないことは言うまでもないが、SVEが独り立ちしていくためにピアグループのダイナミクスは有効である。互いが対等、平等の立場で、参加者相互がSVRでありSVEであるといった関係性の中で、自律性と責任性を醸成していくダイナミクスが充分に活用されうる場である。個別SVやGSVと併用しながら、徐々に依存関係から解放され、独り立ちできるためのプロセスとしても活用される。

(3) 自律性と責任性の育成

　SVEがソーシャルワーカーとして独り立ちしていく要件として、自律性と責任性を持ち合わせていくことが求められている。SVにおける自律性とは、専門的および組織的役割遂行能力であり、具体的にはニーズ志向のアセスメント、状況や課題の認識・理解、判断に基づき、創造的に計画作りや実践を行うことであり、そこでは他スタッフと連携することができることが含まれる。SVRによる模倣的学習から創造的学習へと移行をさせながら自律性を養うのである。特定のSVRがいないなかで相互にアイディアを出し合いより良い支

157

援を考えていくPSVは、まさに創造的学習であり、自律性を育む効果的な方法である。

　また、これまではSVRが支援における責任を担っていたところから、独り立ちをするためにはSVE自身が自らの支援の責任を担っていかなければならない。PSVは特定のSVRが設定されていない代わりに、参加者相互に責任性を享受しあわなければならない。その経験の中で徐々に責任性を育んでいくため、移行プロセスとしてPSVは効果的な方法である。

3 ピアグループの課題

　PSVの場合、公私にわたって互いを知り合っている場合も多く、そのことがより互いの理解を深め、より本人にとって適切なSVへとつながる場合もある一方で、バウンダリーと倫理の課題を意識することが重要となる。仕事なのかプライベートなのか、自分の課題なのか相手もしくは同僚の課題なのか、境界がはっきりせず、混乱に陥る場合は少なくない。プライベートな関係の中では、ついつい愚痴や上司や同僚の悪口が中心的な話題になってしまう場合もあろう。大切なストレス解消ではあり、情緒的にサポートを受けることは重要なことであるが、それだけに終始してしまうと「より専門性を高めるためのSV」という目的が見失われる可能性もある。このような状況に陥り、互いにそのグループの課題に気づいても、熟練された援助者や特定のSVRがいないために、混乱した課題や問題が軌道修正されにくいという面もある。これらの課題も含めて、グループメンバーに対する尊敬の念を持ち、また、集う時空間から生み出されるグループダイナミクスを信じ、支え合いながら、混乱した糸を一緒にほぐし、解決していくプロセスのうちに、ソーシャルワーカーとしての専門的な技術と創造的実践力が身についていくものである。

参考文献

- 相川章子「スーパービジョンの形態（第2章2節）」助川征雄・相川章子・田村綾子『福祉の現場で役立つスーパービジョンの本――さらなる飛躍のための理論と実践例』河出書房新社、2012年
- 浅野正嗣「スーパービジョンとコンサルテーション、ケースカンファレンス（第1章第1節4）」『ソーシャルワーク・スーパービジョンの実践入門』株式会社みらい、2011年
- 黒川昭登「コンサルテーションと同僚間スーパービジョン（第十二章）」『スーパービジョンの理論と実際』岩崎学術出版社、1992年
- 福山和女「スーパービジョン研修の現状と課題」『ソーシャルワーク研究』第19巻第3号（1992）
- Kadushin, A., *Supervision in Social Work*, Second Edition, Columbia Uniersity Press, 1985
- Neustaedter, E., "The Field Supervisor as Educater", *The Journal of Social Casework*, 1948 Dec.

第Ⅵ章

チームワークとスーパービジョン

　ソーシャルワーカーは、多くの場合、所属機関の内外に同職種・異職種を含めて他の専門職者と連携や協働しながら利用者の支援にあたっている。そこでは時としてチームワーク、すなわちチームとしてクライエントにかかわる意識の自覚やチーム内での方針の共有と各専門性に基づく役割分担がなされ、無二の支援を可能とすることもあれば、チームワークの不備、不調からクライエントへの不利益をもたらしかねないリスクもある。そして、こうした連携や協働がうまくいかないことがSVのテーマになったり、SVEのかかえる困難や不満の背景にチームワークの不調が存在したりすることもある。

　第Ⅰ章4でもSVの対象としてSVEの置かれている職場環境への視点が重要であることを述べ、以下のような分類を提示している。

　　一人職場：職場にはソーシャルワーカーが1人しか配置されていない場合。
　　多数職場：ソーシャルワーカーが同一部門に多数配置されている場合。
　　他職種が上司：上記のいずれにおいても、ソーシャルワーカーを管理監督
　　　　　　　　する上司が他職種または専門職ではない場合。
　　多職種チームの協働：上記のいずれにおいても、多様な職種がチームを組
　　　　　　　　　　　んでいる場合

　いずれの場合においてもソーシャルワークの性質上、ワーカーはしばしば所

属機関を越えて他機関とも連携し、各利用者に合った形でいわゆる支援チームを形成したり、そこにマネジメントの役割を担って参加したりすることもある。このような場合にも「チームワーク」の良し悪しが支援の質を左右するばかりか、そこに参加するチームメンバー一人ひとりの士気にもかかわってくる。

　本章では、チームワークとSVについて、筆者（田村）がこれまでに出会ったあるSVEとのSV場面を紹介しながら論じてみたい。なお、このSVは継続中であることから、個人が特定されないような一定の加工を施した上でSVEに提示し、掲載の承諾を得たものである。本章では、その中からとくにチームワークがテーマとなったレポートを取り上げる。

──────────── 個別SV例 ────────────

SVEの紹介

　SVEは、福祉系の大学を卒業後、同県内にある精神科病院に精神保健福祉士（以下「PSW」）として就職して8年目である。病院は入院と外来、デイケアを併設しており、外来では家族療法や催眠療法などいくつかの特殊専門療法も実施していることから、県外からの来院者も少なくない。PSWはSVEを含めて4人いるが、SVEの上司を除いた2人は新人である。新人が入ったことで、これまで4人いる臨床心理技術者（以下「CP」）との同部署で所属長はCPであったが、PSWが1年前に相談室として独立した。

　SVEは入院病棟も担当しているが、外来で医師（以下「Dr」）、訪問看護師（以下「Ns」）、CP、作業療法士（以下「OT」）等とチームを組み、家族での受診者等に定期的な面接相談を実施することが多い。

　職場内ではPSWのみでの勉強会の他、定期的にDrの主催によりCPやOTとの合同の勉強会も実施されており、また院外への研修の機会も比較的得られている。SVEがSVを希望したきっかけは、このように複数の研

鑽の場を持っているものの、多くは職場およびその周辺でのものであり、より多角的にソーシャルワーカーとしての自己を見直すために社会資源や地域特性も異なる遠方に出かけ、個別SVを受けたいと考えたことによる。

SV実践の紹介

　SVはおよそ1〜2か月に1回でSVEは飛行機を利用して上京し、宿泊を伴うこともあるが、1回1時間半〜2時間以内で実施している。契約の経過等は省略するが、現在2年目に入っており、毎回SVEが持参する丁寧なレポート（1000〜1200字程度、タイトルにSVEが話し合いたいと考えているテーマが具体的に記載されている）をもとに行っている。

　SVEがかかわっているのは両親と娘の3人家族で、母子分離を目的としてCPとSVEが親子平行面接を行っており、SVEは母親との面接を毎月1回担当している。娘は高校時代から視線恐怖があって精神科受診を開始しており、現在は大学に在籍しているが人の目線が怖いといって外出しなくなり、事実上の休学状態である。母親は、高校教諭で学年主任を務めており、教育熱心で娘のことをスクールソーシャルワーカーにも相談している。父親はサラリーマンで多忙を理由にあまりかかわらないが、夫婦仲や父子関係は悪くない。

　SVEは、母親に、娘に対する否定的な感情も含めて率直な気持ちを吐き出してもらうことを援助目標に据え、主として傾聴に努める面接を行っているものの、半年間ほど経過したところで、主治医やCPから掲げられている『母子分離』という目標どおりには進展していないことに不安を感じていた。時折、CPと双方の面接内容を情報交換していたが、CPも一向に外出しない娘に行き詰まりを感じているのかあまり芳しい情報が得られず、とにかく母親には娘の進路に口をはさませないようにしてほしいと言うのみであった。

　ある日、娘が大量服薬による自殺未遂を図り救急搬送されて入院した。

母親が「大学に行く気がないなら、もう退学してはどうか」と言ったことがきっかけになったらしい。付き添ってきた母親からは自責的な言葉は出なかったが、SVEはそれがかえって気になった。しかし、娘が入院したことにより主治医の判断で親子平行面接は中断されることになり、SVEは母親と面接する機会がなくなってしまった。ただ、娘の入院は1～2か月程度とのことなので、退院後は再開することになっている。再開までに、「母親の気持ちを理解して行う面接の持ち方について再考しておきたい」というのがSVに持参した理由であった。

(SVEは、SVにレポートを持参するにあたり、毎回、各クライエントに了承を得ているが、本項ではさらに個人が特定されないように複数の事例を組み合わせて加工している。)

1 スーパーバイザーの役割

　たとえば、上記のようなテーマを掲げてレポートを持参したSVEに対して、SVをどのように進めることがSVRの役割になるかをまず検討してみたい。言うまでもなく、SVRの役割とは、SVEに寄り添い、その不安感等を受け止めながら、SVEがソーシャルワーカーとしての「目」を見開き、専門職としての成長の「芽」を伸ばしていくプロセスに、「問い直す」作業をしながら伴走することである。「問い直す」というのは、SVEの語りに耳を傾けながら、わかったつもりにならずに確認することや、SVEの用いる言葉の意味を正しくSVRが理解できているかどうか、安易に解釈してしまっていないかどうかなどを注意深く確かめることである。以下にこれをいくつかの切り口から詳述する。

(1) SVEが考えていることを知る

　SVEは状況の中にあって知っていることも多いため、レポートに記載する事柄はSVに必要であるとSVEが考えている最低限の情報である。一方、SVRはSVEから語られる言葉とレポートだけが頼りであるから、この段階ではSVEとSVRの理解している事柄には落差が大きい。そこで、SVRは行間を埋めるようにしてSVEに質問を繰り返しながら、SVEが理解していることや考えていることの多くを知る努力を行う必要がある。

　この時に留意すべきなのは、質問の焦点はあくまでもSVEであって、SVEが持参したいわゆる"事例の当事者"に関するものではないということである。

　そして、こうした質問を受けることはSVEにとっても状況を再整理することになり、この段階でも見落としていたことや、言語化できない漠然とした思いの存在に気づくことがよくある。

　本事例では、SVEが親子平行面接というかかわりに対してどのような導入場面を持ちえたか、すなわち『母子分離』という援助目標を掲げるに至った経緯を1つのポイントと考えた。それは、後段に「主治医やCPから掲げられている『母子分離』という目標通りには（以下略）」という記載があることから、この目標設定にSVEは参加していないのではないかと考えられるためである。実際、SVEは前任のCPが退職したことに伴いPSWであるSVEが母親面接を引き継ぐことになっていたこと、その際にすでに面接の目標は定められていたということであった。

(2) SVEの不安や不満の背景を探る

　本事例では、SVEは目標通りに面接が進展していないことに不安を感じていたという。

　この不安は一体どこからくるのであろうか。

　SVRの想像として、少なくとも母子分離ということを母親自身が希望して

面接に来院しているとは思えない。とすれば、母子分離というものがうまく進展しないことにより、SVEの不安は、主治医やCPから期待された役割をうまく果たせていないことによるのではないかと推測できる。まず、この推測についてSVRは尋ねていくことになる。

　一方、なぜSVEは、母親から率直な気持ちを吐き出してもらうための面接という位置づけにしたのだろうか。そして、実際に母親からはそうした気持ちが語られたのか、そうだとするとSVEはそのことに対してどう感じているのだろうか。あるいは、母親の語りにはそうした感情が見られないのかもしれない。自殺を図ろうとした遠因に母親の言動があったかもしれないという記載、そのことに母親が自責的ではないがSVEには気になるという記載、こうした記述もつなぎ合わせながら、SVEが母親とどのようにかかわり、どのようにその気持ちを理解しているのかをもう少し聞かなければならない。

　SVRは、SVEに「何が不安なのか？」といきなり尋ねるよりも、母親との面接でのやり取りやそこから感じたことなどを先に聞いてみた。SVEによれば、母親は、娘の煮え切らない態度に苛立ちもあるが本人の人生なので進路は自分で決めさせようと思っていることや、大卒だけがすべてではなく、自分の好きなことを見つけて生き生きと暮らしてくれたら良いと思っていることなどを何度か口にしていたという。そのことをとうとう母親が娘に直接伝えたことが、娘を傷つけることになり自殺未遂に至ったのだろうか、とSVEが感じているとのことであった。

　この時点で、SVRは、「母親と娘の母子分離とは、DrやCPは具体的にどういうことを言っているのだろうか？」と問いかけた。SVEは、「そう言われてみると自分にもよくわからない」「よく考えてみると、母親は娘のことは娘が自分で決めたらよいと繰り返し言っていた」と面接場面を思い返しながら何かに気づいた様子であった。

(3) SVEのソーシャルワーカーとしての思いを確認する

　先にも述べたように、母子分離は主にDrとCPによって立案された治療者側の一方的な目標であり、母親にはそのことが伝えられておらず、またSVEもこの目標設定には参加していなかった。しかし、SVEはチーム医療を意識していることから、DrやCPとのカンファレンスに同席し、チームとしての援助目標の達成に向けた自身の役割を果たそうとしていた。さらに、娘が入院したことにより、親子平行面接が中断され、SVEと母親との面接場面がDrによって停止された形になっている。ここでSVEの職場環境に鑑みると、SVEの所属する相談室はこれまでCPを所属長とする1つの部門であったため、CPとPSWの関係性にも暗黙の上下関係の存在が想定できる。

　次に、母親の希望と異なりクライエントとは共有されていない援助目標、娘の入院による面接中断の指示といった状況にあるSVEのジレンマを検討する。ジレンマとは、SVEが思いと裏腹な行動を余儀なくされ、困惑している事態と言い換えてもよい。SVEは母親の気持ちに思いを寄せ、何とか他の方向へのかかわりを持ちたいと考えているのではないだろうか。このことは、SVEのレポートの末尾にある「母親の気持ちを理解して行う面接の持ち方について再考しておきたい」ということからも推察できる。

　SVRは、ここでSVEのソーシャルワーカーとしての思いに話題を焦点化していく。その端緒となるのは、SVEのレポート中にある母親との面接でのSVEがめざした姿勢に関する言及である。なお、上記したように、母親がSVEに娘に対するマイナス感情めいたものも率直に話している様子はすでに語られているので、SVEがめざしたことは一定程度達成されていたのではないかということも付加し、SVEにいま感じることを語ってもらうのである。これは、SVEがソーシャルワーカーとして目の前にいたAさん（母親のこと）とどうかかわったかを尋ねることを意味する。

2 ソーシャルワーカーとしての
スーパーバイジーとスーパーバイザー

▶ジレンマを覆すSV

　多くの場合SVEの悩みや不安、不満の根底にはソーシャルワーカーとしての思いが横たわっていることは、SVRであれば経験的に知っているであろう。

　ここまでSVの経過に沿いながら、チームワークについて意識しつつ、SVRの役割を述べてきた。SV中に話題をSVEのソーシャルワーカーとしての思いに焦点化していくのは、ソーシャルワークのSVであればこそだが、筆者は、SVが同一職種での、すなわち職業アイデンティティを一にする者同士の間でのみ成立すると考えている。それは、SVを支える根幹がソーシャルワーカーとしての理念そのものであるからと言い換えてもよい。

　本事例においては、SVEは病院の受診患者の母親を、問題を語る本人としてとらえ、その気持ちを理解して受け止めようとする面接を行っていた。しかし、治療チームとしての方針は、患者である娘の病状安定のための母子分離という表現で、母親が娘に干渉することを控えさせようとしており、その任をSVEは他職種から期待されていた。ここに、SVEのジレンマが存在していたのである。

　さらにいえるのは、娘自体への治療方針をSVEは他のチームスタッフと共有できていなかったことである。つまり、娘はDrとCPが受け持ち、その治療に差し支える母親を排除する役割がPSWであるSVEに求められていたといってもよいであろう。娘の入院によって母子が物理的に引き離された段階で、母親との面接を中断する指示があったというのもこのことを裏付けている。

　職務に忠実なだけのPSWなら、もしかするとチームの期待にこたえようと、母親に娘への干渉を控えさせるような説得を試みたかもしれない。母親との面接が、娘の入院で中断することに違和感も覚えなかったかもしれない。

　しかし、このSVEは、母親との面接において傾聴を心がけ、共感的に理解

することに努めていた。そのために母親からも率直な発言が得られ、SVEは、母親が他のチームスタッフが言うような娘に対する操作的な母親ではないことを知るに至っていた。つまり、目の前のクライエントと真摯に向き合い、その求めに応じて援助しようとすればこそ、チームの援助方針とのギャップに悩まされることになったのである。SVEがソーシャルワーカーらしくあろうとすればするだけ生じる避けられないジレンマであった。

　これに気づくことでSVEは「悩んで良いんですよね」「やっぱり私はAさん（母親のこと）ともう一度会って今の気持ちを聞いてみたいと思います」と、行き詰まりを覚えていたかかわりに活路を見いだすのである。

▶チームワークの再考

　SVEのこれまでの取り組みの中で残念なのは、SVEがDrやCPらに、自身のPSWとしての意見を伝えてみる機会をつくれなかったことである。頭からチームとしての援助方針に縛られ、違和感を覚えつつも役割期待にこたえる方を選択しようとしてしまっていたのは、PSWとしての自信のなさか、チーム内のヒエラルキーによるものか、そこを明らかにしていく必要がある。そのうえで、医療チームにおいて福祉専門職であるPSWは何をなすべきかを再検討することが、今後のSVEの実践にとって有効であると考えられる。

　そこで、SVRは、まずSVEにソーシャルワーカーとしてのアセスメントの明確な言語化を求める。そのうえで、チームスタッフにそれらをいかに伝えていたか、あるいは伝えられていなかったとすればそれはなぜかを考える機会をSV中に設けることになる。

　本事例では、SVEはソーシャルワーカーとしてクライエント（母親のこと）を、受診患者の母親としてだけではなく、精神疾患のある娘を持ちながらも社会生活も精一杯がんばっている孤軍奮闘の女性として見ていたことがわかった。そして、その女性の悩みに耳を傾け、娘に対する接し方に苦慮している現実を理解し、彼女がどうなりたいと思っているのかを共に考えるかかわりを展開し

第Ⅵ章　チームワークとスーパービジョン

ていた。
　SVEは「Aさんは母親としてだけでなく、主婦としても高校教師としてもがんばっており、人に弱みを見せることがないようだった」、「私の前では泣き言も言ってくれていたので、その場を大切にしたいと思っていた」、「母親の娘を思う気持ちというのはとても強く温かいものだと感じた」とも言っている。SVRはこれらの言葉から、SVEにソーシャルワーカーの目が開かれていることを知ることができ、そう伝えた。
　では、こうした思いをなぜDrやCPに伝えられなかったのかの検討である。SVEはしばし考え込んだ後に「DrもCPも娘の治療に専念しており、自分の役割は前任者からの引き継ぎ事項だと思い込んでいた。今考えてみると、母子分離とはどういう状態をさしているのか、Drの治療方針はどうであったのかなどをきちんと確認できていなかった。CPと話し合っても、方針が明確にならず互いに行き詰っているように感じたのもそのせいかもしれない」と答えた。
　SVEは、PSWとしての自己のアセスメントをチームスタッフになぜ伝えられなかったか検討するうちに、自分でも漠然とおかしいと思っていたと述べた。そして、Drから仕事が回ってこなくなったら嫌だと思っていたこと、CPも面接に困っているようだったので、あまり話題にするのは良くないかもしれないと思っていたことなどを語り始めた。そうしたことが不全感の背景にあったと気づいたことを喜んでいるようでもあった。
　中断している母親との面接について、娘の退院までに再考しておきたいというのが本SVにおいてSVEが用意したテーマであった。そこで、SVの終息に向ける合図として、SVRはSVEにこの後どうしようと思うか、テーマについて再考することができたかどうかを尋ねた。SVEは、娘の入院中であってもDrやCPの指示等でなくてもPSWとしてAさん（母親のこと）に会い、今の気持ちを尋ねてみたいと述べた。娘が入院して以来、SVEはそれをしたいと思いながらも「チーム」に足並みを揃えることを重視するあまり、抑制的になっていたようである。そして、あらためて毎月1回面接を重ねる意味をAさん

と共に考えられるように話題にしてみたいと語ってくれた。

　チームワークとは、一方向のものではなく相互に専門性を理解し合い、尊重し合いながら異なる意見も、拠って立つ専門性に基づき対等に協議できることが基本であり目標となる。しかし、医療機関におけるソーシャルワーカーの立場は必ずしも医師等と対等とはいえない。さらに、このSVEの職場では、最近までCPが上司を務める1つの部門であったため、PSWに対してもCPと似た専門性が期待されていたという可能性も考えられる。この図式をSVEが客観的にとらえ直し、医療チームにおけるPSWとしての立ち位置を再構築するプロセスには多少の時間がかかるであろう。筆者はSVRとして、このプロセスにも伴走していきたいと考えている。

3 スーパーバイザー－スーパーバイジー関係

▶SVEの所属チームへの配慮

　SVの支持的機能を重要視してSVEの悩みを聞き、困惑に寄り添ってじっくりと向き合っていると、SVEからはしばしば「SVRに話せてよかった」、「やっぱりここに来ると安心する」といった発言を聞くことも多くなる。このような時、SVRはSVEとの間に依存関係ができつつあるのではないかと内省することが必要であろう。

　とくに留意したい点は、SVEには職場にも上司であるソーシャルワーカーがいる場合である。上司のソーシャルワーカーが何らかの理由からSVRにはなりえず、したがってSVEはSVRを外部に求めている可能性がある。そして、外部のSVRから居心地良い時間を提供されたり、自身がそこで成長できると感じられたりすればするほど、職場での上司のありように対して批判や強い要求が向かうこともSVRは目測しておく必要があるだろう。

　SVEにとって、最も身近な「チーム」メンバーは同職場のソーシャルワーカーである。そして、そこには業務遂行上、また上下関係やチームワークの形

成においても、独自固有の流儀があることをSVRは視野に入れるべきであろう。SVRは、これをいたずらにかき乱すことのないような配慮をできなければならない。そのために、SVを受けようとする際にSVEがあらかじめ職場の上司に申し出ておくことをすすめるSVRも存在するが、筆者はSVEの判断に任せればよいと考える。それよりもむしろ、SV中におけるSVR-SVE関係をどのように構築するか、依存をどう活用し、自立をどう支援するかが鍵になるだろう。

▶SVEの依存に対して

　依存は、必ずしもマイナス要因だけではなく、時として適切な依存がSVRに対するSVEの自己開示を促進し、支持的機能が効果的に発揮できることもある。たとえば、自身の業務遂行能力への不安や職場での孤立感、行き詰まりや喪失体験などからSVEが意欲喪失や気分的な低迷状態にあるとき等に依存できるSVRの存在はSVEがソーシャルワーカーであり続けることの支えになるかもしれない。

　このような時にSVRがとるべき態度は、十分に自分の語りが受け入れられているという体験を提供することである。留意すべきは、SVEのソーシャルワーカーとしてのすべてを知った気になったり、SVRがSVEに対して支配的になったりすることへの歯止めである。SVEに問い直すことを繰り返し、SVEが考えたり感じ取ったりしながら理解するという成長のプロセスを、SVRは阻害せずに、支持的態度で伴走する位置づけにある。その過程で、SVEの戸惑いや困惑、勘違いにも「待つ」という方法で付き合い、SVEとの対話中に生じるSVR自身の感情も率直に表現しながら、共に何かを発見して互いの成長の喜びを分かち合う立場ともいえる。こうすることで、SVEが自身の感情の変化や、現実認識に対する新たな発見を率直に受容し、さらに自己の内にあるジレンマや葛藤をも受け入れ、価値観を自覚しなおすことを支援できるのである。

その根底にあるのは、SVEの「語り」が受け入れられ、安心できる環境であり、それを可能にするのはSVRとの間に結ばれる人間関係である。このSV関係は、限定的な期間に結ばれるものであるから、SVRは、これをSVEがソーシャルワーカーとして成長するプロセスにおけるひとつの通過点ととらえ、その限定的なひとときを共に歩む存在であることを自覚し、依存されることを過度に恐れず、それもSVEの成長にとって必要な過程であると認識しSVに活用できるとよい。

▶依存からの自立と、チームに返すSV

　SVRに十分に受け入れられたというひとときの居心地良さは、やがて来るSV契約の終結、すなわちSVEがSVRの元から巣立つ時の原動力となるであろう。たとえば、チームワークがうまくいっていない、上司との関係に悩む、といったSVEの悩みに対して、SVRには何ができるだろうか。それはたぶん、SVE自身がその状況をあるがままに受け入れ、そこでどうありたいかを省察しなおし、新たな可能性を見いだすまでのプロセスに寄り添うことであろう。

　前述の事例でいえば、SVEはチームメンバーからの期待にこたえることを自身に課していたため、本来のソーシャルワーカーとしてあるべき態度や援助方針とは異質なかかわりに終始し、そのことに違和感を覚えていた。SVによってSVEは自身の違和感の根源に気づき、むしろソーシャルワーカーである自己を確認しなおすことで自信を取り戻しつつある。このSVEは、しかし、元のチームメンバーとの連携のもとに今後もソーシャルワーカーとしての業務を遂行していくのである。そこでは、どのようにチームの連携を維持するかが課題となるであろう。

　もし仮にSVRが、SVEの所属するチームを批判し、チームに対して攻撃的、反抗的な態度をとることをSVEにすすめたと仮定してみる。SVEはSV中にはそうした対話にも一種のカタルシスを得ることがあるかもしれないが、結果的にはそのチームで仕事をしていく日常に戻った時に何ら力を発揮できないであ

ろう。SVEは変わらぬ現実を前にしてパワーレスな状態に陥るかもしれない。このようなSVEにとって役に立たないSVは不要である。SVEはチームに戻っていくのである。

　SVRはこのことを深く認識し、SVEが一時期SVRに依存することがあっても、突き放すよりは依存関係の中でSVEが内省することを促し支え、やがてSVE自身の力でチーム内にソーシャルワーカーとしての専門性を発揮しながら居続けることができるように、SVEの成長を支援する役割である。

4 チームとの連携

　ここまで、SVで扱われるテーマとしてのチームワークについて、SV実践例を見ながら検討してきた。ここで最後に、ソーシャルワーカーにとってチームワークとは何かをまとめておきたい。

　ソーシャルワークという仕事の固有性をあらためて振り返ると、これはクライエントとの人間的で専門的なかかわりを通して、その人がどう生きていきたいかを決めるプロセスへの伴走や、望む暮らしの実現に向けた歩みへの寄り添いそのものであるといえる。

　これらのさまざまな過程でクライエントが自己を支援する者として専門職その他で構成される多様なチームを活用するということである。

　チームワークが良いほど、相互の専門性や得意分野が補完され合って利用しやすいチームになると考えられるが、時としてチームの連帯が強固であるがゆえにクライエントの意向よりもチームの意見が優先されてしまい、本人の希望を脅かしかねないということを忘れてはならない。

　このことを打開するためには、チームメンバーの一員であり中心的な存在としてクライエントを常に据えること、全過程への参加を保障することが重要である。

　SVにおいては、SVRはSVEが参画しているチームの構成を尋ねたり、そこ

で協議される援助方針が誰によって決められているか、またソーシャルワーカーであるSVEがチーム内においてもクライエント中心の視点を常に持てているかを検討することなどを通して、チームワークの良さがクライエントに脅威となっていないか点検する。また、もしそうなっている場合にはSVEはどうすべきなのか見直す機会を持つことになる。

第 VII 章

ソーシャルワークの現状と課題

　日本では、ソーシャルケアサービス従事者研究協議会という団体が「社会福祉専門職であるソーシャルワーカーとは、日本では基本的に社会福祉士と精神保健福祉士をいう」と国内外に向けて発信している。これには「国家資格保持者だけがソーシャルワーカーなのか」あるいは「国家資格を持っていればソーシャルワーカーと言えるのか」といったものに代表されるような異論もある。たとえば、佐々木敏明は「国家資格としての精神保健福祉士は、施策の推進に必要な精神障害者の社会復帰に特化した資格であり、従来の精神保健福祉領域に存在するソーシャルワーカー（Psychiatric Social Worker）は対象範囲も用いる方法も幅が広く、両者は異なるものである」と述べ、よって国家資格の養成教育がソーシャルワーク教育ではないことを指摘しつつ、ソーシャルワークの使命、価値に立ち返りながら教育することの必要性を述べている。

　筆者（田村）は、もっぱらソーシャルワークを行う者がソーシャルワーカーであると考えている。したがって、法律に規定する資格の所持者というだけで、

（注1）2009年7月に、社会福祉関係の全国17団体が加盟するソーシャルケアサービス従事者研究協議会は、ソーシャルワーカーの社会的認知を高めるために「海の日」を日本の「ソーシャルワーカーデー」として創設した。その趣意書の中で、ソーシャルワーカーを「基本的に社会福祉士と精神保健福祉士をいう」としている。

（注2）佐々木敏明「精神保健福祉士の養成課程とソーシャルワーク教育」『精神保健福祉』Vol.42, No.4、通巻88号、258-261頁、社団法人日本精神保健福祉士協会2011年12月。

ソーシャルワーク実践をしているといえない者を含めて呼称すべきではないという意見である。一方、専門教育を経ていない者を含めてソーシャルワーカーとしてしまうことも、その独自固有性や専門性を論じるうえでは腑に落ちない。

現行法にある社会福祉士や精神保健福祉士は、国にとって施策の推進のために必要な人材を、その養成課程や業務内容を規定する形でつくられたものである。しかし、ソーシャルワークが、人の暮らす場所をフィールドとし、人がその人らしく生きることの尊さを実感してその歩みに寄り添い、暮らしを支援するものであるとするならば、その営みはおのずと国策の不備を補完するような役割を持つことになろう。ことに、バブル崩壊と社会経済活動の低迷や100年に一度と称される不況、1000年に一度といわれる大災害に見舞われた現代の日本では、衣食住に事欠き生存権そのものの危機に直面する人さえ少なくない。このような社会的状況における生きづらさを象徴するように、児童虐待や引きこもり、ニート（Not in Employment, Education or Training）、中高年の自殺、無縁社会や孤独死等々の報道にふれる。自分らしく生き抜くことに困難をかかえ、社会福祉の援助を必要とする人は増加していることは当然の事態であろう。無縁社会で制度の網の目からこぼれる人々、こぼれそうな人々にこそ支援が必要と換言することもできる。

そうであるとすれば、ソーシャルワークを国家資格で規定し、国家資格制度の枠組みで養成することは、矛盾をもはらむと考えられる。こうしたことを踏まえ、本章ではソーシャルワーカーの現状と課題について、いくつかの検討すべき事柄を残すことになるが、主としてその国家資格制度や養成の課題と連関させて論じてみたい。

ちなみに国家試験の実施・登録機関である社会福祉振興・試験センターによれば、2012年3月末現在の登録者数は、社会福祉士が138,694人、精神保健福祉士が49,545人である。

1 ソーシャルワーカーの現状と課題

　2011年9月に日本学術会議がまとめた「提言　福祉職・介護職の専門性の向上と社会的待遇の改善に向けて」(3)によれば、①専門職の配置が必要とされる施設・機関に対しては有資格者を充て、労働条件の改善に努めることを国・地方自治体の責務とすること、②近年の福祉ニーズの多様化・複雑化・高度化に対応し、かつ従事者のキャリアアップのニーズに対応するため、現行の専門職制度を見直して資質をより高める方向へ改善すること、③福祉職の賃金引き上げや労働時間・環境などの条件の改善に努め、職務体系を整備して相応しい賃金体系を構築すること、を要望するとしている。

　ここからは、ソーシャルワーカーの雇用・労働環境に関する現状と課題の一端を垣間見ることができる。すなわち、資格取得が職場での待遇に直結していないこと、そのためもあり雇用環境が不安定であること、ソーシャルワーカーとしてのキャリアアップを支援する仕組みが不十分であること等である。以下、これらについて検討する。

(1) 専門職としての雇用・労働条件の課題

　社会福祉士や精神保健福祉士の資格所持者の雇用環境や労働条件に目を向けると、芳しい状況とはいえない現実が横たわっている。

　両資格ともに名称独占であることも一因と考えられるが、資格所持による専門職としての公認の度合いが低く、低賃金で雇用されている若年者が数年単位で離職する実態が少なくないことが上記提言においても紹介されている。また、雇用契約が単年度や非常勤、時間給制など、非正規採用が多いことも指摘され

(注3) 日本学術会議　社会学委員会福祉職・介護職育成分科会「提言　福祉職・介護職の専門性の向上と社会的待遇の改善に向けて」2011.9.20。

ており、これはとくに近年の需要に基づき配置が推進されている労働施策や司法領域等でこの傾向は顕著である。

　筆者の周辺では、社会福祉士より精神保健福祉士のほうが雇用条件に資格が必須とされ、資格手当を上乗せする待遇も多いという実感があるが、それでも同年代の同学歴者の中での待遇は、筆者が新卒で就職した20年以上前と比べて見劣りする印象でもある。自覚と責任を持って人々の生活上の困難や希望に寄り添い、「かかわり」を構築しながら援助の行程を伴走するには、自らの足元に心許なさをかかえている実態があり、ソーシャルワーカーの援助が途切れてしまうことや援助自体に専心できにくい環境であることは想像に難くない。

(2) 専門職としての研鑽の蓄積に関する課題

　こうした雇用実態と連動し、職場内外での研鑽の仕組みが未整備であることも同提言には挙げられている。同一職場にソーシャルワーカーが少数であることや一人職場もあり、職場における教育の機会や場面が乏しいことや研修等に参加しにくい状況から、専門性を向上させる機会を持てていないという課題の指摘である。

　他方、各専門職団体では生涯研修制度等を創設してこれらの機会の提供に貢献してきている。その前身は、日本に有資格のソーシャルワーカーが誕生する以前からの、各専門職団体（日本医療社会事業協会（1953年創設）、日本ソーシャルワーカー協会（1960年創設）、日本精神医学ソーシャルワーカー協会（現、社団法人日本精神保健福祉士協会、1964年創設）の取り組み等に見ることができる。また、国家資格制定後に創設された日本社会福祉士会でも、生涯研修センターによる研修の企画実施が始められている[4]。

　よって、同提言書が述べているように研鑽の機会が持てないということは、

(注4) 田村綾子「福祉人材と研修制度」ソーシャルワーク研究所編『ソーシャルワーク研究』Vol.35, No.1、通巻137号、34頁、相川書房、2009年。

現任者の一人ひとりの自覚の問題に帰するところがなしとはいえないが、一方で、自覚的に研鑽しようとする者に対する雇用者の無理解・無関心も問題視されなければならない。雇用環境との兼ね合いから、研修に参加する費用や時間の捻出に苦慮するという声もあることは看過できない事実であろう。

　このことは、ソーシャルワーカーという専門職が資格取得によって完結するものではなく専門職としてのたゆまぬ研鑽の蓄積によって成される、という認識を現任者、雇用者にあまねく浸透させる必要性を暗示しているのではないだろうか。

(3) 国家資格制度の持つ課題

　前記した提言の末尾には、ソーシャルワーク専門職の資格制度の再編成に関する提案も述べられている。そこでは活動領域や機能分化を求めるという意味でのスペシフィックな志向性と、ソーシャルワーク実践において共通する知識や技術というジェネリックな基盤とを関連づけた資格制度の再編成に関する構想がなされている。さらに、これらのスペシフィックな位置づけに、SV機能や、施設・機関内のマネジメント業務を担う管理者としての機能を果たせる、より上位のソーシャルワーカーを認定する必要性を説き、社会福祉士制度において2011年10月に発足した認定社会福祉士認証・認定機構による認定社会福祉士制度の意義を裏付けようとしている。

　ここであらためて、国家資格がありながらさらに認定資格を設ける必要性について検討したい。そもそも、名称独占資格とはいえ、専門教育を受けて取得した資格をもって、何故実践力が担保されないのだろうか。それは、ソーシャルワークという仕事の特質と関連していると考えられる。すなわち、固有の人間観や人生観に裏打ちされた価値を有し、人々の生活や思いの一つひとつに寄り添いかかわりながら、常に無二の援助・支援を展開するソーシャルワーカーとしての熟練は容易に成し遂げられるものではない。むしろ常に新人としての気持ちをもって目の前のクライエントに向き合い、状況に居合わせることこそ

が求められるとすれば、多様な状況への応用力の習得や多岐にわたる援助技術への熟達、多種多様で常に改正される法制度の知識の網羅などとのバランスを図りながら、専門職になり、専門職であり続けるための努力をしつづけなければならない。ソーシャルワーカーの国家資格は、そのスタートラインに立ったことを証明するものでしかないのであろう。

　一方、本章の冒頭にも述べたように、国策の推進のために機能することそのものがソーシャルワークの目的ではないことから、国によって規定されるカリキュラムさえ修めればソーシャルワーカーのスタートラインにつける、という解釈にさえも疑問の余地があるといえる。よって、国家資格は必要最低限を担保しているにすぎず、その後の研鑽こそが専門性を追究するうえでは不可欠であるとの認識を必携した資格制度でなければならないのである。

2 ソーシャルワーク教育の課題

　次に、ソーシャルワーク教育の持つ課題について試論を述べる。他項で述べたように、SVは、「ソーシャルワーカー・アイデンティティ」を共有する専門職同士で行う学びと成長のプロセスであるから、ソーシャルワーカーの養成課程がアイデンティティ教育であるという視座から現在の養成カリキュラムがかかえる課題を検討したい。

（1）教育内容の見直しの背景

　社会福祉士と精神保健福祉士の両資格の養成カリキュラムは、いずれも最近改正された。その理由は、資格法成立（社会福祉士は1987年、精神保健福祉士は1997年）の後に、わが国の社会情勢の変化により、ソーシャルワーカーの支援を必要とする人が増加したことや、そのニーズにこたえる有資格者が増え、こうした人々のニーズに応じて独自固有の働きをするようになるにつれて、養成課程では学んでいない新領域での業務も増えてきたことがまず挙げられる。

たとえば、司法、産業、教育などの領域がそれである。

　反面、資格を取得して現場に出てきた新人、初任者の力量不足により、ソーシャルワークが実践できていない現実も指摘されており、養成課程における教育内容が見直されるに至ったのである。

(2) ソーシャルワークの実践力習得に関する課題

　先にも述べたように、ソーシャルワークを必要とする人々や場面が多様化したことは、そのままソーシャルワーカーが担う業務内容の多様性に通じる。他方、養成課程での学びを始める時点で、ソーシャルワークの仕事に具体的なイメージを持つことができる者は多くない。一般的には自身のこれまでの人生経験におけるエピソードに登場する社会福祉の仕事イメージ、たとえば祖父母の高齢化と介護の問題や、学童期に出会った障がい児との交流の経験、自身が養護施設等や生活保護世帯に育った生い立ちなど、特定の体験に社会福祉の仕事のイメージを重ね、養成課程への進学や資格取得をめざす者が多いと推測できる。

　そこには個別具体的な援助実践のイメージはあっても、ソーシャルワークという、人と状況の全体関連性や環境との相互作用、生活者支援の視点での人間理解といった固有の価値に基づく接近法への理解は伴っていない。

　クライエントの自己決定の尊重といった理念、すなわちソーシャルワーカーとしてのアイデンティティをいかに醸成し、それに依拠して援助実践に具現化できるか、そのためにはどのような教育が必要なのか、これは今もって養成側における最重点課題ではなかろうか。

3 ソーシャルワークの実践力獲得の道程とスーパービジョン

　前述したような「福祉の仕事」に就くことを希望して勉強しながらも、資格取得までにソーシャルワーカーとしての実践力を獲得する具体的な訓練をする

ことが難しいのは、働く職場によってソーシャルワーカーが実際に担う実務も異なるからであるということにも注目しておきたい。たとえば、高齢者の在宅支援、児童虐待の防止、障がい者の就労支援、メンタルヘルスの相談など、それぞれにソーシャルワーカーが担当する実務は異なっている。

これらに必要な技術のすべてを養成課程で習得することは困難で、就職後に職場単位での教育がなされること、および国や専門職団体の責務として現場で働くソーシャルワーカーの資質向上のための取り組みが必要とされているが、いまだ整備途上であり十分とはいえない。

このような状況下でソーシャルワーカーとしての実践力を習得するには、学生のうちから以下のようなプロセスをたどるトレーニングが必要であるといえる。

a. ソーシャルワーカーとして重要な価値観や知識を学び、理解する。
b. ソーシャルワーカーの援助を必要とする人々や状況の実態を理解する。
c. ソーシャルワーカーが用いる援助技術や、活用する制度施策の基礎的理解を有し、その応用の必要性を理解する。
d. 理解したことを、各現場、各個人、各状況に合った実践ができるように、自分の頭で考えて行動に移す力を身につける。

aからcまでの土台がしっかり築かれなければdに進むことはできない。そして最も重要なのはdのプロセスによって習得される力である。ここを、いかに学生時代にトレーニングできるか、演習実習に重点を置いて昨今改正された社会福祉士・精神保健福祉士の教育内容の成果は、今後明らかになっていくであろう。そして、現実にはこのトレーニングは卒後教育においてはじめて成しうるものも少なくないと考えられることから、その成否の鍵を握っているのはSVであるといっても過言ではないと筆者は考えている。

まとめ

　昨年発足した認定社会福祉士制度については、いまだ全貌が見えておらず、今後の動向を注視しなければならない。しかし、現段階で筆者はこの制度には賛成できない。それは、とくに「スペシフィック」な領域とされる特定の業務や特定分野でのより高度な知識や技術の裏付けとして、この制度が活用されることは、本来ソーシャルワークに固有の視点である「人と状況の全体関連性」の観点からすれば矛盾を生み出すことにほかならないと考えるためである。果たして、虐待防止には力量を発揮するが、「専門外」の就労支援には携われない、といったソーシャルワークが存在しうるのであろうか。

　「ソーシャル」という言葉の意味を再考し、ソーシャルワークの特質について再検討すると、その担い手として枠組みをつくりシステムに当てはめるような専門職制度は馴染まないのではないか、というのが筆者の意見である。

　むしろ、そうしたものを超越したところに存在しうる〈ソーシャルワーカー魂〉をどのように育てていくか、そのことに1人のSVRとして専心したいと考える。

第Ⅷ章

聖学院大学人間福祉スーパービジョンセンターにおける実践

1 個別スーパービジョン

1.1 実践例－1

　ここで紹介する実践例の場合、月に1度、面接室において1時間30分のSVを設定し、合計20回実施した。また、3か月ごとにSVの振り返りをするために記録をとることに対し、あらかじめSVEの了承を得た。
　次に、SVEの属性（基本情報）、SVの目的、SVの経過と課題の発見および対応、SV結果を分析してみる。あわせて、「振り返り」の部分、「信頼関係の形成」、「業務における『かかわり』の変化」、「自己覚知」、「SVの成果」などの側面を再検討してみたい。

▶SVEの属性

　SVEは40代の女性。在留外国人の相談・生活支援を目的としたNPO法人を友人と立ち上げ5年目を迎える。学歴は文科系大卒業後、社会福祉の専門学校卒業。社会福祉士資格取得。知的障害者施設職員の経験がある。なお、家族は、公務員（事務）の夫と中学生の長女の3人である。

▶SVの目的

　日々のNPO活動の振り返りとSVEが援助する精神障害者本人とその家族援助の進め方を主なテーマとした。最近、在日外国人家族の相談・生活支援の中で、第三世代の不適応問題や精神病の子どもをかかえる家族が増えてきた。とくに母親への対応に苦慮しているので、よき援助のあり方を見極めたいということであった。

▶SVの経過と課題の発見および対応

①1〜3回目

　日常的なNPO活動の状況説明に多くの時間をさく。その内容は次のとおりである。S市内の友人が経営する喫茶店を拠点に、生活情報の提供、衣食住に関するさまざまなサポートをしている。ボランティアも多く公的な援助も得ており、事業は今のところ順調である。

　しかし、最近、不適応問題や精神病の子どもをかかえる家族からの相談事例が増え、どう対応したらよいか悩んでいると。複数の事例の紹介の話ととくに自分の助言を受け入れない母親たちへの不満話。他の仲間がそのような事例を全部自分に任せて協力してくれないこと。今のやり方でよいのかどうか、このSVを通じて明らかにしていきたいと。

　初回はやや緊張していたが、趣味の話や住所地が観光スポットであることなどの話を通じて打ち解けていった。2回目からはやわらかい表情でとても雄弁。大きな声でうれしそうに近況や体験を語ってくれた。SVRは傾聴に徹する。SVEのクライエントへのかかわり方については、「かかわりすぎ」であることが見て取れるが、SVEの考え方や事情を正確に理解することに集中した。

②4〜8回目

　5回目あたりから、第三世代の子弟の国籍、文化、言語、就労問題の話のほかに、とくに精神障がい者（統合失調症）の高校生をかかえる母親とのやり取

りの話に多くの時間をとるようになった。子どもは精神科診療所に通院中で、不登校、自閉的な生活を送っているという。7回目にSVEは、「子どもの発症は、母親のせいではないかと思う」と言い出す。その根拠として、激しい気性で何にでも支配的であると、多くの「証拠」を提示しながら説明しはじめる。さらに、8回目には、それらは「ベイトソンがいうダブルバインド（二重結合）セオリーに合致する」と結論づける。

SVRとしてダブルバインドセオリー（二重結合説）が出てきたことには驚いたが、それよりも気がかりなのは、どういうかかわり方をしているのかということであった。しかし、SVEの説明をさえぎらず、そんなに確信的に、少し怖い顔をして語るのはなぜなのかとなげかけてみる。仔細に、セオリーの解説をしてくれたが、SVEの思いは伝わってこない。

母親の悩みに寄り添えているか、相手の本音が引き出せているかどうか、受容できているかどうか、はなはだ心配であった。なぜ、断定的にSVEの思いを母親に伝えようとしているのか、そのあたりが気がかりであった。

③ 9〜14回目

相変わらず母親に固執し、非難が混じるようになってきた。その理由を少し考えてみようという提案をした。それらの提案に対し、「あの国の人たちは我が強く、ちょっとやそっとのことでは考えを変えようとしない。子どもが可哀想だと涙ぐむ。そのあたりの感情の表出を大切にしながら傾聴に徹する。泣いた後、私の考えやかかわり方はおかしいか」と質問してきた。逆に、「なぜそんなに思いつめたようにその母親に固執し、非難するのだろうか。どういう親だったらよいと思うか」などと質問を返した。その日は自ら、「宿題として家でよく考えてくる」と言い残し早めに帰宅してしまった。

次回から、自分の生育歴や母親とのやり取りを話題にするようになってきた。SVRとしては受容と傾聴に徹した。「なぜそのようなことにふれるのか」とやんわりたずねてみた。

SVEは「自己覚知」とか「PTSD」などの専門用語をまじえて、この話題と自分にとってのSVの意味づけを説明しはじめた。SVRとしては、SVEの母親とのかかわりが気がかりであったが、とりあえずSVEの話に向き合ってみた。それは、そこに何かがあるという予感とSVEの知的な防衛も感じとったからである。ある種の「SVの峠」にさしかかったのかもしれないと感じた。この間のSVでは、クライエントの話題よりも、かなりぎごちない物言いで、時には遠回りをしながら、だんだん亡くなった実母とのエピソードや葛藤に話の内容を変えていった。

　SVRとしては、クライエントである母親とのかかわりの検証が気になりながらも、SVEの話を傾聴することに徹した。同時に、SVEからの申し出により、小レポートを毎回受け取ることにした。そこには、実母への思いや葛藤が、4回にわたり綿々と書き連ねてあった。

④15〜18回目
　この3回は大きな変化の時期であった。基本的にはレポートに関する補足説明やその他のSVEの話を傾聴した。しかし、17回目に、ぴたりと実母にまつわる話が途絶え、クライエントである母親の話に再び移っていたのである。同時に、「なぜ先生は黙って話を聴いているだけなのか。なぜ、分析してくれないのか。ああしろ、こうしろと言ってくれないのか。まるで実母みたいだ」と不満をぶつけてきたのである。要は、支配的なクライエントに反感を感じ、娘の選択をゆるやかに認めてくれた実母にも反感を感じていたようである。この間、家族関係や家族論に関する関心も深めていたようである。そのようなSVEに対する観察結果、感想を慎重に伝えると、全体に、いらいらした感じになり、ソーシャルワーカーとして仕事を続ける自信がなくなったと暗い顔になってしまった。SVRとしては、次回の予約を確認し見守るしかなかった。しかし、次回から、このSVEの本領が発揮されることになるのである。

⑤19〜20回目

　この段階になると、自分に対する内観がどんどん出はじめた。「ひらめきで、自分の特技を活かしクライエントと『調理教室』を開いた。クライエントが誘ったとかで、3人の利用者が来てくれ、クライエントとの意思疎通もはじめて図れた。クライエントは、継父への遠慮から娘に強く生活指導をしてしまうこと、それが病気によくないこともわかっているが、実際にはうまく動けないので困っていると告白されたという。自分が思い込んでいた人とは別人のようで驚いたという。自分は人に会うのが苦手なほう。いつも母親を求めてついて回る子どもであったが、いつも不全感が残った。そういう経験から児童福祉や母子支援に強く関心を持つようになり、ソーシャルワーカーになったとあらためて思った。わかってはいたが、先生につかまりながら、ああやっぱり私は母にコンプレックスを感じていたんだ。思っていたよりもそれに足をすくわれていたんだと気がついた。クライエントのことはなにもわかっていなかった。娘の味方ばかりして、母親の事情の大変さをとらえようとしていなかった」と。

▶SV結果の分析

　このようなやり取りを通して、SVEがかかえている課題や個人的な困難解決のためのSVを続けた。合計20回のSVを経て、本人からの申し出を尊重し終結にした。次に、これらのSV過程を振り返って再検討してみることにする。

○信頼関係

　SVにとって「信頼関係の醸成」は基本的なものである。このケースでは、SVEとSVRの信頼関係は一定程度醸成されたと考えられる。振り返ると、いろいろつまずきそうになりながらも1回も休まなかった。声高に語ることが多く、知識をひけらかしたいのかな、SVRを試しているのかなと思わせるようなやり取りも多多見られた。しかし、感情をうまく出せた後は、内省的になり、前向きな取り組みも始めた。

基本的には、自ら多くのことを語ってくれる人だったので、受容と傾聴に徹することができた。SVRはどちらかといえば「お世話型のSVR」であった。しかし、この人の雄弁さ、率直さ、そして感情の豊かさに感服させられたところが多く、傾聴に徹することができたことに自分でも驚いた。SVを終え、あらためてこのSVEの可能性と人柄の良さに思いをはせられることは幸いである。

○業務における「かかわり」の変化

SVEのソーシャルワーカーとしての役割に対する思い入れは人一倍で、どちらかといえば思いのままに突進するタイプであった。いきおい、そのかかわりは、一方的で度を過ぎることや不適切ではないかとはらはらさせられるところがあった。たとえば、クライエントの娘とたびたび食事をし、密かに小遣いをあたえるなどしていたのである。また、クライエントに内緒で継父に会っていたりしたのである。

しかし、感情をうまく出せた後は、小レポートによる思いの吐露を提案し、あらたに「料理教室」を思いつくなど気を取り直していろいろなことに挑戦し、失敗や成功を経験しながら、適切な援助の方向を見いだしていったのである。

○自己覚知

SVの後半は、2時間を超えることがあった。内省的な話題が多くなってきたからである。たとえば、ライフエピソードや性格形成に関し次のようなことを繰り返し述べた。「自分は幼い時からなぜか不安で、母について回る子どもであった。しかし、実母は気性の激しい人で、怒ったと思えば優しくなるなどその起伏が激しかった。それがとってもいやであった。成長するにつれ母親や大人への嫌悪感が増した。一方では性差や恋愛への過度な憧れに悩んだ。成長するにつれ、なかなか人になつけなくなった。反面、『正義感』を発揮して、いじめに立ち向かい、人が嫌がることに積極的に取り組む傾向があった。その

結果、一定程度、人望を集めるようになり、結局はソーシャルワーカーをめざすことになった。今思えば、ある種の一発パフォーマンスにすぎなかったかもしれない。しかし、SVを通して、あらためて『自由になりたい』と思った。思い込みではなく、本物のソーシャルワーカーになりたいと思った」と。

○SVの成果

　結局は、自ら悩みや課題について豊かに語り、自分の今まで考えつかなかった生活実態や、こだわり、価値観、それらと職業生活のつながりなどに気づいていったのである。当初に見られた硬さはなくなり、良い意味で感情をあらわにするようになり、情緒豊かで可能性を秘めている人であることを感じさせるようになっていった。

　SVの成果は何であったかといえば、ソーシャルワーカーとしての適正さや自分の良さに気づきそれを受け取りなおしはじめたこと、また性格の特徴や母子関係ばかりでなく、対人関係やコミュニケーションスキルに課題があることなどに気づいたことであろう。日常的なさまざまなこだわりやバリアーが低くなるにつれ、クライエントとの葛藤が減り、関係性は好転していったのである。

1.2　実践例－2

　筆者（田村）は、聖学院大学総合研究所に人間福祉スーパービジョンセンターが創設された当時、非常勤で精神科リハビリテーションを担当していた縁から、SVRとしてここに携わる機会を得た。スーパービジョンセンターの発足に至る経緯の中で、卒業生が希望を持って就職しても過酷な社会福祉現場にあって燃え尽きそうになってしまったり、転職や退職してしまったりすることが珍しくなく、専門職を養成教育する機関の責任を自覚したという同センターの発足趣旨には大いに賛同していた。

　同時に、当時所属していた社団法人日本精神保健福祉士協会においても、同

協会の認定SVR養成研修会の企画や実施運営責任者として携わっていたことから、現場におけるSVR養成の需要もきわめて高いこと、しかしその必要性に見合うだけのSVRが育成されていない現実をも認識していたため、各教育機関においてこうした取り組みが進むことも期待しながら、その活動に参画した。

ここでは、筆者がはじめてSVRとしてスーパービジョンセンターに紹介されたSVEとの1年あまりのかかわりを、SVE本人の同意のもとに一定の加工を加えながら報告したい。

▶SV契約の経過

　SVEは、スーパービジョンセンターのことをインターネットで知り、自身のソーシャルワーカーとしてのこれまでの実践を振り返り、課題を整理してさらに成長するための機会としてSVを求めていたことから申し込んできた。この段階で、SVEは他のSVRを希望していたが、医療機関に勤務していることと、SVEの勤務先の立地との兼ね合いから、筆者（以下「SVR」とする）がスーパービジョンセンター事務局からSVRとしての打診を受けた。

　SVRは、当初は他のSVRを希望されている意志を尊重すべきではないかとも考えたが、一度対面して相互に自己紹介を交わしたうえで合意に至ればSV契約をしてもよいのかもしれないと思い直し、まずはSVEと会うことにした。会談の場は、SVRの当時の常勤職場の応接室を使用した。

　SVEの所属する精神科診療所について、SVRは名前を聞いたことがある程度でSVEとは初対面であった。はじめに自身の経歴を述べ、続いてSVRとしては所属する専門職団体の認定研修を修了していること、しかしSVについてはほぼ未経験であることを述べた。

　SVEは、大学卒業後に精神科病院に約5年間勤務し、その後、現在の職場に転職して5年目となるPSWで、現在は主としてデイケアを担当しつつも他の若手PSWの教育や、コメディカルスタッフも含め所内の管理的業務も担っ

ているとのことだった。病院では先輩や上司の下にいたが、診療所に移ってからはいつの間にかベテランと目されるようになり、指導的役割も期待されているため、自身のソーシャルワーカーとしての実践を模倣されることも多く、反面、批判や指導を受ける機会がないことがSVを利用したい大きな動機となっていた。

　こうした話し合いを1時間程度持ったが、SVRは自分がかつての職場でソーシャルワーカーとしてたどった経緯や職務内容、SVEの感じている悩みに大いに共感し、できることならその経験も話しながら、SVEが自身を振り返る場に居合わせ協力したいと感じ、SV契約を提案した。SVEもこの話し合いを体験しながら、こうして自分を語る機会自体を求めていたことに気づいたと述べた。しかし、この場では万が一SVRを気に入らなくとも断りにくい状況と考えたため、SVRからは数日間検討することをすすめ、希望に合わない場合は他のSVRに打診することも可能であると伝えた。

　数日後に、SVEよりE-MailにてSVの実施希望が寄せられ、次回契約を交わすこととなった。また、その際に初回SVを実施することとし、SVEには簡単なレジュメを用意してほしいと返信した。

▶ SVの実施過程

　SVは、その後1年半近くにわたり、おおよそ毎月1回1時間半を目安に実施した。毎回SVEは、A4用紙に800字前後で話題にしたいことを持参し、それをもとにSVEがまず語り、途中からSVRが質問を重ね、そのうちに両者で感じたことを感じたままに話し合い、終結に向けては双方が感想を言い合い、次回の日程を決めて終了する経過をたどった。

　多くの場合、SVEは診療所のデイケアや外来、訪問時の相談面接場面の一部を資料に記載しており、同じクライエントのことが2～3回断続的に取り上げられることもあった。これらは常に、各クライエントに了承を得たうえで持

参されたものである。また、合間に何回か職場の部下の教育に関するテーマでのSVもあったが、これはSVEがSVを申し込む時点からの1つの課題であった。

何回かのSVを行っているうちに、SVRはSVEが人にものを教えることが好きな性格であること、面接場面ではクライエントに対しても何かを教示したり示唆したり、課題を出すことがソーシャルワーカーとしての役割であると思っているように感じること、さらに、その「思い込み」にSVE自身が縛られ、何か情報提供しなくてはいけないとの焦りがあって、面接を不自然で威圧的なものにしているのではないかということ等を繰り返し感じた。これらは、その都度SVRの感想として「無理に宿題を出そうとしているみたいですね」と述べたり、「何か教えないといけないと思っているのですか」「クライエントさんは何を話したかったのでしょうね」といった質問形でSVEに伝えたりした。

また、人に教えるのが好き、あるいは教えねばならないとの思い込みは、部下のソーシャルワーカーに対する態度としてさらに顕著であり、部下からはわからないことを聞かれ、SVEが答えを「教える」というパターン化したやり取りが展開されており、それがSV場面でも再現された。

そして、ここで特筆すべき点は、SVEが自身の教示的な態度や威圧的になってしまう面接、部下との一問一答のようなやり取りに違和感と問題意識を常に持っていたことである。

▶ SVの検証

ここで、SVRとしての実践について検証してみたい。とはいえ、自身がSVRとしてはじめて実施した継続的なSVであるから公正な目で見返すことは困難であり、得られた成果と、筆者なりに努力した点やSVEに助けられた点、今後の課題とすべきことなどを振り返ってみることとする。

まず、SVEとSVRの両者が自己開示すること、そのための信頼関係を構築

することがSVを成り立たせるうえで不可欠の要素であることを実感した。この点、SVEはSVRを無条件に信頼してくれたとも思えるが、その背景には聖学院大学人間福祉スーパービジョンセンターからの紹介といういわば保険のようなものの存在も大きいのかもしれない。一方、SVRである筆者は、SVEが語るさまざまな面接等の場面を想像しながらも、常にその関心はSVE自身に寄せ続けていた。そのため、SVEの語るクライエントに関する質問はきわめて少なく、そこでSVEが何を考えていたのか、どのような口調で何を言ったのか、どうしたかったのか等を詳細に尋ね、クライエントと向き合うSVEの姿を想像し、SVEを知ることに終始専念した。結果的に、SVEが話してくれること一つひとつに呼応するようにして、ソーシャルワーカーとしての自身の感情を語ることが多かった。

　2つ目に、SVEのソーシャルワーカーとしての課題意識の的確さや表現力の豊かさ、素直さに助けられたSVであったことを痛感している。SVの質を決める要素の1つは、SVEのソーシャルワーカーとしての資質である。これは、その後SVRとしての体験を筆者自身が重ねるなかで多数のSVEと出会ったことにより、確証に至ったことである。このSVEは、自身のかかわり方に不自然さを感じていた。職場内では一見うまくいっており、SVEに対しては部下からの信頼も厚く、職場内の他職種との連携関係も良好である。何人かのクライエントとは年単位で定期的な面接を繰り返しており、クライエントの家族からも頼られる存在である。しかし、SVEは、自身のかかわりがソーシャルワーカーとして、どこか違和感のあるものだと感じており、それを冷静かつ率直に自認できる許容量を自身の中に持っていた。このことがSVRとSVEとの間で、ソーシャルワーカーというアイデンティティを共通する同志としての連帯感に通じたのではないかと考える。

　3つ目は、上記とも連動するが、SVEにソーシャルワーカーとしての目が育っているか、つまりソーシャルワーカーに固有のものとされるクライエントの自己決定を尊重する視点や、人と状況の全体関連性を見据える視点、生活者

としての視点が備わっているかどうか、実践に至らずとも理念として認識できているかどうかは大きい。もし、SVEがこれらを有さないとなれば、SVRは教育的な機能を最大限に発揮してSVEをソーシャルワーカーとして教育する役割も持つことになるであろう。このSVEについて、そうした役割は筆者には不要であった。あるいは、その過程を超えたところからSVを開始できたということかもしれない。

　4つ目に、SVEがソーシャルワーカーとして成長したいという思い、すなわち伸びようとする芽生えをすでに有しているかどうかである。このSVEは、すでに10年という短くはない経験年数を重ねており、職場でも管理職に就いているソーシャルワーカーである。しかし、いまだに自身のソーシャルワーカーとしての成長は続けるべきであるという思いを強く持っていた。この思いがどこから来ているものだったのか、向上心の強い人であることは間違いないが、ある程度のところで満足してしまわず、成長しようとする芽を持っていたので、筆者はこれを伸ばすための協働者として、SVの過程に伴走できたように思う。

▶SVの終結

　SVの開始からちょうど1年目を迎えるところで、SVは終了する契約であった。そこで、期日の2か月ほど前には終結について話題にすることにした。
　この時、SVRはさらに数か月間の継続を提案したいと考えていた。というのは、そのころのSVでは、開始当初に登場したクライエントとのかかわりが重ねて取り上げられており、そこにおいてSVEのかかわりには明らかな変化が見られていたからである。SVEは、当初ある若いクライエントの就労希望に対して2週間ごとに面接しながら毎回課題を出し、次回にはクライエントの取り組み状況を確認するという対応を繰り返していた。しかし、一向に就労にはつながらず、そのことにSVEもクライエントも行き詰まりを感じながら言語化できずにいたのである。それが、途中からSVEは課題を出すことを止め、代わりになかなか就労できないことについてどう思っているのかとクライエン

トに尋ね、語られる気持ちにじっくり耳を傾けたり感想を述べたりするようになっていた。そして、こうした態度をとるようになって自分の肩の力が抜けたころから、クライエントが休みがちだったデイケアに毎日来所するようになり、プログラムへの参加姿勢にも積極性が見られるようになったとのことだった。

　また、SVEの部下に対する態度にも変化が生じはじめており、部下からの質問に対して、まずは部下の実践や考えを尋ね返し、その語りに合わせて応答するようになった。一緒に考えることも多くなった、ということであった。SVRとしては、SVEのこれらの変化を成長としてとらえていることを何度か伝えた。そして、これらの変化の理由を少し一緒に振り返ることで、SVE自身の成長の実感を確かなものとし、SVEが今度はSVRをめざしてさらに研鑽の場につくことをすすめたいと考えた。

　SVEもまったく同じことを考えていたと応答してくれた。SVRはこの時点では、SVEがSVRの提案に合意できなければ、遠慮なく断ることもできるだけの関係性が、約1年間のSVを通じて構築できていると感じていた。

　結果として、契約は半年間延長することになり4回のSVを追加して最終回を迎えることになった。最終回では、これまでのSVを振り返りながら相互評価を行った。

　最終回においてSVEからは、日本精神保健福祉士協会の認定SVR養成研修会を受講し、認定SVRとして所属地域や団体の若手の支援に尽力したいという今後の目標が語られた。これは、SVEの成長を心から願い、またSV普及の必要性を実感している筆者にとっては何よりもうれしい労いとなった。

▶まとめ

　こうしてあらためて当時のSV実践を振り返ってみると、SVとはSVRとSVEのかかわりそのものであると実感する。そして、そのプロセスでは確かにSVEのソーシャルワーカーとしての成長をめざしているが、実際にはSVRもまたSVEから教えられ成長させてもらったことを実感するのである。

第Ⅷ章　聖学院大学人間福祉スーパービジョンセンターにおける実践

このSVEに出会えたことは、SVRにとってかけがえのないめぐり合わせであった。SVEはSV中によくこう言った。

「いま思ったんですけど……」

SVにおいては、「ここで、いま（here anD now）」ということを大切にし、SVEとSVRが同じ方向を見据えながら共に歩むプロセスに立つ。そこでは、SV前に考え持参したことや、SV後に持ち帰って検討すべき課題も得られるかもしれないが、SV中に両者の対話によって紡ぎ出されるソーシャルワーカーとしての思いを共有する時間こそが、勇気や力を与えてくれるのではないだろうか。

SVEのこの表現はSV中、繰り返し発せられた。相互評価の段階で、なぜこういう言い方をしたのかと尋ねてみた。

SVEは、「SVRから問われて考える時間の繰り返しがSVだった。考えることで普段は見過ごしていたことに気づけた」、「SVRも思ったことをその場で言っているようだったので、自分もそうしてみた。良い答えを探そうとするより、肩の力を抜いてその場に居ることの方が楽だと感じた」、「このスタイルは、段々自分がクライエントの方々と面接するときにも自然と似たものになってきている気がする」と語ってくれた。

2 グループスーパービジョン
——スーパービジョンセンターが運営する実践例など

2.1 S県におけるグループスーパービジョン

ここでは、保健所の精神保健福祉相談員に対するGSVの実践例を紹介する。

(1) GSVの進め方
進め方のルール
・回数は、2か月に1度（夕方16時から18時）、15人程度の人数で、2時

間程度、GSVを行う。場所は保健所内の会議室。
- GSV終了後は、事例提出者に対し、個別SVを1時間程度行う。
- 事例検討終了後、感想を1か月内にSVEあてに直接メールで送付する。
- SVEは、送付された感想を資料としてまとめ、次回SVの冒頭に、前回の事例検討会の振り返りと、必要に応じ「ミニレクチャー」を行う。
- 業務の困難さに配慮し、随時、SVEへのメール相談も可とする。

事例提出について
- 事例提出は保健所、精神保健福祉センターおよび公的な関係機関の精神保健福祉相談員から提出する。各所属で相談の上、提出者を決定する。
- 事例の提出様式は「原則A4・2ページ程度」とする。
- 事例の表記は個人情報保護に配慮し、特定できないように記号化等をする。
- 事例はSV開催日の1週間前までSVEに送付する。

(2) GSVの実際

GSVの実施手順

実際のGSVは、出席者が円卓に着席し、当番のソーシャルワーカーが司会をする。手順は次のとおり。

① SVRが感想文をまとめた資料に基づき「前回の振り返り」をする。
② 司会が、更なる質疑応答をうながす。
③ 30～40分の時間、事例提出者や発言者のテーマに従い、情報確認や学びを深める。
④ 必要に応じ、SVRが助言をし、「ショートレクチャー」も挿入する。これについては、内容により、資料を準備して、次回GSV冒頭にレクチャーをし、これには、20分程度の時間を見る。
⑤ 次に、新たな事例報告と質疑応答に入る。これには約1時間とり、適宜、SVRが助言する。

⑥終了後、事例提出者に対し、1時間程度の時間内で、個別SVを行う。

▶提出記録の具体例

――――「さまざまな問題をかかえる家庭への援助」――――

1. GSVで相談したいこと

誰に的を絞ってどこまでかかわればよいのか、他機関とどう連携すればよいか相談したい。

2. ケース概要

○さん　74歳　女性、診断名：統合失調症

《家族構成》

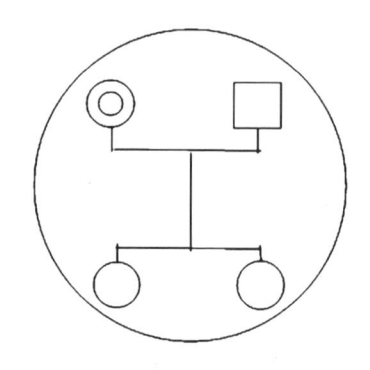

夫：キーパーソン。
長女：○○Hp（病院）入院中。気分障がい（○○年○月受診援助をしている）
次女：□クリニック通院中。統合失調症。現在はK作業所に通所中。

《経済状況》

以前より相談をしているが、生活保護の受給できない家庭。

・夫…老齢厚生年金
・本人…以前は障害年金であったが、医療中断とともに老齢年金受給の年齢になり国民年金に切り替える。
・次女…障害年金。以前働いていたこともあり、貯金あり。

《生活歴》

結婚前は事務員として働く。次女を出産後、約半年後に発症。人とのかか

かわりがうまく持てず閉居。被害妄想があり、夫としては受診させたいと思うが実家の協力が得られず。昭和○年頃（2年後、実家の協力が得られ）AHpに入院、退院後中断。平成○〜○年頃、BHpに入院するも半年で中断。平成○年○○大学Hpに1日入院のあと、胃がんの疑いでS総合Hpに転院。その後、月1回の外来受診になるも自己判断で医療中断。平成○年○月、夫が救急要請。本人が拒否したため受診はできず。

《前年度までのかかわり》

本人：平成○年からのかかわり。平成○年、次女より相談が入る。（その時に発症について詳細把握。）しかし、家族の受診説得には応じず。平成○年救急車にてS総合Hp入院。S総合Hpからのフォローを依頼するも特になし。

長女：平成○年からのかかわり。閉居がちで死にたいと自殺意図あり、受診調整・支援。今までに○回の入院歴あり。（うち2回は保健所にて受診援助）。

次女：平成○年からのかかわり。障がいを隠して就労を行っていたが、人付き合いの点から長続きせず。作業所に通いながら今後の就労などの相談にのっていた。協力的だが、不安や負担が大きくなると拒食・過食がでてくる。

▶事例提出者の感想（前回の振り返りの資料より）

　PSWの同僚たちと一緒に自分の事例に対する支援を考えていく時間をいただいて感謝しています。今回の事例検討で教えられたことは、支援機関同士のコミュニケーションや協力の必要性です。思うようにやってくれない他機関と、なかなか動かない本人たちに対してうんざりしていました。かかわりの後半はめいるのが嫌で関係機関との連絡を敬遠しがちでした。結構、「優等生」の私は、関係機関と「対決」するのは嫌でした。

　今回の事例検討会では、自分の気持ちも大事だが、他機関の支援をあきらめ

てしまうことは、ケースにとって利益にならないと教えてもらったように思います。他機関と意見交換することは、「対決」することとではないと思うようになりました。

　また、事例検討会の中でバランス感覚が大切だと教えてくれた方がいました。他機関や他者の考えを理解しつつ、さらに私自身の中の否定的な感情のケースへの影響を振り返りながら、ケースのために最前の方法をとることが、ケースワークの要点なのだと教えていただいたように思います。ただ、自分が、こういうやっかいな事例支援を中断させなかったことは、今までの自分を振り返り、自分の成長かなとも思いました。

▶GSV参加者の感想
（1）参加者Ａ
　事例提供者が持つ穏やかな雰囲気が、今現在の良好な相談関係につながっているのではないかと思います。本人の精神科受診について「今のところ落ち着いているから大丈夫」という判断を下していることにも、ハッとさせられました。

　実際に家族から相談があり、何とかすべき点には違いないのですが「本人・家族がいかに地域で暮らせるか」と考えていくと、必ずしも、いつでも「受診＝正解」ではないという基本を再認できました。柔軟にやらなければならないということです。

　GSVに参加させていただくと、こうした基本的な点で確認や、異なる視点でのアプローチを知ることができ、大変よかったです。

（2）参加者Ｂ
　その時その時にできることを一生懸命に考え、取り組んでいく担当者の姿勢がとても丁寧だと感じました。また、意見交換をしていくうちに、さまざまな角度から本人や家族への理解が進んでいくのを実感し、「皆で考えるのってい

いな」とあらためて思いました。あれこれとアプローチ方法が飛び交ったのもよかったです。こういった機会を通して、見方やかかわり方の引き出しを増やしたり、盲点はないか、思い込んではいないかと自己点検ができたりするのは心強いです。

　今回のようなケースは、付き添って、寄り添って、時間の経過のなかで、（情報提供や提案など）できることをしていくことが大切なのだと感じました。"生き方や生活の主体は、本人や家族であること"を見失わないで、迷いをかかえながらもかかわり続ける担当者と、それを支える保健所スタッフの（本人・家族に向けられた）暖かい目線が印象的でした。

2.2　I県におけるグループスーパービジョン

　2011年度実施のI県GSVにおける聖学院大学学部および大学院卒業者の提供事例とグループメンバーの感想文を以下に収録する。提供事例－1のGSVへの出席者は登録者10名中9名であった。

2.2.1　提供事例－1

―――「A氏とのかかわりを振り返り、思いに寄り添うことを考える」―――

（報告者　B）

１．はじめに

　A氏は、事故をきっかけに思ったように働けなくなり、以前の自分と現在の自分との違いに悩みながらも一人暮らしを続けている。PSWは、A氏の経済的な課題の解決や退院、退院後の生活にかかわってきたが、問題の解決に目を奪われ、A氏の思いに寄り添えていただろうかと考えている。A氏とのかかわりを振り返り、思いに寄り添うことについて考える機会としたいと思い、事例を提出した。

2．クライエントの概要

A氏は60代前半の男性。中国地方のB県で生まれ、中学を卒業後、しばらくB県で勤めたが、C県で暴力団に関係する建設業に携わる。30代のころ、D市に移り、解体業を自営。5、6人の人を雇い、羽振りもよかった。X－4年ごろ関西地方の現場で、事故に遭い、頸椎を傷め、手足がしびれる後遺症が残り、これまで通り体が動かせなくなる。事故以来、思ったようには働けなくなり、事業もうまくいかなくなり、8百万円ほどの借金が残った。もともと眠れないことがあり、ハルシオンを服用していたが、生活が苦しく、思ったように働けないこともあり、ハルシオンと酒を一緒に飲むことが増えていった。

X－1年7月、自分が以前のように働けなくなり、借金の返済も滞り、死のうと思い、山奥に行き、車中でハルシオンを大量に飲み朦朧としているところを警察に発見され、E病院に搬送される。大うつ病エピソードの診断でそのままE病院に入院。2か月ほどで症状はよくなり、妻と娘のいる自宅に戻る。X－1年10月、妻が以前の事故の労災でおりたお金をA氏に相談せずに勝手に使ったこと、自分が家庭でも大黒柱として振る舞えないことを悲観し、死にたくなったとE病院を受診し、入院となる。約1か月で退院するが、家にいても自分の居場所がなく、借金の返済の目途も立たず、再びひどく落ち込むようになり、X－1年12月にD病院に入院した。入院中に借金の問題から妻とは離婚。

3．家族状況

B県の両親は他界。4人兄弟だが兄弟はどこにいるかもわからない。結婚は2回しており、1人目の妻との間に20代後半の長男と次男がいる。長男、次男はそれぞれC市内に住んでおり、連絡は取り合っている。前妻との間には長女がいる。前妻は、離婚後もA氏の労災の手続き等に協力し、電話でのやり取りも続いている。

4．かかわりが始まるまで

　入院中に離婚し、単身生活を考えているが、収入がなく、多額の借金もあるため、医療費の支払いもできない状況。死にたい気持ちが続き、入院期間が長くなってしまい、退院を考えていくためにPSWの担当する病棟に転棟してきたことからかかわりが始まる。

5．かかわりの経過

X年8月

　転棟をきっかけにA氏と面接。A氏は、収入がまったくなく、医療費の支払いもできない。労災の手続きをしているが、それもうまくいかない。退院後は一人暮らしを考えているが、気分の落ち込みと体の痛みがひどく、具体的に考えられない。

　PSWは、A氏の経済的な問題の不安を聴き、労災の状況を一緒に確認し、経済面での見通しを立てることと、退院について、これから一緒に考えていきたいことを伝える。

　A氏と労働基準監督署の担当者に電話、現在の進捗状況を確認。精神科の入院が労災の対象になるか判断するために詳細な調査が必要で、時間がかかっていることがわかる。

　A氏は、妻とは離婚したので、D市に戻るつもりはなく、E病院に通院しやすいところにアパートを借りたいと考えていると思いを語った。

X年9月

　労働基準監督署より、労災の手続きのための書類が届き、A氏と書類の記入をする。A氏は、右手の痛みと震えがひどく、うまく字を書くことができず、「こんなこと（書類の記入）にも時間がかかってしまう。以前は肩で風を切って歩いていたのに自分が情けない」と涙ぐむ。PSWは、以前の自分と今の自分との違いを情けなく思っているA氏の思いを聴き、

「つらい思いをされてるんですね」と感じたことを伝えるほかはかける言葉がなかった。

X年10月
　労働基準監督署の面接がある。A氏は、事故以前に眠れないことがあり、眠剤と抗不安薬を処方されていたことがあり、事故と現在のうつとの因果関係の確認が難しく、決定に時間がかかっているとのこと。
　面接後、A氏と退院についての思いを聞く。A氏は、「労災のことがはっきりしないと動きようがない。労災の認定がおりれば、いくらかの金が入るのでアパートを借りたい」とのこと。PSWは、A氏に生活保護の受給についてA氏の思いを聞く。A氏は、生活保護の申請は考えているが、労災が認められたときに借金の返済をしたいので、労災の決定を待ちたいとのこと。

X年11月
　決定に時間がかかっているため、A氏と労働基準監督署に問い合わせる。担当者より、決定ではないのでA氏には直接伝えられないが、事故とうつ病の因果関係について、諮問中であるが、A氏の場合は、おそらく認められないであろうとのこと。電話後、担当者がPSWに話した見通しをA氏に伝えると、A氏は、「これだけ時間がかかっているので、ダメなんだろうと思っています。もしダメだったら生活保護を申請したいと思っているので、そのときはお願いします」との言葉にPSWは、A氏が今後のことに見通しを持って考えていることを感じた。

X＋1年2月
　労災が認められなかったと通知がある。A氏は、「ショックはありますが、覚悟はしていました。生活保護を受けて、アパートで暮らしたいと思

います」と話し、生活保護を申請する。

X＋1年4月〜10月

　4月に生活保護が決定。5万円くらいは、資金を貯めたいので、秋ごろにアパートを探したい。できれば、以前住んでいたことがあり、D病院にも通院しやすいE市にアパートを借りたいとの希望があり、A氏より生活保護担当者に意向を伝え、移転先の福祉事務所との調整は、生活保護担当者が行うこととなる。

　10月になり、E市内に条件の合うアパートを見つけ、12月から入居できることになる。

X＋1年11月

　福祉事務所担当者より、生活保護の移管について、E市に連絡をしたところ、E市福祉事務所がA氏のE市での生活保護は認めないと言っているとのこと。PSWより、E市福祉事務所に電話。担当者の言い分は、以前住んでいたからと言って、移管は簡単に認められるものではない。D病院がある市に住むならわかるが、E市に住むなら、E市内の病院に通ってもらわないといけないとのこと。PSWは、頭に血が上り、「生活保護を受けていたら住みたいところに住めず、通いたい病院にも通えないのか」と担当者とやり合う。結局、E市の移管は認めるが、デイケアなどの利用はE市内にしてほしいと条件を付けられる。PSWは、とことんやり合うことも考えたが、福祉事務所と交渉をするのは、PSWではなく、本来はA氏であると頭を冷やし、A氏に上記のやり取りについて話し、デイケアの利用を制限することについては、E市と交渉していく余地があると思うこと伝える。A氏は「仕方ないと思います。生活保護を認めてもらえるだけでもよかったと思います。」と話した。PSWは、A氏に諭される。A氏はE市福祉事務所の条件を受け入れるとのこと。

A氏は、一人暮らしは、若いとき以来で不安があり、E市での生活に慣れるまでは、PSWが、月に2回訪問し、D病院には、2週間に1回通院することにし、12月にアパートに退院した。

X+1年12月
　アパートに入居し、E市福祉事務所へ生活保護の申請に同行。申請時に県民共済に掛け金があり、県民共済を解約すると11万円ほどが入ることがわかり、E市の生活保護は、1月に申請することになる。

12月中旬　アパートに訪問
　部屋はきれいに整頓されており、A氏の几帳面さがうかがえる。県民共済は、数日後には振り込まれ、テレビや家具を購入。病院で知り合った数人の友人から、「おやっさん」と慕われており、毎日のように友人が訪ねてくる。一人暮らしは慣れないが、友人に助けられて何とかやっているとのこと。

X+2年1月
　E市福祉事務所に生活保護の申請に同行。申請は受け付けられるが、面接終了後、A氏から「年末に裁判所から通知がきて、借りていた消費者金融から訴えられた。やけになって酒ばかり飲んでいる。以前に残しておいたハルシオンをまとめて飲もうかとも考えている」とのこと。PSWは、A氏に死にたいと思っているのか聞くとA氏はそうだと答える。PSWは、借金の処理の方法を考えることを提案し、翌日面接することとその時にハルシオンをPSWに渡してほしいと伝え、A氏はわかったと了解する。
　翌日、A氏はD病院を訪れ、PSWと面接。借金については、法テラスに相談に行くことにする。A氏からハルシオンをPSWに渡してくれる。PSWは、A氏に自分の言ったことを受け入れてくれたことに感謝してい

ることを伝え、借金の処理にこれからも協力していくことを確認した。

　A氏と法テラス・裁判所に自己破産の手続き等について相談。裁判所の担当者より他に借りているところも含め、借金の全体額を調べ、生活保護を受けている証明を提出すること。現在、生活保護受給中で支払い能力がないので、上記の書類を出してもらえれば、自己破産の手続きは急がなくてもよいと助言を受ける。

X＋2年2月中旬　アパートに訪問
　借金のことは、だいぶ気持ちが楽になった。友人は、毎日のように来て、泊っていくこともあるが、最近は気持ちが沈みがちで、友人の訪問も断ることが多い。昔のことを思い出し、これまでろくなことをしてこなかったと後悔ばかりしている。夜中に大きな声を出して、気が狂ったようになることもある。こういう話は誰にでもできないので、PSWが、訪問に来るのを子どもみたいに楽しみにしていると話す。PSWは、A氏の信頼に感謝すると同時に以前の自分との違いに苦しむA氏のつらさを感じていることをA氏に伝える。A氏は、3か月がんばってきて疲れたこと、少し入院して休みたいと話し、翌週の受診時に休息のためD病院に入院。

X＋2年3月上旬
　A氏は、家に閉じこもっているとろくなことを考えないと話し、家の近くでどこか通えるところを探すことになり、隣の駅近くの就労支援B型の事業所を見学。気分転換になりそうとのことで退院後は、F事業所に通うことになる。

X＋2年7月
　訪問時、ひどく落ち込んだ様子で、体調が悪く、1週間ほど前から酒ば

かり飲んでいる。何もする気が起きないと話す。病院への受診をすすめ、当日受診入院する。翌々日に心臓に異常が見つかり、G病院に転院、ペースメーカーを入れなければならないほどの症状とわかり、手術をすることになる。

X+2年9月～12月
　D病院に転院。体調を崩す前に息子から建築関係の仕事を一緒にやらないかと誘われ、もう一度働けると考えていた矢先にペースメーカーを入れなければいけなくなってしまった。もう働くことは無理だと思うと話す。
　10月にD病院を退院。PSWは、月に2回の訪問を続ける。訪問時は、ペースメーカーを入れての生活の不安や、また働きたいと考えていたができなくなった、何のために生きているんだろうと考えている、と思いを語る。PSWは、そうした思いを聴くことを続けた。

X+3年1月　PSW訪問
　退院してからは、ペースメーカーを入れたので、酒も飲まずにいたが、年末からまた飲むようになり、生活がおかしくなりだした。ひどく落ち込んで、布団のたたみ方もわからないと話す。PSWは、A氏の様子から入院も考えたが、生活が不規則になると調子を崩すので、飲酒を控えてはどうかとA氏に伝える。A氏は、「わかった。やってみる」と返答する。

X+3年2月　PSW訪問
　気分は沈んでいるが、何とかやっている。家に出入りしている若い連中に「若いんだから働けとか酒は飲むなとか」偉そうなことを言っているが、自分はどうだと思う。働くことはできなくなったが、時々アパートに遊びにくる娘が結婚するまでは、元気でいようと思う。
　昔は、自分に自信を持っていたが、今は、男としての自信もなくなった。

何のために生きているんだろうと思うが、こうして話を聴いてもらえるだけで、とても助けられているんですよ、と思いを語ってくれた。

X＋3年3月　A氏来院

　PSWが異動することを電話で伝えたところ、PSWを訪ねてくる。次の担当者のことを伝え、引き継ぎについてのA氏の意向を尋ね、A氏は、後任のPSWに引き続き訪問に来てほしいとのことで、後任PSWに引き継ぐことを確認し、A氏との協働はいったん終わることになる。

6．考察

　A氏は事故をきっかけに思ったように働けなくなり、以前の自分と現在の自分の違いに苦しみながら生活をしてきた。

　E市福祉事務所とのやり取りでは、本来A氏がやり取りするべきことをPSWが肩代わりしてしまっていた。また、A氏が自殺をほのめかしたときに十分に思いを受け止められていただろうか。PSWは、A氏の経済的な問題の解決や退院、退院後の生活を維持していくことに目がいってしまい、A氏の思いやつらさに寄り添えていたのだろうかと思う。事例を振り返り、随分とPSWは、A氏に助けられていたと感じている。A氏の事例を振り返り、思いに寄り添うことについてあらためて考えたい。

▶提供事例−1に対するグループメンバーの感想文

(1) GSV感想（参加メンバーC）

　今回のBさんの事例では、自分自身が気づかずに過ぎてしまっている部分に気づかされました。かかわりは言葉ではわかっているつもりになっているものが、本当に深いものだと感じ、今までのかかわりの中で本人がやらなければいけないさまざまなことを知らないうちに、代行という言葉のもとに行ってしま

っていたのだと思いました。

　本当に本人ができないことなのか、PSWがしなければいけないことなのかも踏まえ、本人と一緒に考えたり話したりできておらず、本人主体と言いながら、自分がそれをできていなかったことを反省させられ、失敗しないように、うまくいくようにということに重きを置いていたのではないかと感じました。

　支援を受けるということは、本人にとって荷物を分けて楽になる方法だと勝手に思っていたのですが、支援を受けるということをさらに荷物を増やして重くなってしまうと感じた方もいたのではないか、自分がそう思うことで気持ちに添えていない支援を行っていたのではないかと、思いや気持ちに添う支援をあらためて考えさせられました。

　本人と共に考えるということを、部分的にとらえてしまっていたことに気づき、勝手にこれはPSWが考えることという枠組みを作ってしまっていたようにも感じます。なぜそれを自分勝手に区分けしていたのか、本人には言わないことを作ってしまっていたのかと考えると、これを一緒にしようとすると、話をすると、調子を崩してしまうのではないかなど、勝手な推測のもとに行っていたのではないかと思いました。

　本人の可能性を信じて……と言いながら、一番信じることができていない支援者だったのではないかと思います。

　自分自身のできていない部分を自分の浅さともに、この勉強会に参加させてもらうたびに感じ、反省することばかりですが、今後の支援の中で気づいたことを生かしていきたいと思っています。

(2) GSV感想（参加メンバーD）

　今回のAさんの事例を通してかかわりを学ぶことができた。Bさんの事例の中で私自身が共感できた場面がある。それはX年11月で福祉事務所とのやり取りの場面である。福祉事務所とのやり取りを読んで私自身も同じような経験したことであったのでとてもわかるような感じがした。生活保護の交渉も一生懸

命にPSWは取り組んでいるものの冷静になってみて主体者はAさんでAさんの問題であるということ。私自身も業務の中で当事者の問題であって当事者と一緒になって取り組んでいるというつもりになってしまう。実際には福祉事務所と当事者の間に入ってしまうだけで一緒になって悩んでしまうこともなく、PSW自身が頭に血が上ってしまうことや悩んでしまうことに日々陥りやすかった。私自身も何かしてあげなくてはという気持ちが頭の片隅にいつもあり、そのスイッチがどこかで動いてしまい、当事者の肩代わりをしている支援につながっているとあらためて感じた。私自身をもう少し冷静になって支援できるように日々、気をつけていきたいと思う。

　今回のGSVでもう一つ勉強できたこととしてかかわりの中で当事者のさまざまな権利を支援の中で奪ってしまっているということであった。今回の事例を見ていても支援の中で生活保護のやり取りなどから学ぶこともできたし、私自身の日々の業務においてもやってしまっていることが多いと気づくことができたと思う。今私自身の業務を振り返ると今現在、約60名程度の通所者がいるなかで一人ひとりにかかわりがあってそれぞれの支援がある。そこには必ず当事者が何かを体験する権利を奪ってしまうという支援をしていたと気づけた。それが当事者にとって良くないことで、知らないうち（当事者は気づいているかもしれないが）に役割を奪ってしまっている私自身に深く反省するべきであるところである。今後のかかわりとして自己で点検していくことも大切であるし、このような場でも気づけることがとてもいい機会であったと感じます。

　事例提供していただきましたBさん、お疲れ様でした。

(3) GSV感想（参加メンバー E）

　今回のGSVでは、事故をきっかけに障がいを負い、自分が今までのような生活ができなくなったクライエントのつらさに共感し、そのことを受容し、クライエントに寄り添い、一緒に考えてきたBさんのかかわりがよく伝わってきました。クライエントの本当のつらさを相談員としてとしてどこまで共感し理

解していけるのか、これは本当に難しさがあることだと思います。Bさんは PSWとして、クライエントのつらさを理解したからこそ、自分の事のように 腹が立ち、なんとか解決しようとしたのだと思います。

しかし今回、Bさんはこのことに対して疑問を持たれました。私は疑問に感じたこと自体がすごいことだと思いました。おそらく今回のGSVを受けなければ、私はなぜこの行動に疑問を持つのかがわからずに今も過ごしていたと思います。そしてその疑問に対し、クライエントの"肩代わり"をしてしまい、クライエントが感じ行動する権利を奪ってしまったという考え方はできなかったと思います。私は、これまで、クライエントが少しでも無理をしないよう、また少しでも楽になれるようにと、代わりにできることがあるのであれば率先して行ってきました。それが支援の形の一つだと思っていたからです。けれど、今回のGSVを受け、その考え方が時に間違った解釈になっていることを知りました。代行してしまう行為は、結局は相談者がやりやすい方向性であり、クライエントの自己決定を損なっていることを教えていただきました。要は「余計なお世話」になっていないかどうかを、きちんと確認しなければならないということです。負と感じられることについても、クライエント自身がきちんと受け止め、そのことを次にどのように活かしていくことができるかを考えて行動しなければならないということを理解できました。

毎回このGSVに参加し、振り返りを行うことで、いろいろな視点を見つけることができ、新たな考えを見つけることができることを本当に楽しく感じています。まだまだ未熟な私ですが、皆さんと同じ時間を共有できることを本当に嬉しく思っています。今後ともどうぞよろしくお願いいたします。

最後に、事例提供をしていただきましたB様、本当にありがとうございました。

(4) GSV感想 (参加メンバーF)

今回の事例では、「真に寄り添うこととは何なのか？」と考えさせられた。

X.11の生活保護移管についてのやりとりに関してである。結果だけでなく経過も本人に伝えたことにより、自分のためにやってくれている、自分のために怒ってくれているという気持ちから信頼関係が得られたのでは……という意見もあったが、報告者自身から、「本人の問題をPSWが肩代わりしてしまっていた」という発言で、ハッと気づかされた思いだった。SVRから、「Aさん自身が怒るべきことをPSWが肩代わりし、Aさん自身が『怒る』という体験、『怒る』という権利を奪ってしまった。それは、イコール『守った』ということで、保護的対応である」と言われたとき、自分が今までそんな考え方をできていなかったことに気づき、自分自身のクライエントに対するかかわりをあらためて見直したいと思った。クライエント自身からお願いしたいと言われるとつい、連携機関のかかわりもあり、手続き関係をSW自身が肩代わりしたほうが流れもスムーズで、SWが手続きを自然に何の疑問もなくやってしまっていたように思う。「代弁」というSWとしての機能を誤解していた。SWの専門性は知識やネットワークで手続きをやってしまうことでなく、あくまで本人の思いに寄り添い専門的なかかわりをすること。今後は、意識してクライエントとかかわっていきたい。

(5) GSV感想（参加メンバーG）

　本事例でのA氏は若いころに人を雇い、家族の大黒柱としても頼りにされていたところで、病気を患い思うような生活がままならなくなっていった。離婚し、借金をかかえ生活保護を受けての生活となり、A氏の喪失感は計り知れないものだと感じた。私は報告者であるPSWの単に目の前にある問題を解決するだけではなく、A氏のそうした思いを受け止め、A氏が自分自身の生活を主体的に取り戻す過程に寄り添う姿勢に感銘を受けた。

　とくにX.2中旬のA氏とのかかわりにおいて、PSWがA氏の苦しみやつらい気持を感じたことを伝えた場面では、A氏が自ら入院を決め、どこかホッとしている様子がうかがえる。A氏はPSWの訪問を本当に心待ちにし、A氏に

とってPSWは安心できる存在に変化していった過程が印象的だった。そうしたかかわりによってA氏は生きていく活力や喜びを少しずつ感じていったのではとも思う。

　私は問題解決を求めるだけの関与では、事例のA氏のように生きる力を取り戻していくには至らなかったのではないかと思う。本人がさまざまな状況をかかえながら気持ちに折り合いをつけ、自らでこれからの生活を獲得していくには、本人のつらい気持を受け止め、これからどんなことに生きがいを見いだしていけるのかを少しずつ共に考えていくかかわりが重要であることを、本事例を通して学んだ。

　また、GSVで報告者がA氏との関係性がどうであったか、PSWは本人の経験を奪っていなかったかと振り返っていた。私は安易にクライエントの要求を請け負ってしまう自分の傾向を振り返った。効率を求めていくのではなく、本人と一緒に悩み、考える時間を大切にし、本人が次の一歩を踏み出すのを待つことも大切であることを学んだ。

(6) GSV感想（参加メンバーH）

　Bさん、事例提供ありがとうございました。

　事例を通し、PSWがA氏に何度か感謝を伝える場面がありました。眠剤をPSWに渡してくれたとき、訪問を楽しみに待つA氏にPSWの信頼を感謝する場面など、A氏とPSWの関係は、そこから深まり、人と人の対等なかかわりが存在し、協働作業が行えるのだと思います。PSWとしての面接技術だけではなく、人とかかわる中での素直な気持ちを表現できる力が対人関係の中では重要な意味があるのだろうと気づかせてもらいました。簡単なようで簡単ではないことだと私は思います。たとえば、薬を渡してくれたような場面では、私なら「してあげてる」という意識が働き、感謝ではなく支配感が強まるように思います。上下関係をPSWが感じてしまえば、本人は安心して自分を語れないだろうし、信頼して求めることをしなくなるのではないでしょうか。PSW

は、本人を管理する職ではありません。報告者が事例の最後にまとめられた「A氏に助けられた」という言葉にあるように、本人とPSWの関係は一方的なものでなく、相互関係であることが重要であると感じる事例でした。

　また、語り合うことの大事さを痛感しました。今、困った問題をどうするかの手段をやり取りするのではなく、どう感じたか、どう考えたか、どう思ったかなど気持ちのやり取りこそが、本人が自ら自分の問題として取り組む力になるのだということを忘れてはいけないと思いました。それが、本人の自己決定の尊重となり、PSWが代理で何かをしてあげるのではなく、本人が自分の人生を歩むことになるのでしょう。SVRが「問題提起はクライエントがしてくるもの。言えるようになるまで待ってみよう。ただ、漠然とまつのではなく、よく話を聴いて」と言われました。私が苦手とする部分であり、自己覚知して意識しておきたいと考えさせられました。

▶GSVに対する報告者の感想（報告者B）

　GSVの中では、うまく言語化できなかったが、A氏とのかかわりを振り返り、自己決定について、あらためて考えさせられた。

　PSWは、A氏の経済的な問題の解決や退院、退院後の生活を維持していくことに目がいってしまい、A氏の思いやつらさに寄り添い、A氏と共に考えることよりも問題の解決を優先させしまっていた。

　福祉事務所とのやり取りでは、本来A氏が話し合うべきことをPSWが肩代わりし、A氏が自分の問題を自分のこととして考える機会を奪ってしまっていた。こうしたPSWの保護的態度は、本人が自分の問題に主体的に取り組むことを妨げてしまう。

　また、A氏が自殺をほのめかしたときにも一方的に解決策を提案し、問題を解決することに目がいき、A氏の思いやつらさに寄り添うことができていなかった。

　A氏とのかかわりの中で、A氏と気持ちが通い合っていったことやA氏が思

いを語る中で自分を取り戻していったのではないかという指摘について、PSWは、ぼんやりと感じてはいたが、明確に意識できていなかった。

　問題解決を優先させるのではなく、本人との関係性の中で、本人が自らの生活を獲得していく過程にかかわり、共に考えていくことが重要で、そうしたかかわりが自己決定を保障していくことにつながるとA氏とのかかわりを振り返り、あらためて学ぶことができた。

▶SVRからのコメント

　「A氏とのかかわりを振り返り、思いに寄り添うことを考える」について

　得してソーシャルワークの目的は、問題解決にあると考えられがちですが、報告者PSWはその辺をきちんと自覚しておられます。もともと、問題とは何かについては、従来からクライエントの主訴という形でとらえられてきたのですが、よく考えてみると、クライエントがそう思い込んでいるのかもしれないし、それをソーシャルワーカーがそのまま受け止めて、きちんと確認しないまま、問題の解決に向かうというのが、ソーシャルワークの考え方だったのではないでしょうか。しかしソーシャルワークはクライエントとの協働の理念に立っての実践です。したがって、まず、クライエント自身の言葉から、あるいは他機関のソーシャルワーカーや、家族や地域住民、行政や民生委員、町内会長その他の関係者によってもたらされる諸情報を整理して提供します。そして一緒に「問題って、何だろう」という主題のもと、クライエントと協働してその中身の検討を吟味することが大事なのではないでしょうか。

　しかし、このような協働の過程を経ずに、ソーシャルワーカーが一方的に決め込んだ「問題」の解決に、これまた一方的に自分自身の慣れきったやり方で、その性質を「こうだ」と分析したりして、社会資源を動員することを企図したりすることは、まれではありません。必要なのは問題そのものをクライエントと、「いったい、ここで、今持ち込まれた問題とは何か」を共に協議することから始めることではないでしょうか。それは、必ずしも、クライエントの生活

史を振り返って、整理をすることから始めるということではありません。

　X年8月、PSWの問いかけに答えて、Aさんはたくさんの問題を並べて、PSWにすがりつかんばかりです。これだけたくさん問題をかかえて、それを自らの口でPSWに訴えたら、それだけでクライエントは自分から参ってしまいます。しかしこのとき、PSWは冷静にじっくりと聴くことができました。ここで必要なのはその一つひとつを取り上げて確認し、とりあえず最優先する課題は何かを協議することか始めることでしょう。

　X年9月から11月までの間に労災の申請にかかわる行政との交渉があり、少なからずAさんは揺さぶられたりしながらも現実と突き合わせて、自分の直面している状況について考えることができるようになってきました。その間、Aさんにとって結果は必ずしも、自分にとって芳しいものではなさそうであることがわかってきましたが、PSWの支援によって、耐えることができました。というより、むしろ人格的な成長を遂げることができているといえます。その11月の面接時にPSWの中に沸いた感慨は、やはりきちんと自分の感想として、Aさんに伝えたほうがいいでしょう。

　約1年後、X＋1年11月には、PSW自身にとって大きな感情の高ぶりが見られました。その頂点は、言わずもがな「頭に血が上り云々」という箇所です。しかしPSWはGSVに報告され、このことにきちんとグループの中で向き合えています。現象自体はあまり褒められる姿勢ではなかったものの、こういう失態は、必ずしも責められるべきものではありません。Aさんは「生保を認められただけでもよかった」と慰めに回ります。これが協働です。だからSVRは単純に失敗とは思いません。それは協働の一つの成り行きに過ぎません。大事なのは、これを自分の中に反省することができるかどうかです。グループは力です。

2.2.2　提供事例－2

───「本人不在になっていなかったか不安を抱えかかわった事例」───

報告者　G

1．はじめに

　家族と同居していたA氏が一人暮らしとなり、本人は自宅で暮らし続けることを希望する一方で、妹さんは施設入所を希望した。PSW（精神保健福祉士）は本人、妹さんとかかわる中で、A氏本人の思いが置き去りになっていないか不安に感じながらかかわった事例である。

　A氏とのかかわりを振り返ることで、本人不在でなく、本人自身が家族や周りとの環境の中で自分の生活を主体的に考えていく過程に寄り添うソーシャルワーカーの姿勢について理解を深めたいと思い、本事例を提出した。

2．事例概要

　A氏　50代　女性　療育手帳B　障害基礎年金2級受給

　妹が嫁いでから、本人は父、母と3人で暮らしてきた。家事全般は母が行ってきた。半年前に両親とも脳出血で倒れ、本人は突然、自宅で一人暮らしとなった。突然の本人の一人暮らしを妹が心配し、市の福祉課に相談したところ、ホームヘルパーと、買い物や気分転換のための外出支援のための移動支援事業の利用をすすめられた。

　本人は「母がすぐには戻って来られないのであれば仕方がない」とサービス利用を了解した。

　また、朝、晩の食事は妹さんが毎日訪問し作っている。

3．かかわりの経過

X.8.2

市の福祉課から、障害福祉サービスの更新申請が必要であることと、両親の入院によりA氏の暮らしも一変したのでご本人の心理的サポートや家族支援も含め、一緒にかかわってほしいということで、相談支援専門員であるPSWに依頼があった。

　福祉課からA氏、妹さんの了解を得てもらい、後日、訪問して面接を行うこととなった。

X. 8.19　本人宅を訪問

　市の福祉課と訪問し、妹さんも同席して障害福祉サービスの更新を行った。その際にPSWが身近な相談機関として、A氏が不安に思うことやサービスの在り方も含め、今後の暮らしに関する希望等を聴かせていただき、必要に応じて一緒に活動させていただくことができると役割を紹介した。

　A氏は現在、月、木にヘルパーを利用して生活が安定してきたが、ヘルパーが来る日は少し気を遣うため、木曜日だけにしたいと話された。サービス内容については、「ヘルパーさんとも関係がよく、満足している」とのこと。また、金曜日の午前中にガイドヘルパーも利用しており、映画を観に行くこともあり、楽しんでいるとのことだった。

　今後のA氏の暮らしをチームとして一緒に考えていくためにも、ヘルパーさんに連絡させていただきたいこと、必要に応じてA氏の不安や希望を一緒に考える場を設けていきたいことを伝え、了解いただいた。

X. 8.30　　妹さんからPSWに電話

　現在、脳出血で入院している母が思ったよりも状況が悪く退院の目処が立たなくなった。そのため今後の生活の見通しが立たなくなったため相談したいとのことだった。混乱している様子が伝わってきた。妹さんの不安に思う気持ちを受け止め、詳しいことは会って話を伺うこととした。

X. 8.31　　妹さんと面接。

　妹さんは「母の退院の目処が立たなくなったことで混乱している。本人と母との2人暮らしは難しくなったが、本人にどう伝えればよいかわからない。また、本人を1人で住まわせることはできないため、施設入所を考えたい。規則正しく日課があり、食事が提供される大型の施設をイメージしている。このまま本人の食事の世話を行うことに限界を感じている。先が見えなくなったことで不安。どうしたらよいか」とまくし立てるように自分の思いを話した。

　PSWはまず妹さんが、見通しが立たなくなったことを不安に思うのは無理もないことを伝えたうえで、A氏本人が自分の状況をどう受け止め、今後の生活をどう考えるかが大切であると感じていることを伝えた。妹さんは少し落ち着かれた様子で、施設入所等について本人にも相談してみるということだったが、母の退院の目途が立たなくなったことを本人に伝えることにとまどいがあると話した。その理由を尋ねると、ヘルパーの利用を検討した時に、母が帰ってくるまでの一時的なものと説明したので、母との同居を心待ちにしているため、それが難しくなったことを伝えると混乱するのではと心配しているとのこと。妹さんの心配はわかったが、A氏抜きに話は進められないこと、A氏も交え一緒に話を聴いたり、A氏とのかかわりの中で、今後の暮らしを一緒に考えることができることを伝えた。

X. 9.24　　妹さんから電話。

「空きがある施設はあるか。やはり大型の施設は難しいのか？」という問い合わせだった。「まだ本人には現状を伝えていない」とのことだった。まずはA氏に母の退院が難しいことを伝え、その上で次の手立てを一緒に考えたいことを伝えた。妹さんは了解された。

X. 9.28　　妹さんから電話。

本人にこれから今の生活の維持が難しい現状を伝え、ケアホーム等の情報を提供しようと考えている。空きがあるところがどこか知りたい。ちなみに「Bケアホーム」は近所なのでアポなしで訪ねて、空き状況を確認したが、空きはないとのことだった。事務員の方にPSWにかかわってもらっていることを伝えたところ、探してもらったほうが早いと言われた。「探してもらえないだろうか？」とのことだった。
　PSWが調べて情報を伝えることで施設入所ありきの展開にならないか懸念をした。一方で、「何も情報がないなかで本人に母が退院できないことを伝えても、本人には不安になることしか伝えられない」という妹さんの思いを理解した。PSWの懸念を伝えたうえで、A氏の施設入所を決めるということではなく、あくまで今後の暮らしを考えていくための材料として知っておきたいという妹さんの気持ちを確認し、探してみることを了解した。
　その日のうちに空きがあるケアホームを調べ、妹さんに電話で報告した。

X. 9.29　　妹さんから連絡
　妹さんは「今日、本人に母の退院が難しいことや、以前のような暮らしには戻れないことを伝えた。本人は今後の暮らしを心配し、ケアホームの情報を提供したところ、『そんなところがあるなら』と前向きに検討したい様子だった。そのため一度見学させてほしい」とのことだった。
　こちらとしては本当にA氏がどういう気持ちなのか、本当に前向きに検討しているのか懸念があった。そのため、A氏に会えないか妹さんに相談し、後日、会うこととなった。

X.10. 1　　A氏宅を訪問
　妹さんから相談を受けた経緯や、ケアホームの情報提供をしたこと、ケアホームに入ることが前提ではなく、A氏が安心できる生活について一緒

に考えさせていただきたい、その一つの方法としてケアホームも検討できることを伝えた。

　A氏は「私はどうしたら良いのかわからないんです。」と話しながらも、ケアホームに入ったら今のヘルパーさんとは会えなくなるのか、ヘルパーさんと買い物等に行くのは楽しみなので続けたい等と話し、ケアホーム利用後に移動支援が使えるか等、自分の生活がどうなるか、本人自身の課題として考えている姿がうかがえることを感じたと伝えた。

　また、在宅での生活を継続できる可能性について妹さんは「これから冬になり雪が積もると、ここの住宅地は除雪車が入らず孤立してしまう。私も本人の様子を見に行きたくても雪かきからしなければいけないと思うと気が滅入る。雪のことだけではなく、本人を一人にさせておくことが心配。もし、本人がケアホーム利用を断ったら、最悪、自分の住んでいる近くにアパートを借りて住まわせて、ヘルパーさんの支援を手厚くしたい」と話した。

　現時点では妹さんの不安な気持ちを受け止め、見学する中で一緒に考えていきたいことを伝えた。

X.10. 6　　A氏、妹さんと一緒に「Cケアホーム」を見学

　A氏本人はCケアホーム担当者に見学に至った経緯について、「母の入院が長引くことを聞き、皆に一人暮らしを続けることが難しいと言われたので来た」と話された。まったく自分の意思に反していると感じている様子ではなく、迷われていて一度見学だけでもしてみたいとの様子がうかがえた。実際に見学をした印象は「きれい」と話され、キッチン付きの部屋を見て「少しのことでもキッチンがついていたほうが便利」等とCケアホームでの生活を想像している様子もうかがえた。後日、妹さんとも話し合った結果を確認することとした。

X.10.12 　　　妹さんから電話

　今後、どうしたらよいか相談を受けた。本人も迷っている様子だとのこと。「『何で自分が今の家を離れなければならないのか』という気持ちも持っているだろう。今は生活に不便を感じていないようだが、それは私が毎日訪問しているからそう思うのだと思う。実際は今後、毎日は行けない。父や母のところへも行かなければならない。それに、夫の両親も介護が必要になってきた。本人の面倒ばかり見れない」と話された。

　こちらとしてはA氏の迷っている気持ちもわかるし、妹さんが心配する気持ちも知り、どうしたものかと悩む気持ちがある。妹さんの苦労は計り知れないものだと思うことを伝え、施設入所だけではなく、A氏が安心できる暮らしを考えていきたいことを伝えた。妹さんは「最悪家で暮らすならば、ヘルパーさんをもっと活用して、ダラダラと過ごす生活ではなく、家事なんかもできることを増やしてほしい。日中もどこかに通えるようになってほしい」と話された。

　A氏本人の気持ちを確認していくためにも直接会いたいことを伝え、A氏と直接連絡して面接日を調整することとした。A氏に連絡。見学に行った感想や今後の暮らしの希望を一緒に話し合いたいことを伝え、翌日に訪問することとした。

X.10.13 　　　A氏宅を訪問。妹さんもおられた。

　こちらとしても妹さんの気持ちもわかるし、A氏がケアホームを迷われている状況もあり、どうしたものかと悩んでいることを伝えた。

　妹さんとしては母の状況が変わり、本人のもとに頻繁に行けなくなる。義理の両親の介護もある。そうするとご飯も持ってきてあげられないし、ゆっくりと話もできない。だからケアホームに入ったらいいと思うことを話した。

　A氏からは「それはおかしい。あんたが毎日来るっていうから母親の入

院を了解したのに。私の言うことも聞いてほしい」と話された。お互いの気持ちを聴くなかで、妹さんから、夫の母親も物忘れがひどくなってきたことを打ち明けられ、妹さんもつらい思いをしていることを確認した。それを聞いたA氏は「そうやったんか、そんな状況なのか、大変なんやね、でも……どうしたらいいかわからん」と葛藤する気持ちがあることを話された。

　本日の話し合いを踏まえ、再度、A氏の思いを聴きたいと伝え、面接を行うこととした。次回はA氏本人がなるべく自由に自分の思いを語れるように、1対1で面接させていただくこととした。

X.10.18　　A氏宅に訪問
　先日の話し合いをした感想や感じていることを話し合った。
　本人として自宅にいたいと思う気持ちがあるのは、お父さんやお母さんが帰ってくる場所がなくなるんではないかという気持ちになると話された。前みたいには生活できないかもしれないが、お母さんは病院にいるんだから、良くなる望みを捨てたくないとも話された。一方で妹の苦労もよくわかった。自分自身も妹が来れなくなったらご飯のことが心配とのこと。
　ヘルパーの曜日や時間を増やすことについて尋ねると、それでもいいと思うとの返事だった。
　他に心配なことを尋ねると、雪が積もったら身動きがとれなくなること、雪かきが大変なことを話された。そのため、A氏から「考えていたんだけど……」と、ケアホームを一時的に活用しながら自宅での生活を送るのはどうかとの相談だった。そうした活用ができれば本人のニーズに沿ったものであることを確認し、検討することとした。本人としてもまったくケアホームを考えていないわけではなく、興味はあるとのことだった。
　PSWはA氏が話してくれた自宅を離れたくない思いはとても大切だと感じたこと、直接妹さんに伝えたらどうかと思ったことを伝え、次回は妹

さんを交えて面接することとした。
X.10.29　　A氏宅を訪問し面接
　前回の訪問時の話を踏まえ、妹さんも交えA氏の現在の考えを確認した。
　A氏は両親が帰ってくる場所がなくなるのではという不安があることと、妹の苦労もわかったことを伝えたうえで、やはり自宅で暮らしたいと伝えた。
　妹さんは「姉ちゃんの言うこともわかるけど……、雪が積もったら大変やよ、どうすの？」と穏やかな口調で返した。A氏は黙ったままだったので、PSWは今までどのように対処してきたのか確認すると、隣のおじさんが親切にしてくれて、雪かきや庭の掃除等してくれているが、妹さんとしては両親もいなくなり、このまま隣の人に甘えても良いのかという気持ちがあることも話された。A氏は「これからは自分も少し手伝うし、ヘルパーさんも手伝ってくれると話していた、ヘルパーさんの時間数を増やしてもいいと思っている」と話された。PSWも妹さんの不安は理解できるがA氏がここまでの思いを持っているのであれば、A氏本人も妹さんも安心できる自宅での暮らしを考えていきたいと伝えた。また妹さんはお隣さんに申し訳ないと思っているが、相手はすすんでしているかもしれないし、その方の生活の張りにもなっているかもしれないので、あらためてお願いに行ってもよいのではとも伝えた。妹さんもA氏が自宅にいたいという思いはわかっていたし、今回の面接の前までどうすればよいか迷っていたが、「お姉ちゃんの言葉を聞いて、ヘルパーさんも増やしていいと言ってくれたし、とりあえずは自宅での生活で様子を見たい」と話された。

　後日、A氏と妹さんで隣の方に両親が入院したこと等を話し、A氏の生活についてできる範囲で支援すると言っていただいたと妹さんから報告があった。A氏も「雪のこともあるし、少し安心した」と話してくれた。

4．考察

　私は妹さんの不安な訴えが多い中でA氏不在の支援になっていないか、自分のかかわりを振り返りながら実践することを心がけた。しかし、妹さんの主張に引っ張られていないか不安をかかえていた。

　とくに妹さんにCケアホームの情報提供をした場面ではそのような不安が強かった。今、振り返ると、その前に本当にA氏を交え今後のことを一緒に考えられなかったか疑問が残る。

　また、私が自分の不安や懸念を自覚した際には、その思いをA氏や妹さんに伝え一緒に考えようとした。しかし、一方的にPSWの思いを伝えるだけのかかわりになっていないか振り返る必要もある。A氏や妹さんのさまざまな思いを丁寧に聴き、「自分がこれからどうなってしまうんだろう、どうされてしまうんだろう」といった不安な思い等の自由な語りを支援し、その思いを受け止めるかかわりが重要なのではと考える。しかし、私はA氏や妹さんの気持ちを受け止めるふりをして、私の気持ちのどこかでA氏も妹さんもお互いに妥協できる案が出てこないか期待していなかっただろうか。ヘルパーさんの時間を増やすことで落ち着いたようにも思えるが、それはPSWが誘導していなかったかということも振り返らなければならないと感じている。

　本人が自分の生活を主体的に考えていくうえでは、迷いや葛藤、不安を本人自身が自覚し、受け入れ、一歩踏み出すまでに時間が必要だし、そうした本人にとって必要な時間をPSWが傾聴と受容を大切にしたかかわりの中で保障することが重要だと考える。

▶提供事例－2に対するグループメンバーの感想文

(1) GSV感想（参加メンバー I）

　報告者が書く、事例報告や毎回のその感想文はいつも読みやすくわかりやす

い。その理由は、報告者自身がどういう視点でクライエントとかかわりをもっているかを明確にしているからではないかと私は感じている。今回の事例報告も表題となっていることを中心に振り返っており、大変わかりやすいものだった。

本事例はA氏の状況を心配している妹からPSWへ相談が多く、本人不在のまま話が展開していくことを懸念し、かかわりを持ったケースであった。報告者はまず、妹の話を傾聴し妹自身の不安を受容している。その場面では「A氏が自分の状況をどうとらえているか」と妹に伝え、妹の不安とA氏本人の生活は別物ととらえ、「本人中心」という視点がぶれていなかった。事例の展開を見ても終始、「本人中心」というものがぶれておらず、サービスありきを考える妹に対し、A氏自身の思いを確認しながら、A氏にとって最良の生活は何であるかをアセスメントし、A氏自身が自ら悩めるように支援を展開していた。A氏の悩みの中には妹夫婦の生活も案じることもあり、妹の心配から端を発した相談が、まさにA氏自身の相談に切り替わった瞬間だったようにも感じられた。

また、報告者の「本人中心」視点のあらわれはX.10.18のかかわりを伺うとよくわかった。A氏自らが、妹の不安を察し、妥協案を提示した場面であるが、私が支援していれば、これまで妹から強く施設入所の希望を訴えられていたPSWにとっては願ってもいない発言ととらえてしまい、その妥協案に乗じてしまう。しかし、報告者はA氏にとってそれが本当の思いなのかを確認することを怠らず、粘り強く支援にあたっていた。

私は支援にあたるうえで、周囲からの期待にこたえようとしたり、失敗させないようにと先回りしてクライエントを誘導したり、と「本人中心」を欠いてしまうことのほうが多い。今回の事例を通し、本人の迷いや葛藤、不安に寄り添うことを保障するかかわりの大切さを学ぶことができたような気がする。ありがとうございました。

(2) GSV感想（参加メンバーD）

　一人暮らしへの不安が強いA氏と身の回りの面倒を見てくれるおじさん、会社の同僚などの周りの人たちとかかわりながら本人が主体的に生活していけるように支援していくうえで戸惑いや支援の難しさが出ていた事例だったと思います。

　この事例提供があって勉強できたことは、日々のかかわりの中のコミュニケーションの大切さでした。よく頭の中でわかっていながらもクライエントに対して安易に言葉を選んでしまうことや話すタイミングを考えてしまいがちになることがあります。実践の中でもためらってしまうことがあるのですが、それはクライエントとはきちんとかかわっていないことになるし、また、こうなってほしいというPSWの誘導的な発言や支援に陥りやすいと感じました。

　PSWとして本人の思いを、その場で本人に確認していることがとてもできている事例であったと思います。その場面は事例の中にいくつもありましたし、本人が険しい表情や無言のまま、怒鳴ることがあってもきちんと本人がどう思っているのかの気持ちを確認することができており、難しい時もあったと思う。それでもその時には筆談を交えてPSWの考えを伝えたり、意思を確認したりしていたことにPSWとして、とてもよく深くかかわりを持てていると感じました。筆談は私自身も経験はありますが、慣れてはいなかったのでスムーズに自分の思っていることを書けずに、クライエントをイライラさせることや、困惑させてしまったことを思い出しました。クライエントの思いを常に聞くという役割の大切さも忘れてはいけないことだと毎回でありますが確認できたと思います。

　最後になりましたが事例提供者のGさん、皆様、お疲れさまでした。

(3) GSV感想（参加メンバーE）

　今回の事例では、「本人不在になっていなかったか」ということをテーマにしたGSVで、実際に今自らが携わっているケースを振り返りながらの参加に

なりました。

　利用者との出会い－相談支援の始まりでは、利用者本人からよりも家族や関係機関の困りごとから始まることがよくあります。こういったケースの場合、どうしても「周りの困りごと」にとらわれてしまい、テーマの通り「本人不在」になってしまっていることが多々あります。今回の事例の始まりもそのような形でありましたが、Ｇさんは最初の面談でＡさんやご家族の方に「Ａさんの不安や希望に対して、一緒に活動していく」としっかりと自らの役割を伝え、自らの立ち位置を築いていたことに、私自身はしっかりとできていなかったことだなあと反省しました。

　また、かかわりごとにＧさんが自らのかかわりについて、しっかりと振り返りをされ、常に自分の立ち位置を確認されていることに、ワーカーとしての本来の働きを再確認しました。自分の発言や行動が相手やその関係者にどのように作用しているのか、またその時に自分の思いはどうだったのか、その中心には本人がいるのかという視点を常に意識し、客観的に判断できることも相談職として大切であることを再度確認する機会となりました。

　二者いれば、どちらかの意見に左右されてしまうことがよくあり、ついつい発言力の強いほうへ引っ張られてしまいます。しかし、表面にあらわれているものだけではなく、心の中にある思いを聴くことができるよう、また自分は誰の支援者であるのかを意識していくことが大切であることを忘れずに、今後の業務にあたっていきたいと思います。

　最後になりましたが、今回事例提供をしてくださったＧさん、どうもありがとうございました。お疲れさまでした。

(4) GSV感想（参加メンバー F）

　今回の事例は、妹の強い訴えから始まったケース。本人が困ってなくて家族の訴えから始まるケースは自分のケースにおいてもよくある。とくにクライエントが知的障がい者である場合、本人の理解の困難さから家族の思いに引っ張

られがちである。つい声の大きな家族のほうに耳を傾けてしまう傾向に自分はあるので常に気をつけようと意識してはいるが、今回の事例にてGさんが丁寧に本人不在にならないよう本人と一緒に考える姿勢が顕著で、あらためて自分自身も気をつけていきたいと思った。たとえば、相談の当初が妹との電話での相談がほとんどであったことに対し、GさんはGSVの際、「本人の知らないところで妹と本人のことについてやりとりしていることがいやだった。本人不在の気持ち悪さを感じていた」と述べられていた。あくまで「本人主体」という意識が非常に高く、その気持ち悪さ、違和感を自覚し、そのままにしているのではなく違和感をきちんと本人や妹に伝えていた。丁寧にその都度、PSWが感じたことや違和感、思いを本人、妹に伝えていて、それはとても大切なことだと感じた。

　また、考察においてPSWが「Aさんと妹さんもお互いに妥協できる案が出てこないか期待していなかっただろうか？」と振り返っているが、自分自身、同様に期待してしまっていることはよくあるように思う。SVRから「期待すると柔軟な発想がなくなる」と指摘があり、よく理解できた。今後は、期待してしまっている自分を自覚していこうと思う。

(5) GSV感想（参加メンバーC）

　今回の事例では、Aさんが今まで普通だと感じていた生活が一変した時に、Aさん自身も現在自分であって自分ではない感覚を持っているのではないか、そうであれば信じていたものを信じられなくなったり、さまざまな面に自信が持てなくなってぶつけるところのない腹立たしさや戸惑いがあるのではないかと想像した。病気になった自分を受け止めることは、相当時間がかかることだろうし、一生受け止めることができないかもしれない。受け止めきれない思いにどう寄り添っていくのかを大切にしていかなければ、病気である自分を受け止めてほしいと思っているのではないかという思いでかかわってしまうのではないか感じ、今まで自分がそのようにかかわっていなかったかという怖さも感

じた。また自分だったらこう思うだろう、こうするのではないかという気持ちが優先されることなく、本人の気持ちに向き合っていくことが大切だという思いをあらためて強く抱くことができた。

また今まで自分が利用者に対して、病気についてわかったようなことを話していたのではないかとハッとさせられた。Aさんの病気については、まだ私が出会っていない病気の方だということで、想像できないという思いが生まれたが、今まで私が出会ってきた方についても、経験したことがないのにもかかわらず、さまざまな方から話を聞いてきたというだけでわかったような気持ちで病気について話をしていたような気がする。そのためあらためて自分自身の実践を振り返るいい機会になった。

その方の人生を、話を聞きながら想像する力が必要だと感じるとともに、その思いにとらわれずにかかわっていくことを冷静に判断できることが大切だとも感じた。

その中でGさんが何度もAさんとかかわっていっていることや、関係性の中からどのように支援していけばいいのかという葛藤の中でも、本人が置いてきぼりにならないように思いを確認しているところが何度も確認でき、時間はかかっても向き合っていける時がくるのではないかと思った。

▶GSVに対する報告者の感想（報告者G）

本事例を通してワーカーとクライエント、家族と今後の暮らしを考えていく共に考えていく「協働」の姿勢について学ぶ機会となりました。

私は「家族の希望が優先されないか」「本人の思いが置き去りになっていないか」不安がありました。一方で考察にも記したように本人、家族がお互いに妥協できる案が出てこないか期待していました。GSVのメンバーからは「期待してしまうことはいけないことか？」という投げかけがありました。私はそうした期待が大きすぎると本人、家族と一緒に考えるという姿勢が失われ、ニーズが見えづらくなると考え、期待してしまう自分を否定していたことに気づ

かされました。SVRからは「期待している自分に気づくことは大事」といったコメントがありました。「相手の表面的な言動にとらわれている自分」、「価値観の違いで偏見を抱いている自分」等を否認するのではなく、そうした自分がいることを自覚し、謙虚に受け止めることがまず必要だとも感じました。時にそうしたワーカー自身がクライエントとのかかわりにおいて感じたことを本人、家族にも伝え、本人の望む暮らしを共に考えていく過程で活かしていくことで、「ワーカーだからこうあってはいけない」と思う自分から解放されるのかもしれないと考える機会となりました。

　また、他のメンバーからは「本人の思いを尊重しなくては」と思い、家族の気持ちを受け止めることができず、家族を納得させようとの思いが強くなり、家族と対立することになっているかもしれないとの意見もありました。私もそのようにかかわる危険はあるだろうと感じています。そうした危険を自覚しつつ、家族が「施設に入れてほしい」などと、一見、本人を排除しようとするような言動でも、その背景にはどんな思いや状況があるのかを理解しようとする姿勢が求められると考えたいと思います。家族には家族の事情があり、それを理解し受け止める姿勢なくして家族の本当の思いは理解できないし、そうしたワーカー、クライエント関係の中でお互いに胸の内を明かせずにいるのでは、本人、家族がお互いに納得できる答えを導き出していく過程を支援することは難しいことを学びました。

▶SVRからのコメント

「本人不在になっていなかったか不安を抱えてかかわった事例」について

　今回はコメントの構成をちょっと変えて、GSVのメンバーの感想を適宜記述してみたいと思います。発言はある時間帯の、しかもほんの部分的なものです。小生の作文ではありません。もちろんフルスタイルで記述できません。小生のノート取りと、また記憶には限界があるので要旨という形をとらざるを得ません。記憶しておられる方もおられるでしょうし、もう忘れた方もおられる

でしょう。それはかまいません。ただ心配なのは小生の取り方が間違ってとらえたのではないかということです。そうであったらそれはお許しいただきたいと思います。記述しっぱなしです。

総括として
- 実際の場面では、周りが困ったときにソーシャルワーカーが介入するようになることが多いと思うのです。しかも本人不在で。自分の中に同じ土俵に立っているのかなと、思う気持がありました。このケースでいえば、やはり妹さんを納得させるようなかかわりになってしまうことが、自分にもよくあるということです。
- 私も同じ。これでいいのかと思いつつ、自覚できないでいることが多い。自覚できたとしても、それをこんなにきちんと相手に伝えていないと思います。
- 今回の報告者のケースレポートは読んでいてわかりやすいです。それは経過の進め方に、必ず動機づけがあるからではないですかね。また、「うまいことといった。妹さんを納得させることができた」というところで、私なら「Aさん、妥協する力があるんだ」というまとめ方で終わりにしてしまうところです。
- 私の場合も本人不在になりがちです。家族の言い分ばかり聞いてしまうのです。本人さんもyes manになってしまっているのです。きちんと自分の考えを伝えていかなければいけないのに。
- タイムリーに相手について感じたことを、即、自覚することは難しいものだと思います。自分のアンテナに引っかかってきた場合はいいが、言語的に発信しない人の場合は難しいです。

以下、SVRのコメントを含め記述します。

X＋2.10.13　本人は妹さんがつらい思いをしていることを確認し、「そうやったんか、そんな状況なのか、大変なんやね、でも…どうしたらいいかわから

ん」という表現をPSWは大事にしています。

　グループの中で、Eさんは、「本人さんは自分の考え方を変えることができるのですね」とA氏の能力を評価しています。報告者であるPSWは「自分の意見を押し通そうとする人ではありません。妹さんも、本人にヘルパーの人が『頑張ろうよ』と言われると、『余計なこと言うな』といった気持があるようです」。PSWの姉を気遣う妹の気持をサポートする姿勢を感じます。

　X＋2.10.29　妹さん「雪が積もったら大変やよ、どうするの」Aさんは黙ったままでした。妹は今までのように隣のおじさんに頼ってばかりいられないことを本人に気づかせようとします。A氏はよくわかっているのですね。Eさんは、妹さんについて、「生き方のルールを知ることは難しいと思います。食事のことや雪かきのことを不安に思いながらも、隣人ばかり頼ってもいられないのだ、とA氏に言い聞かせようとしていますが、その裏には1年経ったところで多少不安が取れてきているのではないでしょうか」と、コメントしています。これに対しPSWは同意し、妹さんの訴えはなくなっていると報告しました。グループのスーパービジョン機能が進んでいます。

2011年度GSV参加者名簿（敬称略）
1　県障害保健福祉課　岩尾　貴
2　地域活動支援センターA　国下淑代
3　ワークプラザ　中村久司
4　K療育園　遠藤祐紀子
5　K障害者就業・生活支援センター　矢鋪幸代
6　Y生活支援センター　岡安　努
7　相談支援事業所K　喜多昌恵
8　S病院　辨谷　啓
9　O病院　伊藤千尋
10　ピアサポートN　木谷昌平

参考文献

- 北川清一「脱構築分析（Deconstruction）による事例研究の意義——ソーシャルワーカーが引き起こす不祥事を乗り越えるために」『聖隷福祉研究』創刊号、聖隷クリストファー大学社会福祉学会、2008年
- 柏木昭「スーパービジョンの実践に対する誌上スーパービジョン」『精神保健福祉研究』通巻69号（社団法人日本精神保健福祉士協会発行）へるす出版、2007年、61-69頁。

第 IX 章

聖学院大学人間福祉スーパービジョンセンター──現状と課題

1 聖学院大学人間福祉スーパービジョンセンターの活動

1.1 現状理解のために

 2008年度より聖学院大学総合研究所の補助活動事業として人間福祉スーパービジョンセンターが3月1日に発足会を開催し歩み始めることになった。福祉の現場で苦闘するワーカーの現状に関する教員間の発話に触発されて準備が進められ、その日に至った。
 発足会には、保健福祉現場で働く卒業生が石川県、山形県、長野県、山梨県などからも集い、40名を超える参加者となった。

 その発足会においては、まず柏木昭教授による「スーパービジョンとは」と題しての講演がなされ、続いて「今、実践の中で困っていること、そしてスーパービジョンセンターに期待すること」をテーマに卒業生によるシンポジウムが行われた。SVに対する現場の切実なニーズと今後への期待を感じる内容であり、柏木教授の講演ともども、今後の聖学院大学スーパービジョンセンターの運営指針を形作るに資するところ大であった。

 その折の呼びかけ文にセンターが取り組もうとしている行動の概要とSVの

視点が明記されており、発足時点の考え方を知るために有益であるので概要を下記しておく。

> 　社会福祉の現場では、日々、さまざまな戸惑いや、失敗、迷い、揺れに直面することは少なくないでしょう。
> 　サポートのない中で不安を抱えながら仕事を続ける人や、問題を一人で抱え込み孤立する人、対人援助の中で傷つく人など、夢と希望を抱いて就いた社会福祉の現場で、未来を描けなくなっている人は少なくありません。
> 　現実において直面する、このような壁を越える道はないものでしょうか。ソーシャルワークには、その壁を乗り越え、燃え尽きを防ぐ方法の一つとして、スーパービジョンという支援方法があります。このたび、福祉の現場で働いている方々に対し、スーパービジョンの機会を提供することになりました。
>
> **スーパービジョンとは？**
> 　スーパービジョンとは、スーパーバイザー（熟練のソーシャルワーカー）がスーパーバイジー（経験の浅いソーシャルワーカー）に対し、その人の能力を最大限に生かしてよりよい実践ができるように責任を持って支援を行うものです。
>
> 　　　　　　　　　　　　　（センター発足時の参加の呼びかけ文より）

こうした方向づけは会を進めるにしたがい基本は変わることがなかったが、一層深化していくことになる。その後の展開については、本書のSVについての各章各項に詳細についての掘り下げた記述がなされている。

この発足会を踏まえて、当研究委員会においては次のようなプログラムを実

施していくことになった。その運営管理および実践体制の概略を記し参考に供したい。

◆プログラム【1】個別スーパービジョン：SVRがSVEと契約をして、個別に応じた課題についてのSVを提供する。対象は、福祉援助職に従事する本学卒業生および関係者とする。個別のニーズに応じるが、おおよそ毎月1回程度1回1.5時間程度とし、SVEの自覚を促し、また、運営上の目途もあり適切な費用徴収をなす。

◆プログラム【2】グループ・スーパービジョン：10名前後のグループで、お互いの実践現場のかかわりについて相互に事例提供をする。専門性の倫理を守り、SVRとの間でとりきめた方法によって実施する。対人援助職についている本学卒業生および一般者で、グループによるSVを希望する者（経験年数は不問）を対象とする。月1回／年10回。グループという状況に見合った適切な費用徴収がなされる。

◆プログラム【3】研修交流会（ピア・スーパービジョン）の開催：実践現場で必要な知識やかかわりについて見直し、またクライアントとかかわる自己自身の点検を促すなど、日々の業務を見直す機会となるような研修会を開催する。個別SVやGSV等に参加することのできない人たちも参加でき、お互いに知り合い、情報交換の機会とする。本学卒業生および一般、年2回、無料とされた。会終了後の懇親会による交流もなされ、心の内側の吐露のために有効に機能している。

◆プログラム【4】スーパーバイザー支援制度：後輩や実習等においてSVを行っているものの自信がないという人は少なくない。SVのかかわりについての話し合いを通し、サポートの機会を提供する。個別のニーズに応じるが、1回1.5時間程度、専門性の高度差に顧みた適切な費用徴収とする。

第Ⅸ章 聖学院大学人間福祉スーパービジョンセンター──現状と課題

　SVRとして次の各氏が任にあたっている。その人選にあたっては各自の多方面な経験が重視された。

スーパーバイザー

柏木　　昭　聖学院大学総合研究所名誉教授・スーパービジョンセンター顧問、社団法人日本精神保健福祉士協会名誉会長

助川　征雄（精神保健福祉士）聖学院大学人間福祉学部人間福祉学科教授・学科長

大野　和男（社会福祉士・精神保健福祉士）NPO法人精神障害者のあすの福祉をよくする三浦市民の会ぴあ三浦理事長、社団法人日本精神保健福祉士協会相談役、聖学院大学非常勤講師

田村　綾子（社会福祉士・精神保健福祉士）聖学院大学人間福祉学科准教授、社団法人日本精神保健福祉士協会認定スーパーバイザー

行實志都子（社会福祉士・精神保健福祉士）文京学院大学人間学部人間福祉学科准教授、聖学院大学非常勤講師

廣江　　仁（精神保健福祉士）社会福祉法人養和会指定障害福祉サービス事業所Ｆ＆Ｙ境港（就労継続Ａ型）所長・聖学院大学非常勤講師・社団法人日本精神保健福祉士協会スーパーバイザー

相川　章子（精神保健福祉士）聖学院大学人間福祉学部人間福祉学科准教授

コーディネイター

中村　磐男　聖学院大学大学院教授・人間福祉スーパービジョンセンター長

牛津　信忠　聖学院大学人間福祉学部人間福祉学科教授、学部長、スーパービジョンセンター委員会委員長

なお精神保健福祉領域の専門家が多いのは、このSVという専門的実践がこの領域において活用され、さらに高度化の努力がなされているという現状による。なお精神保健領域でもことさら社会福祉全般に視野を広げておられる各氏に依頼申し上げた。

　運営事務については本章2（252頁以下）のとおりである。さらに聖学院大学人間福祉学科卒業生で組織する学生ネットワーク（SWnet: Seigakuin Welfare Net）が全体の連携機能を向上させてくれた。

1.2　センター活動の特性理解

　上記のプログラムのうち当該センターの特性をよくあらわしている3つを取り上げ、その意義と課題を拾い上げながら述べていく。

1.2.1　ピアスーパービジョン

　聖学院大学総合研究所によるスーパービジョンの会が発足し、スーパービジョン研究に関する集いの第一歩が記されたが、これに続く第2回目という意味を持って、「ピアスーパービジョンの会」が2008年9月27日に聖学院大学において開催された。上記のプログラム【3】がまず取り上げられたことになる。とくに聖学院大学卒業生を中心にして一般の方々も参加可能とした。これはSVを身近なところから始め、次第に広がりを持って世に定着させていこうという思いから始められたSVのニーズにこたえるための試みであった。以後、この「ピアスーパービジョンの会」を基軸にして、人間福祉スーパービジョンセンターの活動が営まれていくことになる。

　この会は発題にあたる講演と、ワーカーとして働く卒業生同士の現場経験をもとにしたシンポジウム形式の討論あるいは体験発表が行われる。さらにそれをもとに、子ども、高齢者、障がい者などそれぞれ近い現場にいるワーカー同

士がグループになり、グループディスカッションが行われ、これがPSVとしての意味を濃く持つことになる。

　講演においては、たとえば、助川征雄教授による「ピアスーパービジョンとは？」や柏木昭大学院人間福祉学研究科教授による「スーパービジョンとは何か」に代表されるような原点に返りながら絶えず問いかけを忘れない姿勢が貫かれている。また講演における傾向として、講演者もその現場経験をもとに、集まった人々とのピアとしての思いを持ちつつ語ることに意が注がれ、ピアとしてのSVがなされることに資するよう配慮された。たとえば、相川章子人間福祉学科准教授により、「失敗から学ぶソーシャルワーク」というテーマで講演が行われた。相川先生ご自身が、実際に福祉現場で働いた時のご経験をもとに、「失敗のなかから学んでいくこと」、「(福祉)の専門教育を受けた卒業生たちが、福祉現場の置かれている現状に"おかしい"という思いを持ちながら変えていく」、「そういった人たちを増やしていく」ことの意義について語った例などがその良き例示である。

　体験発表としては発表「語り合うことの意義」卒業生数名による体験談とともにパネルディスカッションの形で相互に語り体験の共有の意味を確認し合った。さらに障害者福祉施設、高齢者福祉施設、精神保健福祉士、MSWなど、異なる分野で働く卒業生たちの報告を聞くなど多様な職場における状況報告をもとに、PSVおよびグループディスカッションを行い、業務の課題を見直し、情報交換を行うことも繰り返しなされた。グループディスカッションでは、それぞれのグループの中で参加者一人ひとりが自分たちの現場で働いていて感じていること（悩み、思い、失敗、葛藤など）が語り合われた。感想の中で参加者は、「素直な気持ちで話ができる場は本当に必要だと思いました」、「あらためて新鮮な気持ちで"原点に返って考えること"の大切さを感じとることができた」、「自分が迷った時、何を糧にするか、原点は何かと、立ち戻ってみる。失敗を失敗と見るのではなく、こうすればよかったと前向きにとらえればいいんだなと感じた」等と率直に述べている。さらに

- いま、自分の悩みについて客観的に見つめることができました。
- 「一人ではないんだ」と感じることができました。
- 現場は違うけれど、悩みが同じとわかると、悩むことは悪いことではないと思いました。
- 職場でもこういう場を作れるようにできたらなと思います。ここでの気づきをまずは身近な人に発信することから始めたいです。

ワーカーとして一人で働く参加者からは「"気持ちをはきだす場"ができてよかった。たとえ解決はしなくても、この場があるかないかで大分違いがあると思いました」等々の感想にこうした試みの意味がにじみ出ている。

このように継続されてきた「ピアスーパービジョンの会」も次回（2012年2月25日）で9回目を迎える。プログラムの内容は卒業生の報告やグループ討議などとなっており、年度の2回目は卒業生が自主的に内容を定め福祉ネットワークを通じて呼びかけ、自主的に運営を図るという方向は今もなお貫かれている。「ピアスーパービジョンの会」を通じて、ソーシャルワーカーおよびそれに連なる協働者たる自覚を養うと同時に、相互連携の中で問題解決の指針を探るという目途がこうして果たされていっている。まさに趣旨の中に言われてきた「ピアスーパービジョン」は、社会福祉の現場で実践を行っている者同士が「振り返り・語り合い・支え合う」支援を行うことを意味しています、という行為の継続がここにある。

ところでこうした実践のネットワークが、福祉に携わる措置行政の間でつくられ、それがこの会の継続を支えてきたことをも強調しておかねばならない。それが、Seigakuin Welfare Net（SWnet：聖学院大学人間福祉学科の卒業生とSVCの受講者を中心とした福祉実践家のネットワーク）であり、第1回目の発足会に集まった卒業生らのメンバーが中心となって組織化が進み、開催に向けての準備がその都度なされてきた。こうした組織化がこの会の継続性の要にあった。

1.2.2　グループスーパービジョン

次にプログラム【2】のGSVを概略取り上げる。

　PSVが社会福祉従事者間による、体験談を聞いたりディスカッションを行ったりという行為の連鎖による共感とそれによる内省を喚起するのに対し、このGSVはそれに比し、より専門性を高めたSVR（およびその補助者を含む）との相互関係を通じながら共感を深めSVEの主体的応答力を高め、支援力へとつなげてゆこうとする努力のプロセスであるといえる。その意義づけをよくあらわしている2011年度GSVの呼びかけより抜粋しておく。

　　　　保健・社会福祉現場や企業で対人援助の仕事をしている方々へ

日時：8月を除く第2金曜日（全9回）　　18：30〜20：30
6/15, 7/8, 9/9, 10/14, 11/11, 12/9, 1/13, 2/10, 3/9
原則一年を通じて参加

場所：埼玉県男女共同参画推進センターWith Youさいたま　等

＊参加費：年間27,000円／9回（聖学院大学卒業生9,000円／9回）

指導をしてくれる先輩がいない・・・
先輩職員が忙しくて聞きたくても聞けない・・・
諸事情で新任教育ができない・・・
よくわからないままで目の前の仕事をこなしている・・・

そんな不安や戸惑いを抱えながら働いている人は少なくありません。グループ・スーパービジョンは仲間と共に学び成長しあえるプログラムです。

> 2011年度も6月から開講します。事例をもとに実践のなかでのかかわりについて互いにふりかえる機会を持ちましょう。

このように仲間とともに振り返る機会を持とうと呼びかけている。担当は柏木昭教授と相川章子准教授であった。

この例示にもあるように、このGSVのプロセスを歩むことにより、共感協働を支えにクライエントに向き合う姿勢と技法へとSVRの支援が展開されてゆく。

1.2.3 「福祉のこころ研究会」

総合研究所研究活動としての「福祉のこころ研究会」が発足し、この研究会・講演会により、スーパービジョンセンターの思想的福祉基盤を探ることが1つの重要目途として企図とされた。第1回目として、阿部志郎先生の「福祉の役わり・福祉のこころ」と題する講演および柏木昭教授との討論の機会が持たれ、議論が深められた。その内容は、総合研究所によりまとめられ、講演題と同名の書が2008年6月26日に聖学院大学出版会から発行された（A5判ブックレット、44ページ）。この出版は毎回の研究会ごとになされることとなり、研究会の記録であるとともに、広く内容を世に問い、会への参加者以外の多くの人にも考えていただく機会を提供していくことになる。

この研究会は年に1回開催されていくが、福祉の心をキリスト教の立場から、また仏教や東洋思想の立場から広く見つめてゆこうという努力も行ってきた。第2回講演会淑徳大学学長　長谷川匡俊先生「福祉教育における宗教の役割」、あるいは第5回の石川到覚先生（大正大学大学院人間学研究科教授）「〜福祉の役わり福祉のこころ〜　宗教と福祉──仏教福祉の立場から」の講演も意義深く、対比によって心の深淵へと目を向ける好機を与えてくれたといえよう。

また近年の福祉における地域福祉の思索を原点においた横須賀基督教社会館

理事長　濱野一郎先生「横浜市寿町からの発信」や岸川洋治先生（横須賀基督教社会館館長）「住民の力とコミュニティ形成」、施設を場の理論的に解明し、人間の生きる地域の中に包含する視点を示唆した岩尾貢先生（社会福祉法人鶴寿会専務理事、特別養護老人ホームサンライフたきの里施設長）「認知症高齢者介護の現場から」など注目すべき内容が提示された。加えて総合研究所の死生学研究との連携をも目途とする平山正実教授（聖学院大学大学院・総合研究所）の人の心のケアに関する講演「精神科医療におけるチームワーク」も、このスーパービジョンセンターの講演内容としては意義深いものであった。

1.3　人間福祉スーパービジョンセンターの意義と課題

　人間福祉スーパービジョンとは、重荷を担う人々と真に直面し、その人のその人らしいエンパワーを通じてリカバリーを図ろうとする過程への相互的支援である。それはあくまで相互的になされる。そうしてその相互性は重荷を担う人への相互的支援に生かされる。

　上述の各SVは、そのための場としての意味を持つのである。またそれはこの本に述べられた各種の方途として具体化されることになる。

　そうした意義を確認したうえで、次のような課題を提起しておきたい。

① 　今後の福祉の職場の拡大傾向を考慮すると、SVのニーズの増大が推測される。そうしたなかで、当該センターの活動の広がりを通じて、卒業生のいる地域に支部を創り、拡大するニーズに対応することも課題視される。

② 　そうした各地域の支部を、総合研究所のセンターで支援していくあり方も探られるべきであろう。それに対して、人的支援や実践上の技術的支援をしていくことが具体的に実践されるよう期待される。さらに学術面での支援等、なすべきことの深化が求められる。これは総じて地域の

SV体制への支援という形態を保持することになる。

③ 前述された各種SV・プログラムの臨機応変な開催、たとえば震災対応など状況に合わせた開催ないし実施が求められる。研究会なども問題状況に応じた主題の選択なども考慮されるべきであろう。

④ PSVから個別SVへとつなげていくことも、さらなる密度の高揚が求められる。

⑤ こうした実践の積み重ねにより、学問としてのSVの学的深化への寄与も重要視され、際立った展開が見られなかった社会福祉の中のSVの位置と役割の考究が進展できるように、このセンターが機能することが求められる。

⑥ SVR、SVE、さらに家族、地域が織りなすトポス（場）の究明。相互的関係性のもとにある人格間の相互性が作用展開する場の究明につながる。

⑦ 前項⑥における場の解明とその活用は、関係性の中に成立していく個々に分化できない側面と個的に特有である側面を持つ人間の主体的関係性を明らかにせねば止まない。これを間主観的関係性と呼ぶことができる。

この間主観性の本質は、いかなる生活上の問題を担おうとも相互に人格性を見失うことなく、人格存在同士の相互的応答を継続させるところに成立していく。

こうした関係性を相互的人格主義と呼ぶことができるとすると、社会福祉全体においてもそうなのであるが、SVにおいては、その本質理解を必須とする立場から、より一層、この相互的人格性の探究が課題となるといえる。

2 | 聖学院大学人間福祉スーパービジョンセンターの運営

2.1 組織的位置づけ

　人間福祉スーパービジョンセンター（以下、スーパービジョンセンターと略す）の活動を継続的に進めるために、センターを大学組織のどこに位置づけるかが、センターを構想する当初から課題としてあった。最終的に大学の付置機関である総合研究所に位置づけられたが、そこにはいくつかの理由があった。

　第一は、研究活動と結びつけるためである。高齢者、障がい者など多岐にわたる福祉領域におけるスーパービジョンは、実践においては40年以上の実績があるが、SVの実証的研究はまだ少ないという現状がある（本書、51頁参照）。そこで総合研究所「人間福祉学研究センター」の中にスーパービジョンセンターを置いた。スーパービジョンに関する理論的研究を継続しながら、個別、ピア、グループのスーパービジョン活動を進め、その活動を通して実証的研究を深めていくためであった。

　第二は、スーパービジョンを教育の補助活動事業としたことによる。総合研究所には、カウンセリング研究センターの心理相談「グリーフケア・ルーム」の活動、聖学院大学出版会による出版活動が補助活動事業となっていて、それぞれ相談料、出版物の売上が収入として計上される。個別およびグループのスーパービジョンでは、参加費を徴収し、収入に計上する。支出はスーパーバイザー、講師への謝礼、報告書作成費用など。収入に対して、支出は上回っているが、その差額を、他の補助活動事業の差益と総合研究所全体の予算で補填している。

2.2 スーパービジョンセンターの運営

スーパービジョンセンターの活動については、別に論じられるので割愛し、ここでは活動の運営組織について述べたい。

(1) スーパービジョンセンター委員会

まず、スーパービジョンセンターを運営するために、「スーパービジョンセンター委員会」が組織されている。柏木昭・総合研究所名誉教授、中村磐男・人間福祉学研究科教授、牛津信忠・人間福祉学部長・教授、助川征雄・人間福祉学科長・教授、相川章子・人間福祉学科准教授、田村綾子・人間福祉学科准教授の6名の委員で構成している。

委員会は年間4、5回開催されている。議題は、①スーパービジョンセンター活動計画案・予算案作成、②スーパーバイザーの選任、③ピア・スーパービジョンのプログラムと講師案の企画。④それぞれ担当の個別、グループ・スーパービジョンの現状と課題の報告。⑤その他講師依頼への対応、など。なお福祉施設などに勤める卒業生が中心となって活動しているSWnet（Seigakuin Welfare Net）グループが開催するピア・スーパービジョンに対しては、講師の紹介など、センターとして後方からの支援をしている。

(2) 事務室

事務室は、総合研究所事務室（現在は、研究支援課）が担当し、ほぼ1名の職員が、運営支援にあたっている。その職務内容は、次のとおりである。

①委員会の案内、会議記録の作成。
②スーパービジョン活動の広報。「案内ちらし」を3000部印刷し、卒業生、福祉施設などに配布している。
③「スーパービジョン受講申込書」の受領、ファイル。

④スーパービジョン会場の手配、予約。
⑤「個別およびグループ・スーパービジョン実施報告書」のファイル、費用徴収、領収書発行。
⑥費用の管理、会計報告書の作成。
⑦上記SWnetの活動支援。
　その他スーパービジョンセンター活動全般の支援をしている。

(3) 報告書の作成

　スーパービジョンセンターの運営において重要なのが「スーパービジョンセンター報告書」の作成である。スーパービジョンという未定形の活動に形を与え、研究の資料となるからである。この報告書は、原稿は委員がまとめ、事務室が制作を担当している。

　「スーパービジョンへの誘い──聖学院大学人間福祉スーパービジョンセンター発足会報告書」（Ａ４判、46頁、2008年9月27日）

　「2009年度年次報告書」（Ａ４判、21頁、2010年3月31日）

　「2010年度年次報告書」（Ａ４判、28頁、2011年3月31日）

　「2011年度年次報告書」（Ａ４判、22頁、2012年3月31日）なお、2011年度年次報告書より、聖学院学術情報発信システム（Serve）に載せて発信することになった。

(4) 研究所Newsletterによる報告

　総合研究所の活動の一環として「スーパービジョンセンターの報告」が、総合研究所Newsletter（年5回発行、Ｂ５判）、『総合研究所紀要』に記載されている。

①柏木昭「現場に即したソーシャルワーカーの訓練──聖学院大学スーパービジョンセンター発足に当たって」（Vol.18, No.2、13-15頁、2008年9月

10日）

②岡安努「ピア・スーパービジョン」(Vol.19, No.1、28-29頁、2009年7月30日）

③増山章子、河副美春、大西晋介、塩川智大、室井美紀、川田虎男「第5回ピア・スーパービジョン」(Vol.20, No.1、13-17頁、2010年6月30日）第5回参加者アンケート掲載。

④長澤大輔「第6回ピア・スーパービジョン」(Vol.20, No.3、11-12頁、2010年12月31日）第6回参加者アンケート掲載。

⑤秀村智香、高橋成子、大島知子「第7回ピア・スーパービジョン」(Vol.21, No.1号、12-14頁、2011年6月30日）第7回参加者アンケート掲載。

⑥「聖学院大学人間福祉スーパービジョンセンター」(『総合研究所紀要』44号別冊、112-121頁、2009年3月30日）

⑦眞田沙織「第8回ピア・スーパービジョン」(Vol.21, No.4、15頁、2011年11月15日）第8回参加者アンケート掲載。

2.3 運営上の課題

スーパービジョン活動の重要性に比して、参加者はまだ少数といわざるをえない。福祉施設で多くの課題に直面している方々にスーパービジョンを紹介すること。さらに広報に力を入れることである。

また「実施報告書」、「ピア・スーパービジョン報告」に基づくスーパービジョンの事例研究に対する支援である。

本書の出版が、スーパービジョンの活動をさらに発展させる契機となることと期待している。

（聖学院大学総合研究所　山本俊明）

おわりに

　この書は、聖学院大学総合研究所のスーパービジョンセンターの研究報告書でもある。しかし、それはひとつの研究報告という限界域、あるいは、ある種の私的領域性を超えてソーシャルワーク全般にかかわる普遍性の解明を希求している。それはこの研究が絶えずSVのニーズ全般と緊密に結び合い、その本質究明との連動のもとに活動遂行がなされてきたがゆえである。それとともに、それを支えるべく集いあったすべての人々の自立的個性を引き出す大きな働きかけの力があったからである。自立的個性の要にあってこの会の常なる力となったのは、柏木昭教授による人間の平等と幸せに賭けるソーシャルワークに対する熱意あふれる魂の働きである。またソーシャルワークの専門性の要に人間福祉がなければならないという教授の切実な思いがこの書の真髄に流れている。そこで、本書の題名は『人間福祉スーパービジョン』とされた。

　上に述べたように本書には自立的個性を保持する実践家・研究者の声が集積されている。そこには、柏木教授の教えをかつて受け、多くのSVの実践経験を持つ専門家の方々がSVRとして参集し、相互性をもって持てる能力の傾注がなされている。それは個別スーパービジョン、グループスーパービジョン、ピアスーパービジョン、福祉のこころ研究会等と多様な実践の展開として表現されていった。

　ここで、ピアスーパービジョンの会にふれて、この会を支えてくださった、また次第に自立し、会の開催をも担ってくださった聖学院大学人間福祉学科および研究科の多くの卒業生のことも述べておかねばならない。この諸氏が創ってくださった社会福祉ネットワークの広がりが人々を包み込み、この会におけるSVのピアとしての拡大発展を支えてきたし、今後もその発展拡大が期待さ

おわりに

れる。また地域的なピアの相互的作動の展開による地域におけるSVの密度の高まりにも希望が見えている。

　さらに、講演会や研究会においてその発題の労をとってくださった多方面にわたる先生方のご支援にもこの場を借りて深甚よりの感謝を申し上げたい。その言葉の一言一言に、また思想の細部に、社会福祉学と実践への愛を感じ、励ましと啓発を参集したすべての人々に与えてくださった。とくにこの講演会の内容は中村磐男教授を中心に冊子にまとめられ、聖学院大学出版会の出版物として発刊され、今もなお多くの啓発を与えてくださっていることも付記しておく。

　最後になったがこの総合研究所の研究会は、各種会合の開催、出版物の出版等全般にわたり総合研究所山本俊明氏、鈴木典子氏、花岡和加子氏をはじめとした職員の方々の多大な力によって支えられている。

　言葉に尽くすことのできないすべての方々の支援により、こうした書物として研究プロセスを実践に基づいてまとめていける段階に達したことに深甚より感謝申し上げるとともに、本書の各所に課題として挙げられた諸事に挑戦していくことにより、今後の堅実な展開を期していきたいと思う。

（牛津信忠）

【資　料】

社団法人日本精神保健福祉士協会倫理綱領

日本精神医学ソーシャルワーカー協会（1988年6月16日制定／1991年7月5日改訂／1995年7月8日改訂）

日本精神保健福祉士協会（2003年5月30日改訂）

社団法人日本精神保健福祉士協会（2004年11月28日採択）

前　文
目　的
倫理原則
　1．クライエントに対する責務
　2．専門職としての責務
　3．機関に対する責務
　4．社会に対する責務
倫理基準
　1．クライエントに対する責務
　2．専門職としての責務
　3．機関に対する責務
　4．社会に対する責務

前　文

われわれ精神保健福祉士は、個人としての尊厳を尊び、人と環境の関係を捉える視点を持ち、共生社会の実現をめざし、社会福祉学を基盤とする精神保健福祉士の価値・理論・実践をもって精神保健福祉の向上に努めるとともに、クライエントの

社会的復権・権利擁護と福祉のための専門的・社会的活動を行う専門職としての資質の向上に努め、誠実に倫理綱領に基づく責務を担う。

目 的

この倫理綱領は、精神保健福祉士の倫理の原則および基準を示すことにより、以下の点を実現することを目的とする。

1. 精神保健福祉士の専門職としての価値を示す
2. 専門職としての価値に基づき実践する
3. クライエントおよび社会から信頼を得る
4. 精神保健福祉士としての価値、倫理原則、倫理基準を遵守する
5. 他の専門職や全てのソーシャルワーカーと連携する
6. すべての人が個人として尊重され、共に生きる社会の実現をめざす

倫理原則

1. クライエントに対する責務
   (1) クライエントへの関わり
       精神保健福祉士は、クライエントの基本的人権を尊重し、個人としての尊厳、法の下の平等、健康で文化的な生活を営む権利を擁護する。
   (2) 自己決定の尊重
       精神保健福祉士は、クライエントの自己決定を尊重し、その自己実現に向けて援助する。
   (3) プライバシーと秘密保持
       精神保健福祉士は、クライエントのプライバシーを尊重し、その秘密を保持する。
   (4) クライエントの批判に対する責務
       精神保健福祉士は、クライエントの批判・評価を謙虚に受けとめ、改善する。
   (5) 一般的責務

精神保健福祉士は、不当な金品の授受に関与してはならない。また、クライエントの人格を傷つける行為をしてはならない。

2．専門職としての責務
　(1) 専門性の向上
　　　精神保健福祉士は、専門職としての価値に基づき、理論と実践の向上に努める。
　(2) 専門職自律の責務
　　　精神保健福祉士は同僚の業務を尊重するとともに、相互批判を通じて専門職としての自律性を高める。
　(3) 地位利用の禁止
　　　精神保健福祉士は、職務の遂行にあたり、クライエントの利益を最優先し、自己の利益のためにその地位を利用してはならない。
　(4) 批判に関する責務
　　　精神保健福祉士は、自己の業務に対する批判・評価を謙虚に受けとめ、専門性の向上に努める。
　(5) 連携の責務
　　　精神保健福祉士は、他職種・他機関の専門性と価値を尊重し、連携・協働する。

3．機関に対する責務
　精神保健福祉士は、所属機関がクライエントの社会的復権を目指した理念・目的に添って業務が遂行できるように努める。

4．社会に対する責務
　精神保健福祉士は、人々の多様な価値を尊重し、福祉と平和のために、社会的・政治的・文化的活動を通し社会に貢献する。

倫理基準

1. クライエントに対する責務

    (1) クライエントへの関わり

    精神保健福祉士は、クライエントをかけがえのない一人の人として尊重し、専門的援助関係を結び、クライエントとともに問題の解決を図る。

    (2) 自己決定の尊重

    a クライエントの知る権利を尊重し、クライエントが必要とする支援、信頼のおける情報を適切な方法で説明し、クライエントが決定できるよう援助する。

    b 業務遂行に関して、サービスを利用する権利および利益、不利益について説明し、疑問に十分応えた後、援助を行う。援助の開始にあたっては、所属する機関や精神保健福祉士の業務について契約関係を明確にする。

    c クライエントが決定することが困難な場合、クライエントの利益を守るため最大限の努力をする。

    (3) プライバシーと秘密保持

    精神保健福祉士は、クライエントのプライバシーの権利を擁護し、業務上知り得た個人情報について秘密を保持する。なお、業務を辞めたあとでも、秘密を保持する義務は継続する。

    a 第三者から情報の開示の要求がある場合、クライエントの同意を得た上で開示する。クライエントに不利益を及ぼす可能性がある時には、クライエントの秘密保持を優先する。

    b 秘密を保持することにより、クライエントまたは第三者の生命、財産に緊急の被害が予測される場合は、クライエントとの協議を含め慎重に対処する。

    c 複数の機関による支援やケースカンファレンス等を行う場合には、本人の了承を得て行い、個人情報の提供は必要最小限にとどめる。また、その秘密保持に関しては、細心の注意を払う。

クライエントに関係する人々の個人情報に関しても同様の配慮を行う。
- d　クライエントを他機関に紹介する時には、個人情報や記録の提供についてクライエントとの協議を経て決める。
- e　研究等の目的で事例検討を行うときには、本人の了承を得るとともに、個人を特定できないように留意する。
- f　クライエントから要求がある時は、クライエントの個人情報を開示する。ただし、記録の中にある第三者の秘密を保護しなければならない。
- g　電子機器等によりクライエントの情報を伝達する場合、その情報の秘密性を保証できるよう最善の方策を用い、慎重に行う。

(4) クライエントの批判に対する責務

　精神保健福祉士は、自己の業務におけるクライエントからの批判・評価を受けとめ、改善に努める。

(5) 一般的責務
- a　精神保健福祉士は、職業的立場を認識し、いかなる事情の下でも精神的・身体的・性的いやがらせ等人格を傷つける行為をしてはならない。
- b　精神保健福祉士は、機関が定めた契約による報酬や公的基準で定められた以外の金品の要求・授受をしてはならない。

2．専門職としての責務

(1) 専門性の向上
- a　精神保健福祉士は専門職としての価値・理論に基づく実践の向上に努め、継続的に研修や教育に参加しなければならない。
- b　スーパービジョンと教育指導に関する責務

　　1) 精神保健福祉士はスーパービジョンを行う場合、自己の限界を認識し、専門職として利用できる最新の情報と知識に基づいた指導を行う。

　　2) 精神保健福祉士は、専門職として利用できる最新の情報と知識に基づき

　　　　学生等の教育や実習指導を積極的に行う。
　　3）精神保健福祉士は、スーパービジョンや学生等の教育・実習指導を行う場合、公正で適切な指導を行い、スーパーバイジーや学生等に対して差別・酷使・精神的・身体的・性的いやがらせ等人格を傷つける行為をしてはならない。

(2) 専門職自律の責務
　　a　精神保健福祉士は、適切な調査研究、論議、責任ある相互批判、専門職組織活動への参加を通じて、専門職としての自律性を高める。
　　b　精神保健福祉士は、個人的問題のためにクライエントの援助や業務の遂行に支障をきたす場合には、同僚等に速やかに相談する。また、業務の遂行に支障をきたさないよう、自らの心身の健康に留意する。

(3) 地位利用の禁止
　　精神保健福祉士は業務の遂行にあたりクライエントの利益を最優先し、自己の個人的・宗教的・政治的利益のために自己の地位を利用してはならない。また、専門職の立場を利用し、不正、搾取、ごまかしに参画してはならない。

(4) 批判に関する責務
　　a　精神保健福祉士は、同僚の業務を尊重する。
　　b　精神保健福祉士は、自己の業務に関する批判・評価を謙虚に受けとめ、改善に努める。
　　c　精神保健福祉士は、他の精神保健福祉士の非倫理的行動を防止し、改善するよう適切な方法をとる。

(5) 連携の責務
　　a　精神保健福祉士は、クライエントや地域社会の持つ力を尊重し、協働する。
　　b　精神保健福祉士は、クライエントや地域社会の福祉向上のため、他の専門職や他機関等と協働する。
　　c　精神保健福祉士は、所属する機関のソーシャルワーカーの業務について、点検・評価し同僚と協働し改善に努める。

d　精神保健福祉士は、職業的関係や立場を認識し、いかなる事情の下でも同僚または関係者への精神的・身体的・性的いやがらせ等人格を傷つける行為をしてはならない。

3．機関に対する責務

　精神保健福祉士は、所属機関等が、クライエントの人権を尊重し、業務の改善や向上が必要な際には、機関に対して適切・妥当な方法・手段によって、提言できるように努め、改善を図る。

4．社会に対する責務

　精神保健福祉士は、専門職としての価値・理論・実践をもって、地域および社会の活動に参画し、社会の変革と精神保健福祉の向上に貢献する。

　　　　　　　　　　　　　　　　　　社団法人日本精神保健福祉士協会ホームページより
　　　　　　　　　　　　　http://www.japsw.or.jp/syokai/rinri/japsw.htm（2012/2/10）

人名索引

アリストテレス（Aristoteles） ··································· 34
アンソニー，W.A.（W.A. Anthony） ························ 64, 102
ウイング，J.K.（J.K. Wing） ···································· 64
オヘーガン，M.（M. O'Hegan） ································ 65
キング，M.L.（M.L. King） ···································· 61
ゴールドスタイン，H.（H. Goldstein） ······················ 100
シェーラー，M.（M. Scheler） ································· 22
シェパード，G.（G. Shepherd） ································ 67
ソロモン，B.（B. Solomon） ································· 61, 64
ディーガン，P.E.（P.E. Deagan） ··························· 65, 103
デッソー，D.（D. Dessau） ································· 37, 142
フィヒテ，J.K.（J.K. Fichte） ···································· 25
ブトゥリム，Z.T.（Z.T. Butrym） ······························ 104
フロイト，S.（S. Freud） ······································· 114
ベネット，D.（D. Bennett） ····································· 64
メルロ＝ポンティ，M.（M. Merleau-Ponty） ················ 22, 33
モリス，D.B.（D.B. Morris） ···································· 64
ラップ，C.（C. Rapp） ··· 61, 93
リッチモンド，M.（M. Richmond） ························· 40, 82

柏木　昭 ·· 37, 101, 144
加藤　正明 ··· 116
高木　四郎 ··· 114
長坂　五朗 ··· 115
中村　雄二郎 ·· 2
松永　宏子 ··· 117
谷中　輝雄 ··· 118
鷲田　清一 ·· 91

事項索引

GSV（グループスーパービジョン）‥‥‥11, 16, 17, 130-135, 200, 205
MSW（医療ソーシャルワーカー）‥‥11, 49
NPO法人（特定非営利活動法人）‥‥‥119, 187
OJT（業務内助言指導）‥‥‥14, 39, 56, 130
PSV（ピアスーパービジョン）‥‥‥14, 136
PSW（精神保健福祉士）‥‥79, 80, 100, 104, 144-147, 177-180, 182, 184, 194, 205-236
SCW（ソーシャルケースワーク）‥‥‥82
SV（スーパービジョン）‥‥‥‥‥11-17
SVE（スーパーバイジー）‥‥‥11-16, 70, 165, 187, 194
SVR（スーパーバイザー）‥‥11-16, 73, 74, 144, 146, 164
SVR-SVE関係‥‥‥‥‥‥79, 153, 171
SVR支援制度‥‥‥‥‥‥‥‥‥‥147
SVR養成‥‥‥‥‥‥48, 142, 146, 194
SVR養成システム‥‥‥‥‥‥‥‥‥48
SV関係‥‥‥‥‥‥‥‥‥‥‥14, 173
SV機能‥‥‥‥‥‥‥‥‥‥‥54, 181
SV契約‥‥‥‥‥‥‥‥173, 194, 195
SVシステム‥‥‥‥‥‥‥‥‥‥47, 48
SVの費用‥‥‥‥‥‥‥‥‥‥‥‥125
Y問題‥‥‥‥‥‥‥‥‥‥‥‥‥‥100

【あ】

アイデンティティ教育‥‥‥‥‥‥‥182
アスピレーション‥‥‥‥‥‥‥‥‥61
アセスメント‥‥‥‥‥‥88, 106, 231
行き詰まり‥‥‥‥‥‥‥105, 172, 198
位相‥‥‥‥‥‥‥‥‥‥‥‥‥‥‥33
依存‥‥‥‥‥‥‥‥‥‥‥‥‥78, 172
依存関係‥‥‥‥‥‥‥‥157, 171, 174
移動支援事業‥‥‥‥‥‥‥‥222, 226
医療チーム‥‥‥‥‥‥‥113, 114, 169

違和感‥‥‥‥‥‥‥‥‥‥‥196, 197
エコシステム論‥‥‥‥‥‥‥‥‥‥106
エコマップ‥‥‥‥‥‥‥‥‥‥84, 88
援助論‥‥‥‥‥‥‥‥‥‥‥‥‥‥17
エンパワメント‥‥‥‥‥‥60, 153, 156
エンパワメントモデル‥‥‥‥‥‥‥57

【か】

ガイドヘルパー‥‥‥‥‥‥‥‥‥223
カウンセリング‥‥‥‥‥‥‥‥‥‥14
かかわらなさ‥‥‥‥‥‥‥‥‥38, 68
かかわり‥‥12-14, 17, 39, 40, 41, 70, 84, 91, 100, 130-133, 135, 199, 213-215, 220, 231, 236, 237
かかわりすぎ‥‥‥‥‥‥‥‥38, 68, 91
かかわりにくい‥‥‥‥‥‥‥‥‥‥91
かかわれなさ‥‥‥‥‥‥‥‥38, 68, 91
家族会‥‥‥‥‥‥‥‥‥‥‥‥‥118
語り（ナラティブ）‥‥‥‥15, 57, 84, 87
価値‥‥‥‥‥‥‥‥‥‥‥17, 30, 183
価値観‥‥‥‥‥‥‥‥‥‥‥‥14, 193
可能性への働きかけ‥‥‥‥‥‥24, 32
関係性‥‥‥‥‥‥‥‥‥19, 218, 235
　――の開き‥‥‥‥‥‥‥‥‥‥‥22
関係論‥‥‥‥‥‥‥‥‥‥‥‥‥‥17
間主観性‥‥‥‥‥‥‥‥‥‥‥19, 22
間主観的トポス論‥‥‥‥‥‥‥‥‥28
感情転移‥‥‥‥‥‥‥‥‥‥‥‥‥15
感性‥‥‥‥‥‥‥‥‥‥‥‥‥17, 18
カンファレンス‥‥‥‥‥‥‥‥‥167
管理職者‥‥‥‥‥‥‥‥‥43, 72, 74
管理的機能‥‥‥‥‥‥‥‥‥‥‥‥54
間主観‥‥‥‥‥‥‥‥‥‥‥‥26, 33
危機の中の信頼関係‥‥‥‥‥‥‥‥84
記述精神医学‥‥‥‥‥‥‥‥‥‥114
逆感情転移‥‥‥‥‥‥‥‥‥‥15, 16
キャリアパス‥‥‥‥‥‥‥‥‥‥‥39

教育的機能	54
共依存	38
教示	196
協働	12, 13, 18, 101, 114, 161, 213, 218, 220, 221, 235
共同作業	17
協働者	18
協同療法	114
クライエント	14, 17, 66
───と共にあること	102
───のあるところからの出発	100
クラブハウスモデル	64
グループダイナミクス	131, 139, 140
ケア会議	69, 84
ケアホーム	225-228, 230
経験	109
経験的知識	154, 155
傾聴	16, 84, 133, 135, 188-190, 230, 231
契約	75
ケースカンファレンス（事例検討会）	14, 16
権威性	108
言語・非言語コミュニケーション	84
研鑽	180, 181
現象学	27
現象学的還元	29
現任訓練	39, 56
県民共済	210
抗不安薬	208
コーチング	39
国際障害者年	57
黒人のエンパワメント	61, 64
ここで、いま	60, 71, 100, 133, 134, 200
個人の強み	61
互通	25
国家資格	177
国家資格制度	178, 181
個の人格	26
個別SV	16, 123, 187
コミュニケーション	232
コミュニティケア	116
雇用環境	181
コンサルテーション	12, 13, 39, 124
コンパッション	17, 18
コンプライアンス	113
コンフロンテーション	16

【さ】

裁量権	17
査察指導	143
査察指導員	143
サバイバル	57
ジェノグラム	84, 88
自我主体	25
資源論	17
志向性	21
自己開示	17, 85, 113, 172, 196
自己覚知	38, 69, 132, 192, 219
自己決定	101, 113, 216, 219, 220
───の尊重	39, 60, 101, 102, 219
自己効力感	108, 153
自己指向	137
自己指示的態度	15
自己実現	102, 113
自己点検	13, 17, 38, 68, 78, 149
自己破産	211
支持的機能	54
時熟	60
施設症	101
自他未分化の体験流	22
実習	145
実習SV	79, 145
実習SVR	79-81, 145
実習指導者	75, 79, 144
実践の理論化	71
自閉	112
社会資源	115, 220
社会福祉士認定制度	144
社会福祉士法	38

事項索引

終結 …… 78, 93, 173, 198
受苦 …… 18
主治医 …… 13, 124
主体性の尊重 …… 56, 100
守秘義務 …… 18, 54, 84, 132, 155
受容 …… 84, 189, 215, 230, 231
就労支援B型事業所 …… 211
障害基礎年金 …… 222
生涯研修制度 …… 73, 180
障害福祉サービス …… 223
上級者 …… 43, 72, 74
消費者運動 …… 64
消費者金融 …… 210
消費者役割 …… 152
消費-提供関係 …… 153
消費-提供論理 …… 151
情報収集 …… 87, 88
職員会議（スタッフミーティング）…… 16
職業アイデンティティ …… 168
職場環境 …… 42, 161
職場特性 …… 44
所属機関 …… 42
初任者 …… 43, 72, 73
自律性 …… 137, 156, 157
事例 …… 165
事例検討（ケース検討）…… 17, 40, 69
ジレンマ …… 41, 74, 107, 110, 168, 169
人権の尊重 …… 107
人権擁護 …… 39
心的外傷 …… 38, 68
信用失墜行為の禁止 …… 54
信頼関係 …… 60, 191, 196
心理療法 …… 14
スーパービジョンセンター …… 193
ストレス …… 112
ストレングスアセスメント …… 88
ストレングス視点 …… 61, 107
ストレングスモデル …… 57, 61, 63
―――の6原則 …… 62
生活史 …… 113

生活者の視点 …… 105
生活保護 …… 208-211, 215, 221
生活モデル …… 39, 59, 87
生活問題 …… 58, 88
生産・提供者役割 …… 152
精神医療保健福祉の改革ビジョン …… 58
精神医療ユーザー …… 64
精神科デイケア …… 115
精神障害者 …… 13
精神分析学 …… 14, 114
精神保健福祉士法 …… 13, 38, 124
成長 …… 199
世界のベストプラクティス …… 57
責任性 …… 156, 157
説明責任 …… 117
専門職制度 …… 179
専門職団体 …… 142, 144, 146, 180, 184
専門性 …… 12, 58
相互関係 …… 219
相互主体性 …… 17
相互的人格主義 …… 65
相互評価 …… 78, 199, 200
相互包摂関係 …… 33
創造的学習 …… 157
想像力 …… 18, 112, 134, 235
総体人格 …… 26
相談支援専門員 …… 223
ソーシャルワーカー …… 13, 14
―――としての
　アイデンティティ …… 81, 134, 182, 183, 197
―――としての成長 …… 78, 198, 199
―――としての目 …… 40, 197
ソーシャルワーカー教育 …… 82
ソーシャルワーク教育 …… 79, 182
ソーシャルワーク診断論 …… 113
卒後教育 …… 144, 184
存在参与 …… 30, 32

事項索引

【た】

対抗転移 ……………………… 15, 16
対象関係 ……………………………… 14
対象者観 ……………………………… 14
対人援助サービスの知識 ……………… 17
対等性 ……………………………… 151
ダイナミクス ……………………… 102
多職種チームの協働 ……………… 43, 50
旅の同伴者 …………………………… 93
地域活動 …………………………… 118
地域の強み …………………………… 61
地域福祉の時代の到来 ……………… 59
チーム ………………………… 43, 223
チーム医療 ………………………… 167
チームケア …………………………… 49
チームワーク … 43, 113, 161, 162, 171, 174
注意力 ………………… 18, 112, 134
中堅者 …………………… 43, 72, 73
治療共同体 ………………………… 116
治療チーム ………………………… 168
通徹 …………………………………… 25
出会い ……………………………… 100
デイケア …………………………… 209
東京都医療社会事業協会（都協会）…… 11, 17, 130
同一職種 …………… 12, 39, 124, 131, 168
洞察 …………………………………… 15
当事者主体の実践モデル ……………… 65
当事者性 ………………… 154, 155, 215
トポス ……………… 21, 34, 35, 60, 154
トポス情況 ……………… 24, 26, 33, 36
トポス論 ……………………………… 23

【な】

仲間同士の支え合い ………………… 108
生の存在 ……………………………… 22
ナラティブアプローチ ……………… 57
肉の存在 ……………………………… 22
日本精神保健福祉士協会
　（日本PSW協会）………… 12, 144, 146
人間尊重 …………………………… 104
人間の社会性 ……………………… 104
人間の変化の可能性 ……………… 105
認定スーパーバイザー養成研修 …… 12, 49, 146

【は】

場 ……………………………………… 21
場の理論 ……………………………… 31
パートナーシップ ………………… 102
バーンアウト ……………… 48, 153, 193
バウンダリー ……………… 38, 68, 158
パタナリズム ………………… 59, 102
波長合わせ …………………………… 76
働きかける主体 ……………………… 29
パッション …………………………… 18
パワーレス状態 …………………… 108
ピア ………………………………… 151
ピアグループ ……………………… 151
ピアサポート ………………… 66, 109
ピアスペシャリスト ………………… 65
ピアレビュー ……………………… 136
秘奥人格 ………………………… 26, 30
非構成的SV ………………………… 14
人と状況の全体性 ………… 60, 106
評価 …………………………………… 77
開かれた質問 ………………………… 85
ファウンテンハウス ………………… 64
不安 …………………… 15, 41, 69, 165, 172
福祉関係八法改正 …………………… 59
福祉事務所 ………… 209, 210, 213-215, 219
福祉的な価値 ……………………… 104
不全感 ……………………………… 170
物化的対象化 ………………………… 19
プライバシーの保護 ………………… 18
ベテラン …………………………… 195
ヘルパー …………… 223, 224, 226-230, 238
包摂 ……………………… 26, 34-36
法テラス …………………… 210, 211
ボランティア ……………………… 119

269

本人中心 …………………………… 231, 234
本人不在 ………… 100, 222, 232-234, 237

【ま】

マージナリティ ……………………………… 55
巻き込まれ ……………………………………… 14
眠剤 …………………………………………… 208
民生委員 ……………………………………… 220
燃え尽き ………………………… 48, 153, 193
模倣的学習 …………………………………… 157
問題意識 ……………………………………… 196

【や】

役割期待 ……………………………………… 169
役割遂行能力 ………………………………… 157
誘導 …………………………………… 149, 230-232

【ら】

リカバリー ……… 37, 56, 61, 64-66, 102, 103
――の3つのレンズ ………………… 67
リカバリーアプローチ ……………………… 57
力動性 ………………………………………… 102
力動精神医学 ………………………………… 114
力動的過程 …………………………………… 13, 38
力動的関係 …………………………………… 134
力動的関係論 ………………………………… 101
離職率 ………………………………………… 42
リフレーミング …………………… 38, 69, 85
療育手帳 ……………………………………… 222
両義性（アンビバレンス） ………… 21, 25
倫理 …………………………………… 17, 158
倫理綱領 ………………… 38, 54, 55, 68, 258
倫理的配慮 …………………………………… 76
連携 …………………………………………… 161
労災 …………………………………… 207, 221
労働基準監督署 ……………………………… 207

著者紹介と執筆担当

中村磐男（なかむら　いわお）　　　　はじめに、第Ⅸ章1

1941年生まれ。1972〜1999年聖マリアンナ医科大学衛生学／予防医学助手・講師・助教授、1999〜2011年聖学院大学人間福祉学部教授。医学博士（聖マリアンナ医科大学）。現在、聖学院大学大学院人間福祉学研究科教授、聖学院大学人間福祉スーパービジョンセンター長。

【著書】『医学大辞典』『看護大事典』（分担執筆、医学書院）、『保育の安全と管理』（分担執筆、同文書院）、『標準社会福祉用語事典』（監修・分担執筆、秀和システム）ほか。

【訳書】『WHO環境保健委員会報告』（共訳、環境産業新聞社）ほか。

柏木　昭（かしわぎ　あきら）　　　第Ⅰ章1、第Ⅲ章4、第Ⅳ章2、第Ⅷ章
　　　　　　　　　　　　　　　　　　　2.2

1927年生まれ。1954年ボストン大学スクールオブソーシャルワーク卒業。1955年〜1987年国立精神衛生研究所、1964年WHO研究員として英国留学。同年日本精神医学ソーシャル・ワーカー協会初代理事長、淑徳大学、聖学院大学、聖学院大学大学院人間福祉学研究科教授等を経て、現在、同大学総合研究所名誉教授、聖学院大学人間福祉スーパービジョンセンター顧問。日本デイケア学会理事長（2005〜2008）、社団法人日本精神保健福祉士協会名誉会長、NPO法人けやき精神保健福祉会理事長（東京都杉並区）。

【著書】『ケースワーク入門』（川島書店）、『改訂 精神科デイケア』（編著、岩崎学術出版社）、『新精神医学ソーシャル・ワーク』（編著、岩崎学術出版社）、『スーパービジョン——誌上事例検討を通して』（共著、日本精神保健福祉士協会、へるす出版）、『ソーシャルワーク 協働の思想——"クリネー"から"トポス"へ』（共著、へるす出版）、「私とソーシャルワーク」『みんなで参加し共につくる』（共著、聖学院大学出

版会）ほか。

牛津信忠（うしづ　のぶただ）　　　　第Ⅰ章2、第Ⅸ章1、おわりに

1945年生まれ。1970年同志社大学大学院修士課程修了。1975～1976年ロンドン大学（LSE）M. SC. コース留学。2004～2005年ケンブリッジ大学客員研究員。博士（学術）聖学院大学。現在、聖学院大学人間福祉学部教授、聖学院大学人間福祉スーパービジョンセンター委員会委員長。

【著書】『社会福祉における相互的人格主義』Ⅰ・Ⅱ（久美出版）、『社会福祉原論』（編著、黎明書房）、『地域福祉論』（編著、黎明書房）、『標準社会福祉用語事典』（共著、秀和システム）ほか。

【訳書】ロバート・ピンカー『社会福祉三つのモデル――福祉原理論の探究』（共訳、黎明書房）、Organisation for Economic Co-operation and Development 編『ケアリング・ワールド』（共監訳、黎明書房）ほか。

助川征雄（すけがわ　ゆきお）　　　　第Ⅰ章3、第Ⅱ章1・3、第Ⅳ章1、第Ⅷ章1.1・2.1

1944年生まれ。明治学院大学大学院卒業。民間精神科病院、神奈川県（精神保健福祉士）勤務。1977、1987年に英国留学。精神保健福祉士国家試験作成委員ほか歴任。厚生労働省・英国司法精神医学調査（2005年）、米国・英国・北欧精神保健福祉調査研究（2002年～現在）。現在、聖学院大学人間福祉学部および同大学院人間福祉研究科教授、聖学院大学人間福祉スーパービジョンセンタースーパーバイザー。

【著書】『ふたりぼっち――精神科ソーシャルワーカーからの手紙』（万葉舎）、『新精神医学ソーシャルワーク』（共著、岩崎学術出版社）、『精神障害リハビリテーション――21世紀における課題と展望』（共著、医学書院）、『ケアマネジメントと地域生活支援』（共著、中央法規出版）、『これからの精神保健福祉』（共著、へるす出版）、『福祉の現場で役立つスーパービジョンの本』（共著、河出書房新社）、『標準社会福祉用

語事典』(共著、秀和システム) ほか。
【訳書】チャールズ・A. ラップ、リチャード・J. ゴスチャ『ストレングスモデル』(共訳、金剛出版)。

田村綾子 (たむら　あやこ)　　　第Ⅰ章4、第Ⅱ章2、第Ⅳ章4、第Ⅵ章、第Ⅶ章、第Ⅷ章1．2

1966年生まれ。明治学院大学大学院社会福祉専攻博士後期課程満期修了(社会福祉学修士)。精神保健福祉士・社会福祉士。医療法人丹沢病院(医療福祉相談室長)、日立エンタープライズ・サーバ事業部(健康管理センター)等での精神保健福祉士としての経験を持つ。社団法人日本精神保健福祉士協会副会長・認定スーパーバイザーを務め、2010・2011年度の精神保健福祉士実習指導者講習会企画統括責任者。現在、聖学院大学人間福祉学部准教授、聖学院大学人間福祉スーパービジョンセンタースーパーバイザー(個別スーパービジョンを実施中)。
【著書】『かかわりの途上で——こころの伴走者PSWが綴る19のショートストーリー』(共著、へるす出版)、『福祉の現場で役立つスーパービジョンの本』(共著、河出書房新社)ほか。

相川章子 (あいかわ　あやこ)　　　第Ⅰ章5、第Ⅲ章1・2・3、第Ⅳ章3、第Ⅴ章

1969年生まれ。大正大学大学院人間学研究科福祉・臨床心理学専攻博士課程修了(博士(人間学))。国立精神・神経センター精神保健研究所、精神障害者通所授産施設またびの家、地域生活支援センターMOTA(モタ)所長、埼玉県内看護専門学校学生相談などで精神保健福祉士としての経験を持つ。現在、聖学院大学人間福祉学部准教授および同大学院人間福祉学研究科准教授兼任。精神保健福祉士。聖学院大学人間福祉スーパービジョンセンタースーパーバイザー。
【著書】『精神保健福祉領域におけるプロシューマーに関する研究』(大正大学出版会)、

『かかわりの途上で』(共著、へるす出版)、『福祉の現場で役立つスーパービジョンの本』(共著、河出書房新社)、『これからの精神保健福祉』(共著、へるす出版)、『医療と福祉のインテグレーション』(共著、へるす出版)ほか。

ソーシャルワーカーを支える
人間福祉スーパービジョン

2012年5月21日 初版第1刷発行

編著者	柏　木　　　昭
	中　村　磐　男
発行者	大　木　英　夫
発行所	聖学院大学出版会

〒362-8585　埼玉県上尾市戸崎1-1
電話 048-725-9801
Fax. 048-725-0324
E-mail: press@seigakuin-univ.ac.jp

ISBN978-4-915832-97-0　C3036

◆◇◆　聖学院大学出版会の本　◆◇◆
(価格は税込み)

ソーシャルワークを支える宗教の視点——その意義と課題
ラインホールド・ニーバー 著
髙橋義文・西川淑子 訳

　キリスト教社会倫理を専門とするラインホールド・ニーバーは、アメリカの政治外交政策に大きな影響を与えました。本書が提示する本来の社会福祉の実現という主張のなかには、「社会の経済的再編成」「社会組織再編」「社会の政治的な再編成」というニーバーの壮大な社会構想が見られます。本書はニーバーの重要な著作の翻訳とニーバーの専門家と社会福祉の専門家による解説により構成されています。広く社会の問題とりわけ社会倫理の問題に関心のある方、また、社会福祉、ソーシャルワークに関心のある方、実際にその仕事に就いておられる方々だけでなく、将来この分野で働く準備をしている方々など、幅広い分野の方々に読んでいただきたい本です。　　　　　　　　　　　　　四六判　2100円

福祉の役わり・福祉のこころ
阿部志郎 著

　横須賀基督教社会館元館長・神奈川県立保健福祉大学前学長、阿部志郎氏の講演「福祉の役わり・福祉のこころ」と対談「福祉の現場と専門性をめぐって」を収録。福祉の理論や技術が発展する中で、ひとりの人間を大切にするという福祉の原点が見失われています。著者はやさしい語り口で、サービスの方向を考え直す、互酬を見直すなど、いま福祉が何をなさなければならないかを厳しく問いかけています。感性をみがき、「福祉の心と専門知識に裏打ちされた専門人」をめざしてほしいと。　　　　　　Ａ５判ブックレット　420円

福祉の役わり・福祉のこころ
与えあうかかわりをめざして
阿部志郎・長谷川匡俊・濱野一郎 著

「福祉の役わり・福祉のこころ」第2集である本書は、「福祉」の原義が「人間の幸福」であることから、人間にとってどのような人生がもっとも幸福で望ましいものか、またそのために福祉サービスはどのようにあるべきかを福祉に長年携わっている著者たちによって論じられたもの。阿部志郎氏は、横須賀基督教社会館会長として「愛し愛される人生の中で」と題し、長谷川匡俊氏は、淑徳大学で宗教と福祉のかかわりを教育する立場から「福祉教育における宗教の役割」と題し、濱野一郎氏は、横浜市寿町での福祉センターの現場から「横浜市寿町からの発信」と題して、「福祉とは何か」を語りかけます。

Ａ５判ブックレット　630円

福祉の役わり・福祉のこころ
とことんつきあう関係力をもとに
岩尾　貢・平山正実 著

「福祉の役わり・福祉のこころ」第3集。日本認知症グループホーム協会副代表理事であり、指定介護老人福祉施設サンライフたきの里施設長である岩尾貢氏による「認知症高齢者のケア」、北千住旭クリニック精神科医であり、聖学院大学総合研究所・大学院教授の平山正実氏による「精神科医療におけるチームワーク」を収録。福祉の実践における人へのまなざしとはどのようなものであるべきか。人間の尊厳、一人一人の生きがいが尊重される実践となるよう、共に暮らす人として相互主体的にかかわることに、最も専門性が要求されることが語られています。

Ａ５判ブックレット　630円

福祉の役わり・福祉のこころ
みんなで参加し共につくる
岸川洋治・柏木　昭 著

「福祉の役わり・福祉のこころ」第4集。福祉の実践が「人間の尊厳、一人一人の生きがいが尊重される実践」となるためには、社会福祉にたずさわる者は、これからは新しいコミュニティの創造に取り組むべきなのではないでしょうか。横須賀基督教社会館館長の岸川洋治氏は「住民の力とコミュニティの形成」と題して、社会館の田浦の町におけるコミュニティセンターとしての意義を、日本の精神保健福祉に長年尽力し、聖学院大学総合研究所名誉教授・人間福祉スーパービジョンセンター顧問でもある柏木昭氏は「特別講義―私とソーシャルワーク」の中で、ソーシャルワークにかかわる自らの姿勢と、地域における「トポスの創出」とクライエントとの協働について語っています。　　　　Ａ５判ブックレット　735円

人間としての尊厳を守るために
――国際人道支援と食のセーフティネットの構築
ヨハン・セルス、チャールズ・Ｅ・マクジルトン 著

　ヨハン・セルス氏は、ＵＮＨＣＲ（国連難民高等弁務官事務所）駐日代表として難民支援にあたっています。チャールズ・Ｅ・マクジルトン氏は、自ら日本の「困窮者」としての生活を送り、「セカンドハーベスト・ジャパン」というＮＰＯを立ち上げ、食べ物を必要としている人々に食料品を提供する活動を展開。本書は人間の尊厳に立ち、人間の尊厳に向かう「当事者」として活動する２人の講演をもとにまとめられています。

　　　　　　　　　　　　　　　　　　　　　　　　Ａ５判ブックレット　735円

〈スピリチュアルケアを学ぶ 1〉
癒やしを求める魂の渇き──スピリチュアリティとは何か
窪寺俊之 編著

　終末期医療の中で、医学的に癒やすことのできないスピリチュアルペインが問題となっています。スピリチュアルという、精神世界や死後の世界への関心なども含む幅広い概念の中から、スピリチュアルの意味を探り、終末期におけるスピリチュアルケアの対象とする世界を描き出します。人生を意味深く生きるためのスピリチュアルケアの入門シリーズ「スピリチュアルケアを学ぶ」の第一冊。　　　　　　　　　　　　　　　　　　Ａ５判　1980円

〈スピリチュアルケアを学ぶ 2〉
スピリチュアルペインに向き合う──こころの安寧を求めて
窪寺俊之 編著

　スピリチュアルケアは「魂へのケア」とも言い換えられるように、心の深みにある不安や畏れ、「私の人生の目的は何か」、「私の負った苦しみの意味は何か」といった思いに苦しむ方々へのケアです。本書には日本的視点からスピリチュアルケアの本質に迫ったカール・ベッカー氏の「医療が癒やせない病──生老病死の日本的なスピリチュアルケア」、また、亀田総合病院の西野洋氏が自身のスピリチュアルペインに向き合う体験をもとに医療の本質を述べた「一臨床医のナラティブ」が収録されています。私たちが気づかなかった自分自身の根底にあるスピリチュアルなものを見いだすきっかけを与える内容となっています。
　　　　　　　　　　　　　　　　　　　　　　　　　　　　　　Ａ５判　2310円